史说昭化

中共广元市昭化区委宣传部
广元市昭化区作家协会 编

黄河出版传媒集团
阳光出版社

图书在版编目（CIP）数据

史说昭化 / 中共广元市昭化区委宣传部广元市昭化
区作家协会编 . -- 银川 : 阳光出版社 , 2024. 11.
ISBN 978-7-5525-7594-1

Ⅰ . K297.14

中国国家版本馆 CIP 数据核字第 2025LU9243 号

史说昭化　　中共广元市昭化区委宣传部 广元市昭化区作家协会 编
SHISHUO ZHAOHUA

责任编辑　胡　鹏
封面设计　圣立文化
责任印制　岳建宁

黄河出版传媒集团
阳 光 出 版 社　出版发行

出 版 人　薛文斌
地　　址　宁夏银川市北京东路139号出版大厦（750001）
网　　址　http://www.ygchbs.com
网上书店　http://shop129132959.taobao.com
电子信箱　yangguangchubanshe@163.com
邮购电话　0951-5014139
经　　销　全国新华书店
印刷装订　四川金邦印务有限公司
印刷委托书号　（宁）0031340

开　　本　710 mm×1000 mm　1/16
印　　张　19
字　　数　300千字
版　　次　2025年1月第1版
印　　次　2025年1月第1次印刷
书　　号　ISBN 978-7-5525-7594-1
定　　价　78.00元

赓续历史文脉　书写当代华章

》王　静

一条古蜀道，半部华夏史。

作为苴国故地、入蜀要塞、三国重镇，广元昭化一直精彩而生动地存在。

走进昭化，翻开浩瀚的历史画卷，于顾盼间一眼便是千年。

蜀汉兴，葭萌起。昭化古称葭萌，至今已有4000多年的历史和2340年的建县史，素有"巴蜀第一县、蜀国第二都"之称。公元前316年，秦国灭蜀吞巴并苴，在成都设蜀郡，在苴国都邑建立葭萌县。公元211年，刘备率部进驻葭萌关。公元221年，刘备在成都建立蜀汉政权，葭萌成为蜀汉政权的龙兴之地。公元972年，宋太祖赵匡胤为"昭示帝德、化育民心"，改县名为昭化，昭化由此得名。

走进昭化，领略千年蜀道的山水奇景，于流连中穿越古今。

古蜀道金牛道自秦岭逶迤而来，绵延32公里。嘉陵江贯延110公里，与白龙江、青竹江在昭化古城处交汇，形成天下第一"山水太极"奇观。这"一道一江"熔铸了昭化儿女不甘人后的精神特质和闯关夺隘的奋斗之志。古城古街古巷，新城新镇新村，一步一韵，各领风骚。全面打赢脱贫攻坚战，统筹城乡融合发展。国家森林城市、国家园林城市、全国市辖区旅游发展潜力百佳区等金字招牌荣膺而归。

走进昭化，步入诗意融融的文化长廊，于历史长河中坚定信念。

兵马驰骋，商贾云集，行旅往来，文化技艺得以传播和交融，昭化演绎形成具有独特地域特色的文化长廊。杜甫、陆游数次路经昭化行吟挥毫，花蕊夫人在葭萌驿题半阕残词，杨慎古城饮酒留题诵；射箭提阳戏、川北雷棚评书等非物质文化遗产享誉八方；淳朴的民风民俗，多姿的风情风韵……这些文化符号共同书写了传统文化绚丽的篇章，彰显了昭化人民文化自信的深厚底蕴和非凡气度。

2023年7月25日，习近平总书记在四川省广元市考察时嘱托要"把古树名木保护好，把中华优秀传统文化传承好"。基于全方位梳理地域历史文脉，深度挖掘丰赡的文化资源，推动文旅共同繁荣，我们组织编纂《史说昭化》一书。全书内容翔实、史料精确，文字质朴典雅。我们致力于将本土文化的继承发扬纳入中华民族文化的大框架大视野中，实现传统文化的创造性转化、创新性发展，使之与现实文化相融相通，共同服务以文化人的时代任务。

该书的出版发行，是全区文化建设和精神文明建设的又一丰硕成果，必将流传久远，足慰编者初心，长供后人查考。可喜，可贺！

千百年弦歌不辍，千万祀历久弥新。愿广大读者以书为梁，触摸昭化悠远历史变迁，解读蜀道灿烂文化，拥抱百舸争流昂扬奋进的新时代。

是为序。

2024年11月

（作者系中共广元市昭化区委书记）

·目 录·

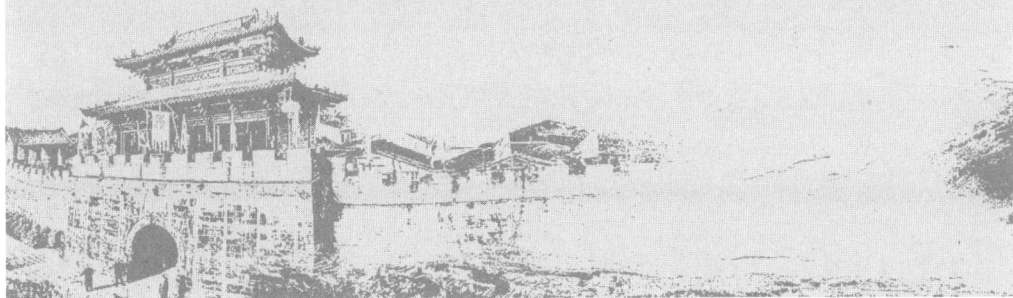

03
人文荟萃

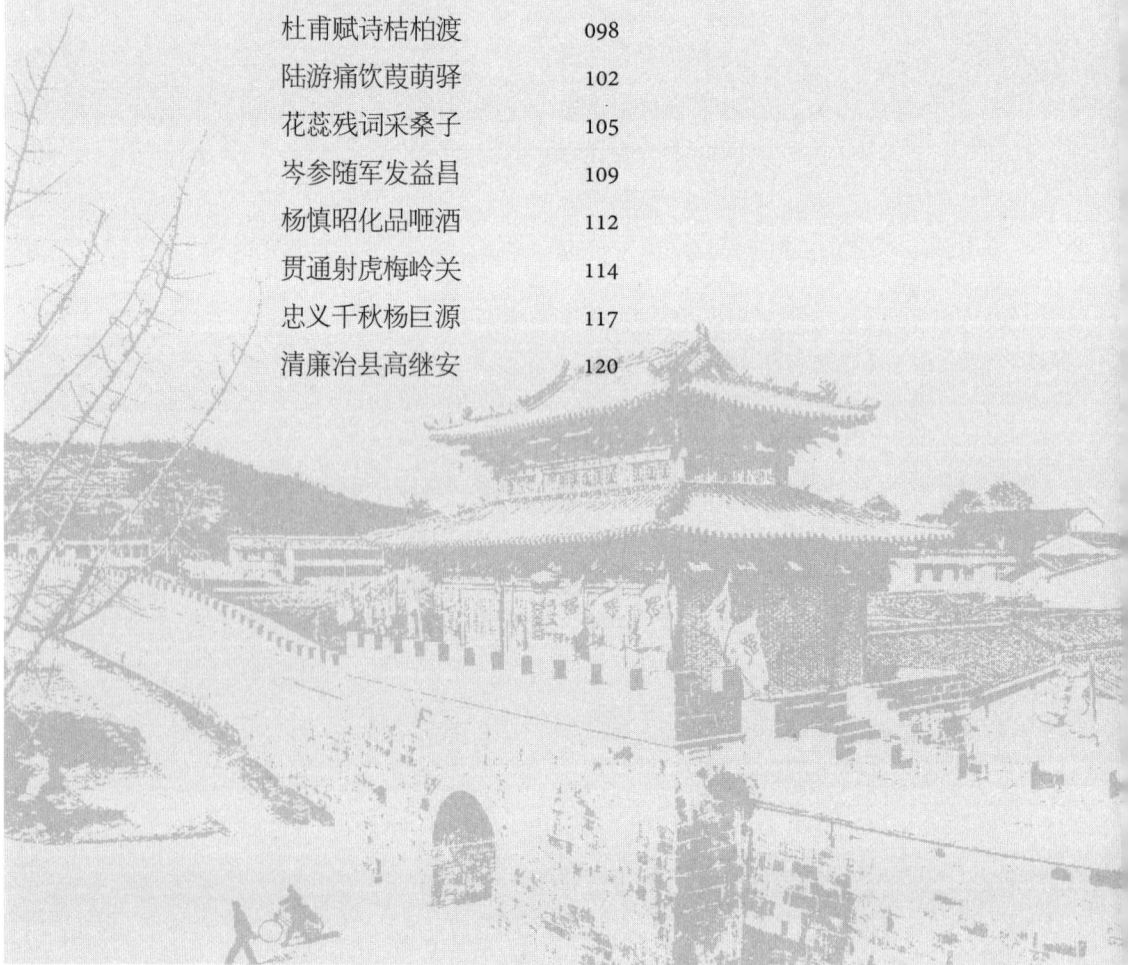

04
千古传奇

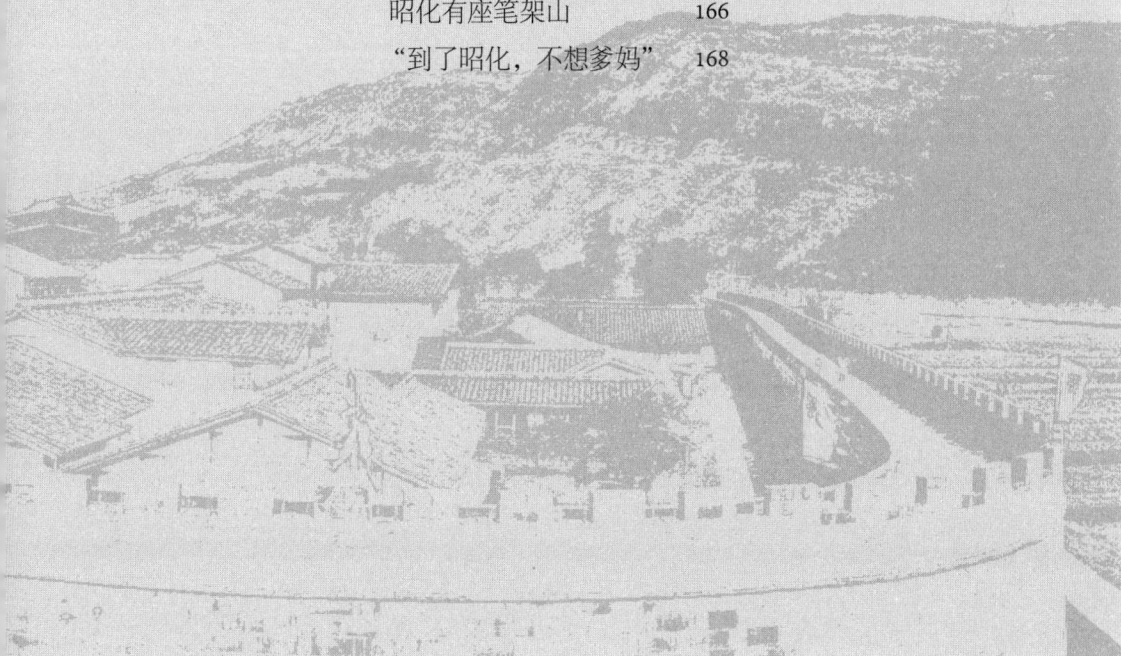

05

多彩非遗

06

风光独秀

07
风味天成

葭萌春秋

秦蜀鏖战土基坝

◇ 肖永乐

沧桑蜀道说旧事，烽烟葭萌忆当年。

昭化古称葭萌，地处金牛古蜀道要冲，素有"巴蜀咽喉、川北锁钥"之称，历来为兵家必争之地。在2300多年的历史进程中，这里曾经发生过上百次的战争，其中影响最大的就是发生于战国后期的秦（国）蜀（国）葭萌之战。这著名的灭国一战，在一定程度上极大地推进了中国由奴隶社会向封建社会转变的历史发展进程。

秦蜀葭萌之战的起因，源于秦蜀两国争夺汉中。春秋时期，秦国逐步崛起，据有今甘肃东部和陕西关中平原一带的区域。当时，蜀国望帝杜宇在位，他不仅领有今川西、川北广大地区，而且管辖至陕南汉中（时称南郑）。《华阳国志·蜀志》记载"七国称王"的时候杜宇称帝，号曰望帝……自以功德高诸王，乃以褒斜为前门，熊耳、灵关为后户，玉垒、峨眉为城郭，江、潜、绵、洛为池泽，以汶山为畜牧，南中为园苑。由史志可见，"以褒斜为前门"是一个地域概念，即言秦岭中的褒谷和斜谷，恰似蜀国的门户，门内汉中一带的广大土地当时都属于蜀王所有。杜宇所处的时代，大约在公元前600年，处于春秋中期。

100多年过去，到了公元前451年，也就是秦躁公（秦国第十八位国君）二年，秦国派兵夺取了蜀国富饶的汉中平原，并且命"左庶长城南郑"（《史记·六国年表》）。庶长是当时的官职，在秦国制定的二十等爵位制中，十八级为大庶长，掌握全国军政大权，十级为左庶长。当时秦国不但占领了汉中平原，而且筑城镇守，蜀国由此失去了秦岭以南、巴山以北的领土。

又过了七八十年，到蜀国开明王朝九世蜀王开明尚时，经过长期休养生息而国力迅猛增强的蜀国，决定要重新夺回被秦国占领的汉中。公元前387年（秦惠公十三年），蜀王派兵从成都沿金牛道出川去攻打汉中，双方通过一场激战，蜀国取得胜利，如愿收回汉中。大约在此时，"蜀王封其弟葭萌于汉中，是为苴侯"（《华阳国志·蜀志》）。蜀王封他的弟弟葭萌为苴侯，苴侯的封地从广元昭化一带到陕西汉中。

当时，秦国并没有马上出兵反击，因为国内发生内乱，疲于应付，根本无暇顾及。在之后的几十年里，秦国对内着力变法图强，对外忙于与六国争霸中原，对于汉中鞭长莫及。

公元前318年，魏、赵、韩、燕、楚等国合纵攻秦，并推楚怀王为纵约长。魏、赵、韩三国出兵攻打秦国，但结果兵败函谷关。公元前317年，秦国的庶长樗里疾又率兵破魏、赵、韩联军于修鱼（今河南原阳西南）。通过接二连三的征战，秦国在军事上逐步取得了优势。

这时，一个突发的事件使秦惠文王幡然醒悟，他立即把目光投向了汉中，以及汉中以南蜀国富饶的川西平原。

公元前316年，十二世开明王在位。当时这代苴侯竟与巴王友好，往来十分密切。而巴国与蜀国本是世仇，矛盾冲突非常激烈。开明王对苴侯的作为极为愤怒，便发兵到葭萌去攻打苴侯。弱小的苴国自然敌不过蜀国，苴侯就逃往巴国避难。巴王立即请求秦国出兵援助。

其时，秦惠文王刚刚打败了赵、韩、魏三国联军，正准备乘胜攻打楚国。得到巴国的求救信息，他就想趁机攻取巴蜀。关于秦惠文王是东进攻楚还是南下取巴蜀的问题，引发了大臣们的一场激烈争论。

《战国策·秦策》中《司马错与张仪争论于秦惠（文）王前》记载，司马错（秦国将军）与张仪（秦国丞相）当着秦惠文王的面争论。司马错主张秦国应先去攻打蜀国，而张仪却主张先去攻打魏国。秦王便叫他们各抒己见。

张仪说："我们先跟楚、魏两国结盟，然后再出兵到三川，堵住轘辕和缑氏山的通道口，挡住屯留的孤道，魏国和南阳就断绝了交通，楚军逼近南郑，秦兵可攻打新城和宜阳，这样我们便兵临东西周的城外，去惩罚二周的罪过，并且可以进入楚、魏两国。周王知道自身危急，一定会交出传国之宝。我们据有传国之宝，再按照地图户籍，假借周天子之名号令诸侯，天下有谁敢不听从？这才是霸王之业。至于蜀国，那是一个在西方边远之地，野蛮人做酋长的国家，我们即使劳民伤财发兵前往攻打，也不足以建立霸业。我常听人说，争名要在朝廷，争利要在市场。现在三川、周室，才是天下的市场，可是大王却不去争，反去争夺戎狄，这就距霸王之业太远了。"

司马错却说："事情并不像张仪所讲的那样，据我所知，要想使国家富强，务必先要扩张领土；要想兵强马壮，必须先使人民富足；要想得到天下，一定广施仁德。这三件事都做到以后，那么天下自然可以获得。如今秦王地盘小而百姓穷，所以臣恳请大王先从容易的地方着手。因为蜀国是一个偏僻小国，而且是戎狄之邦的首领，国内事务如夏桀和商纣一样紊乱，如果用秦国兵力去攻打蜀国，就好像派豺狼去驱逐羊群一样简单。秦国得到蜀国的土地就可以扩大版图，得到蜀国的财物就可以富足百姓；虽然是用兵却不会伤害一般百姓，并且又能让蜀国自动屈服。所以秦虽灭蜀国，而诸侯不会认为是暴虐；即使秦国抢走了蜀国的一切珍宝，诸侯也不会以秦为贪。可见我们只要做伐蜀一件事，就有名义上和实际上的两种利益，并且还可以得到除暴安良的美名。假如我们现在去攻打韩国，就等于劫持天子，那会招致恶名，而且也不见得能获取什么利益。干天下人都不愿做的事情，实在是一件危险的事。我请求说明这个道理，周天子是天下的共主，同时，齐国是韩国与周朝的友邦，周朝知道自己将要失去九鼎，韩国知道自己将要失去三川，这样两国必然精诚合作，共同联络齐国、赵国去解楚国、魏国之围，自动把九鼎献给楚国，把土地割给魏国，这些都是大王不能制止的，这也就是臣所说的危险，实在不如先伐蜀才是万全之计。"

秦惠文王对司马错说："好，寡人听你的！"

从史料不难看出秦国攻打蜀国的原因和目的，而《华阳国志》中的一段文字更能说明问题："苴侯与巴王为好，巴与蜀仇，故蜀王怒，伐苴侯。苴侯奔巴，求救于秦。秦惠（文）王方欲谋楚，群臣议曰：'夫蜀，西僻之国，戎狄为邻，不如伐楚。'司马错、中尉田真黄曰：'蜀有桀纣之乱，其国富饶，得其布帛金银，足给军用。水通于楚（指长江水道），有巴之劲卒，浮大舶船以东向楚，楚地可得。得蜀则得楚，得楚则天下并矣！'"

公元前316年秋天，秦国大军在张仪、司马错、都尉墨的率领下，沿石牛道南下。秦军从关中的眉县经斜谷、褒谷栈道入汉中，又前行至勉县而向西，出阳平关（古阳安关），由山道抵白水关（古属昭化县管，今属青川县），然后沿白龙江河谷南下至苴侯都邑葭萌。此时，蜀王开明十二世深知强大的秦军不好对付，因而倾其全国的力量，亲自率领蜀国人马在葭萌拒敌（《华阳国志·蜀志》）。

当时，昭化一带大军云集，桔柏渡头众军连营，土基坝上刀光剑影……

一场鏖战，蜀军终不敌能征惯战的强大秦军。蜀王兵败后逃往武阳（今四川彭山东北），后被秦军捕杀。蜀国大臣相（宰相）、傅（太傅）保着蜀王儿子退至逢乡（今四川彭州附近），也因秦军的进剿而死于白鹿山。

这样，兴起于春秋中期，传位十二世，统治蜀国长达300年的开明王朝宣告灭亡。这是公元前316年10月的事。

灭掉蜀国后，秦国乘势出兵灭掉了苴侯国和巴国。从此，秦惠文王占有了富庶的巴蜀大地，为后来统一全国打下了坚实的基础。

巴蜀首县说葭萌

≫ 肖永乐

昭化，古称葭萌，历史十分悠久。早在公元前285年，它便是四川境内第一个建县的地方。1958年，政府开展地籍普查，它最终被确认为是"巴蜀第一县"。

昭化地处嘉陵江与白龙江汇合处，距广元西南20公里，"地控秦陇，势扼蜀巴"，战国时即为苴侯国都邑，秦以后为历代郡县治所，距今已有2300多年连续建县史，被史家称为"巴蜀第一县，蜀国第二都"。

远在上古时期和中古时期，在今四川省和重庆市境内，主要有两个部族国家，即巴国和蜀国。

先前，居住在青藏高原的古羌族人向东南迁居，进入岷山地区和成都平原，居住在岷山河谷的人群被称为蜀山氏。蜀山氏有女儿嫁给黄帝为妃，生下儿子蚕丛，蚕丛在四川以成都平原为基地建立了古蜀国，蚕丛之孙即鱼凫。

巴国形成于商周之际，位于今重庆市及四川省东部一带。川东地区在夏朝称"巴方"，在商朝称为"巴奠（甸）"，向商朝年年纳贡，岁岁服役。巴人不甘商朝的压迫，于公元前11世纪，参与周武王伐纣，推翻了商朝。西周初期分封了诸侯国，巴氏被封为子国，首领为巴子，因而叫巴子国，简称巴国。其地域大致为今天重庆全境，北到陕南的汉水上游、大巴山北缘，东至襄阳。春秋时期，巴国又通过战争扩张了势力范围。

苴人乃巴国支系，聚居在今广元至阆中一带。巴国人勇武善战，曾征服蜀国，势力发展到今陕西汉中盆地。后来，蜀国经济发展较快，实力增强，又打败巴国，占领了苴人聚居地。公元前400年左右，九世蜀王开明尚为抗秦抑巴，守卫北方门户，便分封其弟建立苴侯国，以葭萌（今昭化）

为都邑，治地在"吐费城"（距昭化古城东2公里的土基坝）。

苴侯国的辖区广阔，北至今陕西汉中及甘肃武都、文县、成县西南一带，西至今青川、剑阁、平武、江油的大部，东至今旺苍全部、南江小部，南至今苍溪北部，横跨四川、陕西、甘肃三个省地。其交通十分方便，若走水路，东面的嘉陵江与西面的白龙江在吐费城东南的桔柏渡汇合，驾小舟溯嘉陵江可达今陕西略阳，溯白龙江可达今甘肃文县，乘大船顺嘉陵江经阆中、南充、重庆可进入长江流域；若走陆路，金牛道（又名石牛道）是2000多年前蜀地连接中原的重要通道，它南起今成都，经广汉、德阳、绵阳、梓潼、剑阁、昭化、广元、棋盘关（今朝天区境内），然后沿白龙江河谷上至白水关（今青川县沙州镇境内），再沿白龙江支流刘家河上抵阳平关，经过勉县后，与通往陕西关中平原而沿褒水、斜水河谷的褒斜道相连。

苴侯国的辖区物产丰富，经济发达，两江沿岸平坝众多，土地肥沃，除种植稻、麦、油、麻，还栽桑养蚕。其地理位置非常优越，北枕秦陇、西凭剑阁、南通阆巴，三面临水、四面环山，周围东西北三方地势开阔，上接朝天关，下连剑门关，与周围其他关隘形成东来有桔柏渡以拒之，西出有天雄关以镇之，南下苍阆有梅岭关以间之，北渡阴平有白水关以守之的战略要地。

苴侯立国后，基本上能独当一面，有力地遏制了秦国的南侵和巴国的西略，使秦国只限于与蜀国争夺汉中盆地，把巴国牢牢限制在苍溪以南而无法向西北扩张。

第一代苴侯英勇善战、忠心无二，深受蜀王信赖。但随时序推移和世系传替，二代及以后苴侯与后继历代蜀王的血缘渐来渐远，关系逐渐淡化。到了末代苴侯，竟然与巴国通好，与蜀国直接反目成仇，而巴国与蜀国世代为敌，蜀王因此十分愤怒。秦惠文王更元九年（公元前316年），十二世开明王率师伐苴，在葭萌相战，苴侯最终抵挡不住，便逃往巴国都城（今阆中）与巴国共同抗击，巴苴两国联军也打不过蜀军，于是向秦国求救。

公元前316年秋天，秦王派张仪、司马错、都尉墨率大军从关中出发，沿褒斜道南下进入金牛道，经勉县、宁强、阳平关、白水关，然后沿白龙江河谷南下。蜀王调动全国兵力并亲率主力迎战，两军在葭萌相遇展开激战，秦军一举击溃蜀王所率主力，蜀王逃至武阳（今四川彭山东北），被秦国追兵所杀，蜀国的一些大臣护卫蜀王的儿子退至逢乡（今四川彭州附近），最后战死于白鹿山，蜀国就此灭亡。秦国接着一并消灭巴国、苴国，生擒了巴王。

秦国兼并了巴、蜀（含苴）国，统一了全川，两年后在巴地置巴郡，在蜀地封秦王之子通国置蜀侯国。四年后又分巴、蜀之地置汉中郡。公元前285年，秦国废蜀侯国置蜀郡，以葭萌为治地建置葭萌县。葭萌县成为现存史料可查证的巴蜀境域内最早建置的县级政权，辖有今广元市昭化区、利州区、朝天区、旺苍县和陕西宁强县五区县全境，以及青川、剑阁、苍溪、南江等县部分地域。

东汉末年，因吐费城地势低下，屡遭水患，葭萌县城池便迁建于现今昭化古城的位置。昭化古城三面环山，两面临水，虽为"弹丸之城"，而有"金汤之固"，历来为兵家必争之地。汉建安二十二年（217年），蜀先主刘备亲自改葭萌县为汉寿县，寄寓"汉祚永寿"。随后，汉寿县又改名晋寿、益昌、京兆、益光县等。其间，太元十五年（390年），东晋在今昭化古城设置晋寿郡，并改晋寿县为益昌县，郡领3县（益昌、兴安、晋安）；之后，南齐永泰元年（498年），南朝齐国分晋寿郡为东、西晋寿郡，今昭化古城为西晋寿郡治地，郡县并置，郡领1县（益昌）。北宋开宝五年（972年），改益昌县为昭化县，意在"昭示帝德，化育民心"，自此昭化之名沿用至今。

1949年12月15日，中国人民解放军解放昭化城，当日成立昭化县人民政府。

1952年12月，昭化县治地迁至宝轮乡（今利州区宝轮镇）。1959年3月22日，昭化县被撤并划归广元县，广元、昭化两县复合为一。

从公元前316年的东周至今，在这2300多年的历史长河中，昭化演绎着从先秦诸侯国到宋元明清北驿道上的知名驿所，完整展示了一部中国地方政权连续不断建置的历史。

国家文物局专家、中国文物学会原会长罗哲文在考察昭化古城后，亲笔题写"巴蜀第一县，蜀国第二都"十个大字，充分肯定了昭化2000多年的建置历史。

刘备树德兴蜀汉

＼ 肖永乐

"蜀汉兴,葭萌起",意指蜀汉政权是从葭萌(今昭化)兴起的,这是史家历来一致的说法,毋庸置疑。

作为蜀汉政权重要发祥地的昭化,从一定意义上说,就是一部三国历史的"活典籍",它成就了刘备的帝王之梦,见证了蜀汉政权的兴衰历程。

不到昭化,不懂三国。喜欢三国历史的游人到四川寻觅三国遗踪,了解三国文化,除了到成都和阆中,更会走进迄今全国保存最为完好的蜀道三国古城——昭化古城。

昭化有2300多年连续建县的悠久历史,被称为"巴蜀第一县,蜀国第二都",其中最耀眼的、最为后人津津乐道的,还是发生在这里的那一段风云际会、金戈铁马的三国群雄争霸史和蜀汉英雄写就的千古传奇……

汉建安十六年(211年)春,曹操派司隶校尉钟繇率兵征讨盘踞汉中的张鲁,因割据关中的马超、韩遂的阻挠未能如愿。益州牧刘璋听说曹操大军讨伐张鲁,十分惶恐,惧怕张鲁会乘势夺取益州。其部下张松进言说:"为今之计,只有驻守荆州的刘备能与张鲁抗衡。刘备和您同是汉朝宗室,与曹操有不共戴天之仇,又善于用兵,若能请他领兵讨伐张鲁,张鲁必败无疑,这样将使益州更加强大。"刘璋采纳了张松的建议,立即派法正领兵四千前往荆州迎请刘备。

汉建安十六年秋,刘备留下诸葛亮、关羽、张飞、赵云等人据守荆州,率领军师庞统和将军黄忠、魏延、霍峻及步卒一万人沿长江由水路进入蜀地,又沿嘉陵江及其支流涪江溯水到达涪城(今绵阳)。刘璋亲自出迎,在富乐山大摆酒宴,相见甚欢。

刘备推举刘璋"行镇西大将军领益州牧",刘璋推举刘备"行大司马

刘备入驻葭萌

领司隶校尉"。刘璋同时为刘备增派兵力，请他攻击张鲁，又让刘备督领白水军（驻扎在今青川沙州白龙江一带的蜀军）。刘备合并军队达到三万余人，可谓兵强马壮，车甲器械等战备物资十分充足。

《三国志·先主传》记载："先主北到葭萌，未即讨鲁，厚树恩德，以收众心。"短短十八个字，足见刘备的雄才大略，印证一代帝王的昭化之缘。

刘备领军一路向北，行至昭化（时称葭萌），大喜过望。他一察看地势，此地钟灵毓秀、山高水阔，果然如张松所献地图一般：白龙江（古桓水）、嘉陵江（西汉水）、清水江在此交汇，绕城东去；金牛古道，穿城而过；牛头山腰的天雄关，巍峨傍立；桔柏古渡，扼江拒守，葭萌关（今昭化古城）虽属"弹丸之城"，却有"金汤之固"，实属战略要地。刘备不禁啧啧称赞："好一块风水宝地，好一处军事要塞，真是天助我也！"

当时葭萌县属广汉郡，辖区广阔，大致包括现在北到青川沙州，南至剑阁、梓潼，西至江油等地的部分地区，而且出产丰饶，为刘备提供了天赐的壮大实力的广阔空间。刘备是有名的政治家，善于审时度势，抓住千载难逢的历史机遇，决定在昭化驻扎，并不急于帮助刘璋直捣张鲁，而在此韬光养晦，以树德收取民心。

刘备向来从严治军，一视同仁。入主葭萌后，他更加严肃军纪，对百姓的利益秋毫无犯，一有违犯，必从重处罚。他抓住农时季节，亲自带领将士在古城周围一带垦荒种地、栽桑养蚕，着力筹集丰足的粮草，并加紧在古城内的箭道坝（今改名剑刀坝）、东门外的茅河坝、西门外的战胜坝、苟家坪等处操练兵马，广泛发动当地百姓，积极扩充兵员，不断壮大军事实力。通过近一年的努力，把葭萌建成为夺取蜀汉政权名副其实的大本营，先占了"地利"。刘备抓住老百姓渴望天下统一过上安定生活的普遍心理，大肆宣扬自己是汉景帝之子——中山靖王刘胜的后代，乃正宗的汉室后裔，有汉朝皇家血统，他打着"复兴汉室"的正统旗号，决心聚集天下豪杰，统一诸侯割据的中原，因而赢得了当地百姓的拥护和支持，尽显了"天时"。同时，刘备尽心体恤民情，广施恩德，安抚百姓，因而颇得民心，赢得了"人和"。

刘备按照诸葛亮"隆中对"所定下的谋略，在葭萌悄无声息地厉兵秣马，耐心等待机会夺取益州。

汉建安十七年（212年）十月，曹操派兵攻打孙权，孙权紧急派人向刘备求救。刘备就以援救孙权为借口，趁机向刘璋借兵一万，并请求给予物资上的支持。刘璋本来对刘备屯兵葭萌不攻张鲁就有意见，见他现在又来借兵，心中更加气愤，但碍于情面，勉强答应借兵四千，所需物资减半。

此时，身在成都的张松，以为刘备真的要领兵回荆州，就写信劝说刘备立即下手，夺取益州。张松之兄张肃（广汉太守）怕受连累，将其弟与刘备的密谋告知了刘璋。刘璋将张松斩首后，发文令益州各地驻军严守关隘，不得放刘备通过。刘备大怒，先召令白水军将领高沛、杨怀到葭萌，"责以无礼"，并将其斩杀，绝了后患。汉建安十七年十二月，刘备派黄忠等为先锋，率大军进占涪城。

汉建安十八年（213年），刘备率兵进围雒城（今四川广汉），刘璋的儿子刘循率蜀中诸将坚守了近一年时间。汉建安十九年（214年），刘备令诸葛亮、张飞、赵云等从荆州引兵赶来增援，一举攻下雒城，攻取成都，自领益州牧，初步形成了"天下三分"的格局。

刘备对入蜀后建立的第一个根据地——葭萌一直念念不忘，汉建安二十二年（217年），他下令将葭萌县改为汉寿县，寄寓"汉祚永寿"，希望他打下的汉室江山与日月同寿。

此后数年，经过艰苦征战，刘备终于平定巴蜀全川，并攻占汉中，占有了荆州、益州及汉中等大片土地。

汉献帝延康元年（220年），曹操在洛阳病死。十月，其子曹丕逼汉献帝退位，自己登基做了皇帝，国号魏，年号黄初。第二年（221年），刘备在成都称帝，定国号为"汉"，年号章武。后代史学家将刘备在四川建立的政权称"蜀"或"蜀汉"。

1992年6月，时任四川省委书记杨汝岱在昭化古城考察时欣然亲笔题词"三国重镇"。2004年，国家文物局专家、中国文物学会原会长罗哲文在昭化考察时激动地指出："昭化古城特别众多的三国遗址，突出展示了三国蜀汉文化的丰富内涵，是研究蜀汉政治、军事、经济文化的重要例证，十分珍贵。"

昭化是蜀汉政权的重要发祥地，得到中央、省市领导和国家权威专家的高度认可。

费祎开府汉寿城

＼ 肖永乐

昭化古称葭萌，是蜀汉政权重要的发祥地，三国文化极其厚重。汉建安二十二年（217年），蜀先主刘备改葭萌为汉寿。

《华阳国志》记载："时蜀人以诸葛亮、蒋琬、费祎及允（董允）为四相，一号四英也。"诸葛亮、蒋琬、费祎、董允被称为"蜀汉四相"，又被称为"蜀汉四英"，四人均怀有相国之才，是治国的能臣。

蜀汉大将军录尚书事费祎是三国名相、蜀汉名臣，他学识渊博，识悟过人，每省读文书"举目暂视，已究其意旨，其速数倍于人，终亦不忘"。他在晚年的许多重要政治、军事活动都与昭化密切相关，留下诸多历史故事与遗址遗迹。

费祎（？—253年），字文伟，江夏郡鄳县（今河南省罗山县）人。年少时，他双亲亡故，依傍亲房族父费伯仁生活。费伯仁的亲姑是益州牧刘璋的母亲，刘璋曾派人迎接费伯仁到成都，费祎便跟随族父入蜀求学。214年，刘备兵围成都，刘璋投降，刘备自领益州牧，费祎就一直留居蜀地。

221年，刘备在成都称帝，取国号为"汉"，年号章武，封诸葛亮为丞相，立长子刘禅为太子，费祎被封为舍人（官名，随侍太子），后又升任庶子。223年春，刘备去世，刘禅登基继位，改元建兴，封费祎为黄门侍郎（侍从皇帝，传达诏命的官员）。

费祎纵论天下事，颇有见地，诸葛亮盛赞其有"社稷之才"。建兴三年（225年）秋，诸葛亮南征凯旋后班师回朝，费祎与同僚出城数十里外迎接，群僚官位多数都高于费祎，诸葛亮唯独命令费祎与他同乘一辆车，众人惊羡不已。建兴四年（226年），诸葛亮派费祎出使东吴，费祎从容不迫，博才善辩，"辞顺义笃，据理以答"，圆满完成蜀吴和解、联合御魏的使命。吴主孙权特别器重费祎，称赞费祎"君天下淑德，必当股肱蜀朝"，意思是费祎乃天下难得的贤德之士，有辅佐蜀国之才，并以金刀相赠。从东吴返蜀后，费祎升为侍中（丞相属官）。

建兴五年（227年），诸葛亮率军北驻汉中，费祎任参军，往来于汉中与成都之间，转呈诸葛亮的奏表和后主刘禅的旨意，经常路经昭化。建兴八年（230年），费祎任中护军，后升司马。

建兴十二年（234年），诸葛亮病危，刘禅遣尚书仆射李福前来军中询问其后继之人，诸葛亮推荐费祎可继蒋琬之后担当重任。费祎不负诸葛亮重托，遇事"斟酌损益"，上表"进尽忠言"。同年八月，诸葛亮病逝于五丈原（今陕西宝鸡岐山境内）军营，蜀征西大将魏延乘机发难，胁迫长史杨仪交出兵权，费祎居中调解，晓以大义，让蜀军顺利撤回成都。刘禅感费祎之德，拜其为后军师。不久，费祎代蒋琬任大将军、录尚书事（录是总领之意，录尚书事是独揽大权，无所不总），担负起辅佐蜀汉政权的重任。

延熙七年（244年），魏兵大举攻蜀，费祎奉旨巡视军营，临战不惧，与光禄大夫来敏从容对弈，以其稳操胜券的大将风度，鼓舞蜀军士气。费祎率军以攻势防御固守兴势（今陕西洋县北），魏军始终无法前进，被迫撤退。费祎趁机进据三岭截杀，大破魏将曹爽，魏军"失亡甚重"。费祎因功被封为成乡侯，经蒋琬力荐又兼任益州刺史。

延熙十一年（248年），费祎进驻汉中，他施政严谨，治军严明，做到恩威并重，遇事皆先咨断而后行。

延熙十四年（251年）冬，费祎领兵屯驻汉寿（今昭化）。延熙十五年（252年），费祎奉蜀后主刘禅之命在汉寿城开设大将军府，总领前线征魏事宜，并"行相府事"。这时的汉寿，实际上成为蜀汉政权抗击魏军的前线总指挥部。延熙十六年（253年）元月，费祎在汉寿举行岁首大会，他兴致极高，开怀畅饮，喝得大醉，被在座的魏国降将郭循用锋利的匕首杀害于大将军府。

费祎死后葬于昭化古城西门外，其墓历代都有培修。清代末年，费祎墓仅存封土半堆，高约3米，墓碑为清光绪三十三年（1907年）四月昭化县令吴光耀募银重立，碑题为蜀汉大将军录尚书事成乡敬侯费祎之墓。碑文为其长女吴正敬所书，字迹清秀，天真烂漫，独具特色，被专家称之为"孩儿体"。"孩儿体"是魏书体的一种，在国内十分罕见，是不可多得的石刻珍品。碑文写有"昭化在季汉是为汉寿，费侯屯兵，岁首大会，欢饮沉醉，魏降人手刃，故墓在昭化"等内容。

清雍正十二年（1734年），果亲王允礼（康熙帝第十七子，雍正皇帝异母弟）奉命赴泰宁送六世达赖喇嘛返回西藏，问视各省驻防及绿营兵。他途经昭化时去拜谒费祎墓，亲题"深谋卓识"匾，盛赞费祎审时度势的政治谋略。乾隆二十七年（1762年），邑令吴邦殒建亭立碑。

费祎墓现存敬侯祠内。敬侯祠始建时间已无史料可以考证，明代以来规模宏大至盛，有神道、牌坊、碑亭、祠堂、草堂等建筑，后毁于"文革"，仅保存墓冢。

1997年，昭化古城门及费祎墓被四川省人民政府公布为"省级重点文物保护单位"，并拨专款进行维修。2007年，元坝区（现昭化区）政府依原样进行复建。

费祎一生忠于蜀汉，勤于政务，忙于军务。诸葛亮死后，他与蒋琬、董允同心辅佐后主刘禅，倾力支撑着蜀汉政权。他廉洁从政，也清廉治家，十分难能可贵。《费祎别传》记载："祎雅性谦素，家不积财。儿子皆令布衣素食，出入不从车骑，无异凡人。"

霍峻固守葭萌城

⟍ 肖永乐

　　1800多年前，霍峻固守葭萌古城，以数百兵士，最终战胜万余强敌，创下以少胜多、以弱胜强的三国经典战例，为蜀汉政权的建立立下不朽功勋，为昭化这块古老的土地平添了一段历史佳话。

　　关于此战，《三国志·蜀志》《资治通鉴》《汉晋春秋》等古代典籍均有记载。

　　霍峻，字仲邈，南郡枝江（今湖北省枝江市）人，自小聪颖好学，素有大志，并精习排兵布阵之法。东汉末年，军阀混战，藩镇割据，其兄霍笃在乡里召集数百人组建一支军队，归附荆州牧刘表。霍笃去世后，刘表让霍峻代管其兄的部卒。刘表死后，霍峻率领部属投奔蜀汉先主刘备，深得刘备信赖，被任命为中郎将。

　　汉建安十六年（211年）秋，霍峻随从刘备入蜀，进驻葭萌关（今昭化古城），平日厉兵秣马，垦荒屯粮，丝毫不敢懈怠。

　　汉建安十七年（212年），刘备离开葭萌，率兵进据涪城（今绵阳），准备南征成都，袭益州牧刘璋。葭萌是刘备入蜀后建立的第一个大本营，为了防止驻守汉中的张鲁与巴西（今阆中）的军队前来攻占，以免陷于腹背受敌的困境，刘备便留下霍峻，命令他务必小心谨慎，无论如何都要守卫住葭萌城。霍峻不负重托，一面严肃军纪昼夜值守，紧急筹集战备物资，一面积极安抚和发动居民，稳定军心民心，做到同仇敌忾，协同守城。

　　张鲁得知刘备率军攻打成都，认为葭萌城一定兵力空虚，机会难得，立即派大将杨帛率兵偷袭。杨帛到后，只见葭萌地势险要，城高壑深，易

霍峻退敌

守难攻，于是派人致信诱骗霍峻，假意要协助霍峻共同守城。霍峻一眼就看透了杨帛的奸计，在回信中义正词严地回绝说："本人的头你可以得到，但城池你绝不可能得到。"杨帛见葭萌城守卫得如此森严，霍峻意志又如此坚定，只得悻悻作罢，率兵退去。

不久，刘璋派出部将扶禁和向存率兵1万余人，从巴西（今阆中市）出发，沿嘉陵江而上到达葭萌。扶禁、向存指挥大军将葭萌城团团围困，在城外反复进行强攻，将近一年时间，久攻不下。

霍峻见敌军来势凶猛、人多势众，一时无法将其击溃，于是广积粮草，退守城中。霍峻采取疲劳战术，一直坚守不出，消磨敌军的斗志，耐心等待战机。当时，葭萌城中的守军仅有八百人，由于霍峻排兵合理，布局得当，加之得到葭萌父老的全力支持，葭萌城始终固若金汤，巍然屹立。

一天傍晚，霍峻见敌军懈怠，立刻挑选五百精锐士兵猛冲出城，进行突然袭击，一举大败敌军，并砍下了向存的首级，成功地守住了葭萌城，为在前方作战的刘备军队彻底消除了后顾之忧。

刘备攻占成都后，自领益州牧，随后平定了蜀地。为了嘉奖霍峻守城的功绩，于建安二十二年（217年）分割广汉郡建梓潼郡（今梓潼县），升任霍峻为梓潼太守，封裨将军。

霍峻在任3年，40岁卒于任所，还葬成都。刘备对霍峻英年早逝十分痛惜，于是给诸葛亮下诏说："霍峻本来就是一个德才兼备的人，加之他对国家立有大功，应该为他举行祭奠仪式。"刘备亲自率领群僚前去吊唁祭奠，然后在霍峻的墓地上留宿，当时的人都认为这是一种莫大的荣耀。

霍峻能以区区八百之兵，坚守葭萌古城，力破万众之敌，值得研究借鉴。主帅意志坚定，不为敌人势众而动摇，不为自己兵少而气馁，有战胜强敌的决心和信心；刘备到葭萌后，实施的"厚树恩德、以收众心"的策略见到实效，得到当地百姓的真心拥护和支持，与守城官兵众志成城，协同作战；守城策略正确，城内粮草充足，生活用水有保障，葭萌关固若金汤，不怕敌人围困；抓住了稍纵即逝的战机，选精兵一鼓作气、一举破敌。这些因素相辅相成，缺一不可。

成汉始祖据晋寿

◇ 肖永乐

　　李特（约250—303年），字玄休，氐族，略阳临渭（今甘肃省秦安县）人，身高八尺，勇武刚毅，善于骑马射箭，性情沉稳，为人仗义好打抱不平。祖籍巴西宕渠（今四川省渠县），东羌猎将李慕之子，十六国时期成汉政权建立者李雄之父，成汉政权的奠基人。西晋惠帝太安元年（302年），李特曾率兵攻占晋寿城（今昭化古城）（见《资治通鉴·晋纪七》），留下一段金戈铁马的战事传奇。

　　这场战斗的背景，源自在西晋元康八年（298年）发生的反叛事件。当年，氐王齐万年起兵反晋，导致关西（指函谷关以西陕西甘肃一带）大乱。加之连年干旱粮食无收，百姓饥寒交迫，只得四处求食。略阳、天水、扶风、始平、武都、阴平六个郡的数万家百姓为了活命，不得不背井离乡，纷纷逃难到汉中。

　　十余万流民涌入汉中，让这个素有"粮仓"之称的地方也骤然压力大增。不少难民依然难以饱腹，于是他们就上书请求从汉中进入巴蜀求食，可朝廷根本不允许。为显示皇恩浩荡，特遣侍御史李苾代表朝廷前往慰劳流民，实则监督不许流民进入川北蜀地。李苾到汉中后，接受流民的贿赂，不但不阻止流民入蜀，反而上表说："流民十万余人，非汉中一郡所能振赡。东下荆州，水湍迅险，又无舟船。蜀有仓储，人复丰稔，宜令就食。"晋朝廷同意了李苾的建议。于是，数十万流民沿着蜀道进入四川。

　　李特和他的弟弟李流，儿子李雄、李荡，也加入了入蜀流民队伍。他们对生病及贫乏的流民时常给予周济和帮助，深得民心，受到大家的拥戴（《晋书·李特传》）。

西晋永康元年（300年）十一月，朝廷下诏调益州刺史赵廞入朝为大长秋（皇后宫内高级官员，负责宣达皇后旨意，领诸宦者）。赵廞见晋朝衰乱不堪，就不愿再入朝为官，打算割据益州。他先在流民身上做文章，开仓放粮，赈济灾民，以收众心，并厚待笼络流民首领李特兄弟，让他们成为心腹。

不久，朝廷新任命的益州刺史耿腾刚到任，赵廞就发动兵变，在成都西门杀死耿腾，并自称大都督、大将军、益州牧，统领益州郡。

不久，巴氏族人李庠率部千余骑投靠赵廞，被封为威寇将军、阳泉亭侯。同时，李庠受命在入蜀流民中招募壮勇万余人，开往蜀北，防止晋朝廷派兵攻击。也就是此时，李特兄弟及其子侄进入军队，并成为军中骨干。

后来，赵廞怕李庠势强压主，借机杀李庠及其子侄十余人。李庠死后，李特收其余部7000余人攻打成都，赵廞兵败逃往广都，为随从所杀。李特大军遂入成都，命人致书朝廷，陈述赵廞的反叛罪状。

赵廞既除，蜀中不能无人掌管，朝廷命梁州刺史罗尚为平西将军、益州刺史，督领牙门将王敦、蜀郡太守徐俭、广汉太守辛冉等率7000余骑入蜀。永宁元年（301年）三月，罗尚等人率兵进入成都。与此同时，朝廷为奖励李特等人的功绩，封李特为宣威将军，弟李流为奋武将军。李特兄弟率兵在绵竹驻扎大营。

罗尚入成都的主要使命是督促天水、汉中六郡流民限期返回家乡，从而避免产生更大的骚乱，就一再催逼流民尽快离开蜀地。

李特兄弟本身就是流民出身，深知其痛苦，一再请求罗尚宽限时日，却引起广汉太守辛冉、犍为太守李苾的强烈不满。他们命部下率兵3万攻打绵竹李特的大营，却被强大剽悍的流民军队击溃。六郡流民同仇敌忾，共推李特为镇北大将军，其弟李流为镇东大将军，进兵广汉攻讨打败辛冉。李特乘势攻取德阳，兵围成都。西晋太安元年（302年）五月，晋朝廷派督护将军衙博率军从汉中入蜀讨伐李特，衙博集重兵于梓潼。同时，朝廷新任命的广汉太守张微结兵于德阳，益州刺史罗尚的部将张龟集军于繁城（今四川新繁境内），形成南北夹击的攻势。

李特采取分兵拒敌的战术，亲自率军阻击成都方向的敌军，在繁城打败张龟的军队，并命令李荡率兵攻打梓潼衙博的军队。李荡在阳沔击败衙博，梓潼太守张滨弃城而走，同守梓潼的巴西郡丞毛植开城投降李荡。

此时，在梓潼阳沔战败的督护将军衙博退守晋寿（今昭化），双方在城下进行一场鏖战。衙博凭着晋寿城池坚固，一再督军固守，李荡命士卒架云梯奋勇攻城。不久城破，衙博只身从晋寿城北门逃出直往陕西汉中，手下数千人全部投降，晋寿遂为李特占据（见《资治通鉴·晋纪七》）。

李荡攻占晋寿，夺取了蜀门咽喉之地，使得晋王朝不能派兵沿蜀道南下，李特大军得以放开手脚与罗尚的残兵交战。西晋惠帝太安二年（303年）正月，晋惠帝派荆州刺史宗岱、建平太守孙阜带领3万水军从长江入蜀援救罗尚。罗尚依靠入援的晋军与李特之军在蜀地进行了长达一年的争战。

303年，李特及其子李荡战死，其另一子李雄继为大都督、大将军、益州牧。又过了一年，李雄终于战胜罗尚，进入成都称成都王，追谥李特为景王，并于306年建立了成国。追尊李特为景皇帝，庙号始祖。

李雄建立的成国后来改名"汉"，史称"成汉"。成汉王国历西晋、东晋两朝，存在了41年，于347年为东晋大将桓温所灭。

李特在动荡时期收容大量流民，非常难能可贵。他创立收容所，改善流民生活，教育流民，提高其社会地位，体现了中华民族的友爱互助精神，为推动社会和谐稳定做出了巨大贡献，对后世产生了深远的历史影响。

挽舟县令何易于

≫ 肖永乐

昭化史称"巴蜀第一县"，在历任县令中，迄今有史料可查的有名有姓的仅有182位，其中有一位县令的事迹被破格记入国史，他就是挽舟县令何易于。

昭化在唐代称益昌。《重修昭化县志·职官志·县令》记载，何易于"（唐）懿宗咸通元年（860年）任益昌（县令）"。何易于为官清廉，两袖清风，他体恤民间疾苦，尽量减少赋税徭役，是百姓心目中最难遇的清官和好官。

益昌县城位于嘉陵江南岸，距利州（今广元）40里。有一年春天，利州刺史崔朴邀集宾客泛舟出游，沿着嘉陵江顺流而下，直至益昌城外的桔柏渡。宾客们一路赏春观光，玩得兴高采烈，临近晌午，准备乘船返回。因要逆水行舟，缺人拉纤，崔朴便派人传令给何易于，命他立即征派当地民夫前来挽舟。何易于挽起官袍，腰插笏板，脱掉靴子下水，用力拉着官船上行。崔朴突然发现是何易于在江边拉纤，倍感惊异地问道："我不是让你派民夫吗？为何要亲自来挽舟？"何易于平静地回答："目前正值春耕季节，百姓不是犁田插秧，便在采桑养蚕，他们的时间很宝贵，我们不能强占。相比而言，我现在没有什么急事要做，又是您的属下，正好来充这个差役呢！"崔朴顿时羞愧得无言以对，急忙和众宾客纷纷跳出船舱，都骑着马回利州去。

为减少益昌百姓的税赋，何易于还冒着丢掉乌纱帽的风险，敢于挺身而出为民请命。

那时，昭化一带比较贫瘠，好在盛产茶叶，百姓利用山地大量种植茶树，制成茶叶去集市出售，以养家糊口，但从来也没有交过茶税。后来，主管盐铁的官员上表奏请朝廷，请求加强对茶管理，将茶叶纳入专卖，皇帝于是下诏开征茶税，而盐铁官往往通过对茶实行专管专卖而大肆谋利。

圣诏下到益昌，何易于看过诏书后，气愤地说："益昌的百姓，不交茶税都很难活下去，现在竟然要征收茶税，这岂不是把百姓往绝路上逼吗？"言毕，他便命令衙吏将诏书毁掉。衙吏心惊胆战，对何易于说："诏书说得明明白白，地方官吏不得为百姓隐瞒茶税。如果再将诏书毁掉，这可是罪上加罪啊！再说，处死我区区小吏事小，您难免要被放逐到蛮荒之地，您的子孙后代也将要成为边民啊！"

何易于镇定自若地对衙吏说："我怎么能够为了保全自己而去荼毒全县的百姓呢？我也不会让你受到牵连，这件事情就由我全权负责处理。"于是，他亲手将诏书烧掉。后来，负责考察州县官吏政绩的观察使知道了这件事，他一直很欣赏何易于挺身为民的品质，便没有上奏朝廷追究此事。

在任期间，何易于心系黎庶，注重教化，处处体恤百姓。县内百姓一有死丧之事，如果遇到家境贫寒而无力安葬的情况，他便毫不犹豫地拿出自己的薪俸，派衙吏去帮助办理丧事。他经常邀请父老乡贤来县衙，诚心询问他施政的得失，征求他们对治县的意见和建议。对来县衙打官司的当事人，他亲自询问经过原委，公正地明断是非，对轻者进行劝导，对重者实行责打，然后将他们发放回家，从不交与刑吏问罪判刑。何易于"治益昌三年，狱无系民，民不知役"，监狱里从没有关押过犯人，百姓从不知道什么是劳役。这在1400多年前的封建社会，绝对是创造了一个"清官治县"的奇迹。

到了三年一度的州县官吏考核，在上、中、下三等九级的考评中，何易于只得到"中上"的成绩，便被平调到绵州罗江任县令，他一如既往清廉为政，勤勉为民。

当年，何易于的事迹在益昌广为传颂，但朝廷对此并不了解。后来，中书舍人孙樵因公入蜀过益昌，有百姓详细告诉他何易于怎样治理政务，并且说："皇上设立考绩制度来勉励官吏，可是何县令仅仅评到'中上'级，这是为什么呢？"孙樵问："何易于催缴赋税做得怎样？"百姓回答："向上级申请宽放期限，不去严厉勒逼百姓，不让我们低价卖出粮食、丝绸。"孙樵又问："他催服劳役做得怎样？"百姓回答："县里开支费用不够，何县

令就把自己的官俸拿出来贴补，宽放我们的劳役。"孙樵再问："路过有权势的官员，他怎样招待？"百姓回答："供应车马，开具证明，其他什么也没有。"孙樵接着问："捕捉盗贼怎样？"百姓回答："全县从没有发生过盗贼案件。"孙樵说："我在京城里，每年听到给事中考核州县官吏，说是'某县县令某人，考绩得某级，可以得到某官'，问那些官员的政绩，就说'某人催缴赋税有成绩，比限期提早完成；某人监督劳役有功劳，能为官府节省开支费；某人所管县是交通要道，往来路过官员都说他接待得好；某人一年能抓到多少盗贼'，县令的考绩，就是这样子的。"百姓听了后一句话也不说，无奈地苦笑着走开了。

孙樵感慨万千："如今在朝廷掌权的人，都懂得要迫切搜求人才。到急需补充官员的时候，就说'我担心没有好官可以共同治理'；受到皇命荐举贤才的时候，就说'我担心找不到人去完成皇命'；等到有了好官贤才，又有几个人能够赏识？再说，像何易于这样的好官，即使活着得不到什么，他死后一定会美名流传，因为我们还有史官呢！"

于是，他将何易于的事迹整理写成文章，题为《书何易于》，并收入个人专集《人事杂记》。何易于其人其事由此名扬天下，流传至今。

从《史记》到《清史稿》，被官方认定的二十六部"正史"，为县令立传者，可谓寥若晨星。其中，《新唐书》的编修者是北宋的史学大家欧阳修，他认为县令的官位虽低、官衔虽小，但他们的作为却"事关军国，理涉兴亡"，不可忽视，因而在《新唐书·循吏传》中，依据孙樵的文章专门为唐代益昌县令何易于立了传（《何易于传》）。

千百年来，历代文人墨客来到昭化古城，常常都会去桔柏古渡追寻旧迹，以多种方式怀念这位廉政爱民的挽舟县令何易于，并留下赞叹的诗行。清代乾隆进士、遂宁人张问陶有《桔柏渡怀何易于》。诗曰：

> 三水依然绕县流，唐家仙吏古无俦。
> 榷茶独喜焚明诏，腰笏何妨引画舟。
> 碑下耕农应堕泪，桑阴蚕妇不知愁。
> 咸通旧史孙樵笔，常使行人重利州。

宋灭后蜀战昭化

　　╲　肖永乐

　　宋灭后蜀的战争，发生在乾德二年（964年）冬至乾德三年（965年）春。这场战争前后经历66天，以宋军胜利、后蜀灭亡而告终。其间，昭化一带既是重要的战场，又是宋军伐蜀途中重要的军事会议所在地。因在这里的军事会议上得到重要的军事情报，宋军才得以从昭化出奇兵偷袭，两面夹击而攻破天险剑门关，最终取得了战争的胜利。

　　在唐末藩镇割据的军阀混战中，朱温（后梁开国皇帝）于907年4月废年仅15岁的唐哀帝李柷，自立为帝，国号"梁"。从此，立国289年的唐王朝灭亡。中国历史进入了五代十国时期。此后的53年间，中原大地先后分别为（后）梁、（后）唐、（后）晋、（后）汉、（后）周五个王朝统治，史称"五代"。此外，中原以外的地方，还先后建立了吴、前蜀、吴越、楚、闽、南汉、荆南、后蜀、南唐、北汉十个独立于中央王朝的国家，史称"十国"。

　　在这一时期，四川曾先后建立过"前蜀"和"后蜀"两个王朝。

　　934年4月，东西川节度使、蜀王孟知祥在成都称帝，建元明德，国号蜀，是为后蜀。过了两个多月，孟知祥去世，其子孟昶继位。后蜀疆域辽阔，领有两川（今四川）、秦州（今甘肃天水）、成州（今甘肃成县）、阶州（今甘肃武都东）及凤州（今陕西凤县）等大片国土。当时蜀地十分富庶，在孟知祥、孟昶统治时期，境内很少发生战争，经济社会向前发展，是五代十国时期经济文化比较发达的地区之一。

　　960年正月，后周恭帝柴宗训命朝廷殿前都点检（皇帝守军的最高长官）赵匡胤率兵抵御辽国和北汉入侵，大军行至开封东北的陈桥驿时，赵国胤突然发动兵变，还军京师，迫使年仅7岁的小皇帝退位，自己登基当了皇帝，他建立的新王朝国号为"宋"，史称北宋。在宋王朝建立初期的十余年间，宋太祖赵匡胤率领大军东征西讨，开始了艰难的统一之战。

宋太祖乾德二年（964年）十一月，赵匡胤下诏伐蜀，命忠武军节度使王全斌为西川行营凤州路都部署，武信军节度使崔彦进为副将，率步骑兵三万出凤州（今陕西秦岭山脉中的凤县）；江宁军节度使刘光义为西川行营归州路都部署，枢密承旨曹彬为副将，率步骑兵二万，出归州（今湖北秭归县）道前来伐蜀（见《续资治通鉴·宋纪四》）。

于是，宋朝大军兵分两路，一路从陕西出凤州沿金牛道伐蜀，另一路从湖北秭归县沿长江而上攻蜀。此时，偏安西南、养尊处优的后蜀皇帝孟昶顿时慌了手脚，下令分兵拒敌。孟昶命知枢密院事王昭远为西南行营都统，赵崇韬为都监，韩保正为招讨使，李进为副招讨使，领兵御敌。王昭远志大才疏，一贯爱夸海口，在领兵出征的饯别宴会上，他信誓旦旦地对宰相李昊说："吾此行何止克敌，当领此二三万雕面恶少儿，取中原易如反掌耳！"

王昭远习惯纸上谈兵，在行兵布阵打仗方面纯属庸才，在与宋军大将王全斌的战斗中连战连败。乾德二年十二月，宋军攻破兴州（今陕西略阳），击败七千蜀兵，缴获军粮四十万斛。蜀军只得退守西县（今陕西勉县西40里），宋马军都指挥使史延德引军攻击，蜀军大败，韩保正及李进被生擒，三十万斛军粮尽为宋军所得。宋军北过三泉（今陕西宁强县），从山路追至嘉州，一路上宋军大量屠杀俘虏。

王昭远命令蜀军将栈道尽数烧毁，退保葭萌（今昭化），沿嘉陵江一带设防。王全斌分兵修栈道，不数日攻破大、小漫天寨（今广元市市中区北）。蜀将王昭远及赵崇韬引兵阻击，接连三战三败，慌忙逃往益光（今昭化）。为了阻止宋兵的追击，王昭远下令将益光城外嘉陵江上的浮桥全部烧毁，领残兵退守牛头山、剑门关一线（见《续资治通鉴·宋纪四》）。

乾德三年（965年）正月，后蜀皇帝孟昶为了加强对剑门的防守，用金帛招募兵士，并封太子玄哲为元帅，命令他与王昭远一同固守剑门。

宋军攻破利州（广元）之后，乘势追击蜀兵时，王全斌等人来到昭化

（时称益光）。一时间，昭化一带数万大军云集，俨然是一座兵山。大军如何能攻破剑门关，成为宋军将领们日夜思考的一大军事难题。

在昭化，王全斌多次召开军事会议商讨破敌对策，一时都没有得出圆满的答案。正在大家一筹莫展之时，一个重要的情报突然传到了宋军军事会议上，众将无比欣喜。

《宋史·王全斌传》记载："自利州（广元）趋剑门，次益光（昭化）。全斌会诸将议曰：'剑门天险，古称一夫荷戈，万众莫前，诸君宜各陈进取之策。'侍卫军头向韬曰：'降卒牟进言，益光江东，越大山数重，有狭径名来苏，蜀人于江西置砦，对岸有渡，自此出剑关南二十里，至清强店（今名青树子），与大路合。可于此进兵，即剑门不足恃也。'全斌等即欲卷甲赴之。康延泽曰：'来苏细径，不须主帅亲往。且蜀人屡败，并兵退守剑门，若诸将协力进攻，命一偏将趋来苏，若达青强，北击剑门，与大军夹攻，破之必矣！'全斌纳其策，命史延德分兵趋来苏，造浮梁于江上，蜀人见梁成弃砦而遁。（蜀将）王昭远闻延德兵趋来苏至青强，即引兵退，阵于汉源坡（今剑阁汉阳镇一带），留其偏将守剑门。全斌等击破之。"

王全斌依计派兵遣将，成功攻破剑门关。剑门一破，蜀门大开。王全斌一路顺利，几乎没有再遇到什么抵抗，就进兵至魏城（今绵阳）。在魏城，王全斌收到蜀帝孟昶的降表，于是率军进入成都，后蜀从此宣告灭亡。

龙门书院育贤才

╲ 肖永乐

　　书院在古代是"传道授业解惑"的场所，在中国教育历史上占有重要地位。中国书院自唐代产生，到清末改为学堂，共经历了5个朝代，有近1000年的历史。在不断地演变过程中，书院形成了一套完整的区别于其他学校的制度，为推动中国古代教育事业的发展发挥了重要作用。

　　《广元县志》记载，自宋代开始，广元和昭化两县皆建有书院，到清代广元县建有"四大书院"。嘉陵书院是广元创办最早的书院。清康熙四十二年（1703年），广元知县黄阁在县衙前（今政府街）主持创建了嘉陵书院。清乾隆四十三年（1778年），知县朱鉴昌将书院迁建于文昌宫前。清乾隆五十年（1785年），邑令张官礼又将书院改建于东山文庙街（今长城宾馆址），并置有学田，用以补贴膏火（学习生活费用）。

　　清道光二十三年（1843年），广元县令陈子农扩建嘉陵书院，同期在城西侧的北街新修书院"考棚"，还建有武试剑道。书院规模宏大，修建3年竣工，可容纳考生千人。清光绪十六年（1890年），广元知县张璩再次对嘉陵书院进行修缮扩建，因城东有嘉陵江汉寿水支流（今南河），将书院易名"汉寿书院"。同年，在县东旺苍坝文昌宫街设立清江书院（今旺苍县东河镇）、县南龙凤场建立翠柏书院（今昭化区清水镇）、县北神宣驿建立筹笔书院（今朝天区宣河乡），亦称为"广元四斋"。

　　有关地方史志记载，自宋代起，与广元相邻的昭化、剑阁、苍溪、青川等县也都设有书院。昭化的龙门书院，剑阁的问贞书院（今武连镇）、亲民书院（今普安镇）、兼山书院（今剑阁中学址），苍溪的鹤山书院（今县城东白鹤山），青川的青云书院（今青溪镇），在当时办得都很有威望。

这些古代书院历经近300年风雨沧桑，为培养地方优秀人才、促进广元地区教育发展、推动社会文明进步奠定了坚实的文化基础。

昭化是蜀道上的古驿站，也是嘉陵江上的重要水驿站，商贾云集，自古繁华。昭化龙门书院始建于清乾隆三年（1738年），位于古城相府街，距今已经有280多年历史，迄今保存完好，现为四川省级文物保护单位。据了解，全国以"龙门"二字命名的书院现今仅存4所，其余3所分别是上海龙门书院、贵阳龙门书院和深圳龙门书院。

《重修昭化县志·学校志·书院》记载，清乾隆三年（1738年），昭化县令程余庆向朝廷申请拨银400两，建仓库30间，准备贮粮。因多年无粮可藏，乾隆二十二年（1757年），县令吴邦煃又再次向朝廷申请400余银两，"以仓廒地率邑人士，构内堂3间讲堂三间二门三间，内外书舍共八间"，将仓房改建成书院，因地处嘉陵江边，取名"临江书院"。开设讲堂3间，其余用作教师和学生的住宿及生活用房，开办了昭化境内最早的官学。

清嘉庆二十二年（1817年），为扩大办学规模，县令曾逢吉个人捐银1500两，"倡捐膏火等费，并添修房舍，设立规条，规模初具"。共添修厨房5间、门庭1间，并开始聘请山长，书院虽有一定规模，但入学人数少，不能扩大生源，且肄业者不少，"学业疏而科第仍复不振"。乾隆三十八年（1773年），因"县有葱岭"，寓含有"勃发、茂盛"之意，为提振士气期望多出人才，便将书院更名"葱岭书院"。随着办学条件的改善，生员也不断增多，书院逐步兴旺起来，也培养出了一些优秀人才。后人嫌"葱岭"二字欠雅，也盼望能有更多的生童参加科举考试中第，又将书院改名为"龙门书院"，寓寄"鲤鱼跃龙门"之意。

道光元年（1821年），昭化教谕张柱特订立《书院条规》，立刻碑记，使之办学初具规模。道光十九年（1839年），知县毛士骥将书院学社改为"考棚"，只留讲堂以作讲课之用。

书院内有一中厅俗称"名伦堂"，将昭化境内考取功名的人的名字刻记于横梁之上，以表彰其功名，现简称为"名堂"，这就是"名堂"一词的由来。

龙门书院经历了科举制、旧学制、新学制3个不同的历史阶段，一直是昭化县最高学府。它是古城内保存较为完好的古建筑之一。20世纪80年代，书院左边部分被撤，2008年又得以复建。龙门书院的内部设置基本原样恢复了祭祀、学堂与藏书三方面的内容。书院的右堂原为"尚武堂"，现设有讲堂1间、藏书阁3间、学斋12间和师舍4间，主要展示旧学场景。书院的左堂是原来的"明伦堂"，现在增设了书院文化墙等内容。

魁星点斗说考棚

⟍ 肖永乐

中国的科举制度起于隋朝，是古代通过考试选拔官吏的制度，于1905年正式宣布终止，历时1200多年，对中国政治制度、教育、人文思想等产生了深远影响。

清朝的科举制度已形成一套很完善的考试制度，整个过程包含六级考试，即童试、院试、乡试、会试、殿试和朝考，分别考取不同的功名。

童试是地方县、府两级考试，学子通过地方县、府两级考试，就成为"童生"。院试是在州、府的"书院"里考，包含岁试和科试两次考试。岁试每年举行，是童生的入学考试，考过了就是"员生"，统称"秀才"。秀才通过科试才有资格参加举人的乡试。乡试在省府考，每3年举行一次，一般在秋季考，又叫"秋闱"，通过乡试就成为"举人"。会试要到京师考，在乡试的下一年春季由礼部组织开考，所以会试又叫"春闱"或"礼闱"，通过会试就成为"进士"。殿试在故宫保和殿考，在会试后一个月开考，是对考中进士的排名次考试，由皇帝亲自选题出题，考一道时务策题，考完之后分出三甲，一甲三名，就是状元、榜眼和探花，算是进士及第，直接进入翰林院授予官职，状元授予翰林院修撰官职、榜眼和探花授予翰林院编修官职；二甲若干名，称为进士出身；三甲若干名，称为同进士出身。考入进士的人一律不会罢黜，只是根据成绩名次，最后封官授职不一样。

考棚即考场，是封建时代举行科举考试的地方。昭化考棚是一座具有历史意义的建筑，结构紧凑，功能齐全。考棚大门侧青砖墙壁上的"团结、紧张""严肃、活泼"八个大字首先映入眼帘，语录栏里部分字体已经剥落，为这栋雕梁画栋、气势不凡的仿宋建筑增添了几分历史感。考棚内设有听事房（值班房）、管房（监考人员休息场所）、考舍（考试用房）、照房（档案室）、大堂（主考官办公场所）、致公堂（阅卷室）等。在昭化考棚最高能考"秀才"。考棚对面的照壁底座属清代建筑，上面部分为原样复建，照壁中间的图案叫"如意"，意在祝愿考生能如愿以偿。

昭化考棚由龙门书院的学舍改建而成。清同治三年（1864年）的《昭化县志》记载："清道光十九年（1839年），署令毛士骥以学舍改为考棚，添置桌凳三百二十二号。"昭化县令毛士骥在考棚竣工后，立有"龙门书院改为考棚记"碑，上面记载："昭邑向无考棚，岁戊戌余摄篆司土。春二月于县署大堂举行童子试，人不满三百。诸童既苦自备桌凳之艰，一逢风雨且不能作字，恻然悯之。适诣龙门书院，知讲堂外两厢屋宇宏深。肆业生童素不居宿，援捐廉命工匠置桌凳"，"费只百金，考棚规模草草俱备"，"他日人文蔚起，东边隙地空旷，尽可酌增号舍数百，扩而充之，存乎其人，勿谓限于地也"。后来，昭化考棚规模扩大，可容纳考生近500人。

在昭化考棚举办的考试，称为县试，也叫"童试"。参加"童试"的人不分年龄大小，都叫"童生"或"儒生"。考试合格后被录取者叫"生员"，俗称"秀才"。"秀才"分三等，成绩靠前的称"廪生"，由国家按月供给粮食，并可免本人及家人赋税，次等的叫"增生"，不供给粮食，但可免赋税。"廪生"和"增生"是有名额限制的。三等是"附生"，就是入学的学生，没有经济待遇。只有取得"秀才"资格的人，才能参加正式的科举考试。

昭化县试每次考试的时间为"十天五考"，就是考试要进行十天，隔天一考，要考五堂，每堂要考一天。五堂考试全通过的人，才能成为"生员"。

清同治十三年（1874年）所立《昭化考棚记》记载，昭化考棚起初为童子试考场，为方便童生就近赴考，省署在昭化考棚分设府试、院试考点，广元、青川、剑阁等邻县的童生都来此参加府试及院试的岁考与科考。直至清光绪三十一年（1905年）科举制废除。昭化考棚在科举考试中实际使用了66年。

光绪三十四年（1908年），考棚改为"城厢高等小学堂"，随后至2007年3月，昭化考棚一直为学校教学及住宿用房。

2008年，昭化区政府进行昭化古城旅游景区建设时，在原址恢复重建了考棚，复制了候考房、休息房、考试房等建筑，珍藏有考生的答题原始试卷。作为地方科举文化的重要展示场所，昭化考棚每年都会吸引众多游客慕名前来参观和体验。大家通过图文、实物、实景等，深入了解古代科举制度以及昭化当地尊师重教、人才辈出的文化传统。

昭化考棚不仅是一个考试场所，也是中国科举制度历史的重要见证，对研究中国古代科举制度具有重要意义。

捐廉置产丁宝桢

∖∖ 肖永乐

在昭化县署入口处，竖有一块近代石碑，碑名是"丁宫保捐廉置产为昭化夫马经费永免派民章程序"。此碑立于清光绪四年（1878年），是当时昭化县知县敖立榜代表民众为丁宝桢而立的一块功德碑。此碑于2007年发掘于昭化古城西门外的丁公祠旧址，后来迁立于此。

此碑碑板已有破损，但碑上的文字基本尚可辨认。其记述的内容是：

昭民苦差徭久矣。昭地素瘠，当北道冲，冠盖相望，驿政肃然。凡藏差、摺差、学差、试差、京都各者，暨口外协饷差使，刻不敢误。凡外流差吏络绎而来，向由邑民按粮摊派，捐钱一千八百缗（一千文铜钱穿成一串叫一缗），绅士兵役约保不与焉。□斯土者，恒以不敷支应病。

光绪丁丑（1877年），宫保丁稚璜制军奉天子命来督川，取道昭化，进父老询巅末（从始到尾），心怦怦动。先是，嘉庆丁丑（1817年），邑侯丁建业先生讳必荣，为宫保大父（祖父），曾莅兹邑，目击时艰，每欲分廉助之，而力苦未逮。迄今越六十年，宫保以制军临蜀，甫下车，通饬裁撤全省夫马，昭邑已免流差庞杂之累，而冲繁孔道，实有未能尽裁者，乃为昭邑特捐银七千两，永免民间夫马。继祖志，遂民心，而又不欲功尽归己也，复委员杨曙洲明府会同立榜，劝邑殷实，再捐三千，合成万金，置买产业，岁收租入官，专支一切夫差。

噫！宫保之居心何其溥（广大），而居名抑何约也。其在《诗》

曰"燕及皇天，克昌厥后"，先邑侯丁公（丁必荣）有焉。又曰"昭兹来许，绳其祖武"，宫保有焉。昭民戴（尊奉）购距城西不数武（古代以半步为武）隙地，立丁公祠祀之，即于庭前建宫保阁，恭设长生禄位，示不忘也。事竣，议定章程五条，禀明各大宪备案。今而后昭邑之民困苏矣，昭邑之公用束矣。后世享宫保之赐，而益追先邑侯建业公爱民之隐衷，永颂功德于无替矣。爰述其事，并议定章程，勒石以垂弗朽云。是为序。

通过解读，此碑文记述的是丁宝桢捐廉置产永免昭化民间夫马费的事情，并规定租息的收支制度、管理程序、监督办法、责任追究等。

丁宝桢和他祖父丁必荣与昭化夫马经费到底有何渊源，我们来探究一下事情的原委。

丁宝桢，晚清名臣，字稚璜，生于清嘉庆二十五年（1820年），逝于清光绪十二年（1886年），贵州平远（今织金县）人。他于光绪二年（1876年）调任四川总督，主政期间，他整顿吏治，励精图治，创立机器局、改革盐法、征收"肉厘"、撤裁"夫马局"，整修都江堰水利设施，使四川的经济、政治、民生等均有较大改善。因政绩卓著，他多次受到朝廷嘉奖。

丁宝桢入川时，"川省各属，皆有夫马局之设"，夫马局遍布川内各县。他经过调查发现四川问题的症结在于官吏，官场之中迎来送往，大吃大喝，花费甚巨，而夫马局已经成为官员鱼肉民众、搜刮民脂民膏之所，民怨沸腾。为了减少滋生腐败的温床，减轻民众负担，他下令裁撤夫马局，除了十余个需要保留的地方外，其余川内各地夫马局全部撤掉，昭化县夫马局在保留之列。撤裁之后，丁宝桢还派官员巡察各县，以防阳奉阴违之事再度发生。同时，还在川内一些县勒石记之，以防再犯。

丁宝桢的祖父丁必荣，字建业，"既读书，功夫亦好"，嘉庆四年（1799年）考中恩贡。同治《重修昭化县志》卷三十"职官·县令"记载，"丁必荣，贵州贡生，嘉庆二十二年（1817年）任（昭化县知县）"，官衔为正七品。道光《平远州志》卷之十二"仕宦"亦记载："丁必荣，嘉庆四年恩贡，任四川昭化县知县。"丁必荣为官清廉，忠厚爱民，精于吏治，听断公平允当，深受百姓爱戴。执政期间，他深知昭化夫马经费沉重，压得百姓完全喘不过气来，"目击时艰，每欲分廉助之，而力苦未逮"，昼夜忧思，却是心有余而力不足，始终未能如愿。天不假年，他上任才短短几个月，就带着深深的遗憾病逝于官署，享年55岁。丁必荣去世后，他33岁的儿子丁世棻从昭化扶榇归里，葬于牛场茶林坡，丁必荣墓现为织金县县级文物保护单位。

丁宝桢自小就受到良好家风的熏陶。他从父亲丁世棻那里聆听到祖辈们的事迹和贤德，"窃念吾家自高祖到黔，至尔辈始及五代，中间曾祖、祖皆以贡士入官……高、曾两祖之为人，吾不得见，然常闻之祖父所云，皆以忠厚爱民为心"，他深受教益，铭记不忘，常以他们为榜样，时刻反思自勉。

丁宝桢受他祖父丁必荣的影响最大。丁宝桢在给儿子的家信中常常提及祖父的功德，教育他们要励志、修身、爱民、报国。光绪二年（1876年）五月初十，丁宝桢在致长子丁体常的信中说："试思我等果何德何功，而人受其灾，我享其福乎？是皆我祖与父数十年忠厚忍让之所留贻，天故报之于今日，且所以报之者，亦至优极渥，无以复加！我等处此，必须立志刻苦，遵率祖、父家规，再加之以厚道，再加之以谦让。遇好事则必做，遇坏事则必改，庶几不致获罪于天，而家道可久。"

光绪三年（1877年），任四川总督的丁宝桢途经祖父60年前所任知县的昭化时，了解到繁重的夫马费长年让老百姓和地方政府陷于困境。为减轻百姓负担，完成祖父的遗愿，他特地捐出自己的养廉银7000两，又派人会同保宁府知府杨曙洲、昭化县知县敖立榜商劝殷实富户捐银3000两，共计筹银10000两，在昭化置买田产200多亩，请人耕种，每年收取租息，上交国库，以充公粮，永久抵免昭化民众的夫马经费。

光绪十年（1884年），丁宝桢病逝于成都任上。逝后，谥封"太子太保"，一品爵位，故世人称他为"丁宫保"。

丁宝桢让夫马费得以永免，昭化士民感铭于心，时常追思其"爱民之隐衷，颂其功德"。光绪十四年（1888年），为纪念丁氏祖孙，昭化士民筹资在西门外武侯祠废墟上修建祠供奉丁宝桢，建成丁公祠、宫保阁等楼台亭阁21间，并于同年六月上旬在祠前立了一通功德碑，概记丁宫保捐廉置产其事。碑文由敖立榜撰写，训导廖镜伊、把总罗占元、典史赵国源参订。

每年农历四月二十八为丁公祠祭日，附近百姓前往追念，看演唱丁宝桢的戏，瞻仰丁公塑像。丁宫祠碑记载有宫保恩德诗：

> 台阁才华秉国钧，忠良之后更忠纯。
> 朝廷早已干城寄，宇宙咸钦社稷臣。
> 全蜀万民呼父母，当今一世仰经纶。
> 松生已验公侯兆，从此簪缨代育人。

可惜，丁公祠、宫保阁在"文革"时被毁，但诗碑和丁公祠遗址尚存。

蚕桑县令曾逢吉

❖ 肖永乐

  曾逢吉，号小楼，生卒年月不详，湖北京山人。清乾隆五十七年
（1792年）参加乡试中举，后以军功于嘉庆十七年（1812年）调任昭化知
县，嘉庆二十年（1815年）调任广元县令，在任期间，励精图治，政绩卓
著。道光七年（1827年），曾逢吉升任四川松潘府同知（知府副职）。

  曾逢吉任昭化知县时期，距清王朝平定川、陕、楚白莲教起义不久，历时9
年的战乱（1796年春，白莲教首先在湖北宜都、枝江爆发起义，至1804年9月，
起义被清廷平息），使四川、陕西、湖北的广大地区饱受战争的创伤，昭化也
是战乱的重灾区之一。其时，成片土地荒芜，生产水平低下，百姓流离失所，
缺衣少食，民不聊生。

  曾逢吉上任伊始，昭化的灾荒又特别严重。他一边赈济救荒，一边
发展生产，尤为重视教民栽桑养蚕。他大力倡导植桑，时常亲临乡、里
（村）劝农课桑，"在昭化县四至八道的驿路和书院、寺庙植桑数十万
株"。昭化从此蚕桑大兴，一跃成为川北一带著名的蚕丝产区。百姓当年
栽桑，当年获利，一年种桑，长期获利，生活相应得到改善。栽桑养蚕、
分茧缫丝由此成为昭化民间的传统产业，一直沿袭至今。

  在注重发展生产、解决百姓生计的同时，曾逢吉重教兴学，组织培修
书院，设立义学17所，并修缮文庙、扩建义仓、改建衙署，亲自到现场督
修塘堰，还带头捐薪俸修筑河堤百余丈，并创设夫局，减轻农民徭役，从
而使昭化文教大兴，仓储充实，深得百姓信赖。

  清嘉庆二十年（1815年），曾逢吉改任广元知县，继续倡导蚕桑助农增
收。当时，原知府徐秋山曾谓："牧民之道，种树莫若种桑。"适逢保宁府

有文，令州、县在驿道两旁按数栽植官桑、官柳、行路柏并核实上报。曾逢吉以广元"土非膏壤，原无官庄柏、柳，驿道栽柏、柳又易被行人摧折，请知府允准改栽桑树，既护路庇荫，且有利于增益民间衣食收入"。保宁府赞同所请后，遂对全境驿道进行丈量，计算出南起榆钱树，北至七盘关驿程300市里；自治城南二郎山至清水铺与苍溪界驿程200市里；自治城东径百丈关（旺苍）至两合驿程300市里；再从洋堡至木门与巴州界120市里。由旺苍坝至南江界190市里，全县四至八到驿程共计1010市里，地户2810家，植桑222963株；城区内外地户226户，植桑8670株，按每市里植桑8670株，全县共植桑231633株。除书院植官桑4052株，收入做教师膏火费用外，地户在驿道旁所植桑树，一律按谁植、谁管、谁受益的办法，核实后造册备案，按植桑株数分别给予奖赏。规定植50—100株者赏小银牌一面；植150—200株者赏大银牌一面；植300—400株者赏布一匹；植500株以上赏绢一匹，并颁赐匾额，以旌勤劳。继后凡"荒隙瘠壤，河岸一律植桑"。数年之后，荒山、驿道桑皆成片林，使广元、昭化两县"千里驿道皆桑树成荫，（景色）胜过河阳桃花、江南柳色"。

他还撰写出《树桑琐言八则》《树桑五法》，按《种树书》埋龟甲于桑树根部治虫等法在县境内推广。

曾逢吉任广元知县期间，还曾修治城到南山脚接官厅道路，修筑城北嘉陵江岸玉带丰收。堤植桑树柳，培修书院，皆为当时称道。尤以植桑盛举，使半个世纪内昭、广两县蚕茧都收获丰硕。道光七年（1827年），曾逢吉以政绩优等升任松潘同知时，又按实核桑树株数移交给继任知县。因而后几任知县皆一效前任良规，发展前任既成事业，百姓深受其惠。

最值得称道的是，他精心总结了十多年来在昭化、广元推广植桑养蚕、选茧缫丝的经验，精心绘制成《蚕桑十二事图》。该图以民间传说的"嫘祖倚马思蚕"做首图，寄托民间企盼桑茂蚕肥、茧大丝长的美好愿望，正图以12幅画来表现栽桑养蚕的全部过程。前4幅为"选桑葚""种桑""树桑""条桑"，展现民间培育桑树的技术；后8幅图为"窝种""体蚕""馊蚕""起眠""上簇""分茧""腌种""缫丝"，记录了民间养蚕缫丝的方法。该图精工镌刻后，立于先蚕祠（旧时供奉嫘祖及蚕公、蚕婆的祀庙）内，以资后世借鉴，这便是当代闻名的《蚕桑十二事图碑》。此碑现存国家级文物保护单位广元皇泽寺内。

《蚕桑十二事图碑》所表现的内容，是昭化、广元人民从事蚕桑活动的真实写照，也是古代川北劳动人民栽桑养蚕实践经验的高度总结与概括。它以其内容丰富、构图巧妙、布局合理、人物鲜活、造型逼真、笔法流畅、格调清新等优点，受到海外友人和国内专家的关注，成为研究清代及清以前民间蚕桑活动不可多得的形象资料。

曾逢吉从昭化县令到调任广元县令，在任十多年不遗余力地倡导重视蚕桑的政策，表达了他富民强国的人生追求，表现了他务实求真、身体力行、贯彻始终的优秀品质，值得后来者学习借鉴。

贞妇烈女吴梅氏

⟍ 肖永乐

　　牌坊在古代是一种形状似门的高大建筑，一般是由封建帝王为表彰臣子功绩所建。而贞节牌坊是特指为了表彰封建社会的女性对自己的丈夫坚贞不渝，一生恪守贞节而建立的牌坊。

　　在古时，女性因丈夫去世而自杀殉葬，或终生不改嫁而独守其身，或全心为夫尽孝而教子有方，符合当时封建社会对女性的道德要求，贞节牌坊以"贞"的内容为主，专为这类女性而树。

　　古时候特别重视"节孝"，家族中如果出现了节妇孝子，是全族人的光荣。当时的地方官便会把这些人的事迹奏请给皇帝，皇帝允准后便会为其立表建坊。所以，在我们中国很多地方都有给孝子、贞妇烈女建的牌坊。

　　起初，封建社会女性在丈夫死后还多为自愿守寡，间或有殉情而死之人，但后期大户之家攀比贞节牌坊的数量愈来愈盛，甚至官员都以贞节牌坊的数量作为自己政绩的明证，鼓励寡妇殉夫或守节，其间被逼守寡，甚至被活活饿死的女性不计其数。贞节牌坊成为又一座长年压迫女性的"大山"。

　　贞节牌坊始于秦始皇时期。巴邑有一个名叫清的妇人早年守寡，她凭借个人的聪明才智，苦心经营丹砂产业，家财颇丰。她"用财自卫，不见侵犯，始皇以贞妇而客之，为筑女怀清台"。巴地寡妇清能受到"千古一帝"秦始皇非同寻常的礼遇褒奖，并为其专门修建了一座"女怀清台"，即秦朝的"贞节牌坊"，可谓是前无古人。经过专家考证，巴地寡妇清的籍贯在四川长寿。这大概是统治阶级最早为贞妇树碑立传的事例。

广元市昭化区昭化古城县衙街中段矗立着一座贞节牌坊。该石牌坊精致宏伟，位于街正中，始建于清道光十九年（1839年），后毁于"文革"，2007年当地政府按原样复建。

《重修昭化县志·烈女》记载："明吴氏，龙潭驿百户女也……夫卒，氏年三十有三……奉旌表。"经考证，昭化这座贞节牌坊正是为明代贞妇烈女吴梅氏而立。

重建的贞节牌坊，高7.8米，宽5.96米，主要采用的是浮雕和镂空雕的艺术表现形式，牌坊的上端有"奉旨旌表"的四字竖匾，说明是受道光皇帝旨意所建，中间有由右至左竖排的"贞节"二字，是牌坊的名称。下面刻有69个字的碑文："吴梅氏，昭化邑人，龙潭驿百户长吴铿铿之妻。年三十二夫殁，矢志守节，恭谨事亲，悉心扶孤，掌灯励读，子虔学有成，袭父职，勤廉政。吏部知其母贞，请旨旌表，诰封建坊，显德化民。"碑文69个字，很有寓意。"6"与"流"谐音，有"流芳百世"的意思；"9"与"久"谐音，有"天长地久"的意思。

这段碑文记述了吴梅氏的感人事迹。她在32岁时，丈夫身患重病，却深明大义，在临终时嘱咐她将来可以再嫁，她当即拒绝，发誓一定会坚守贞节，从一而终。她曾用铁锥刺破自己的颈部，抗拒了当地一个光棍男人对她的非礼。她孝顺父母，尽心赡养双亲，辛勤抚育儿子。其儿成人后，继承了他父亲的百户长职位，勤政廉洁，受到百姓拥戴。她一生勤劳向善，活到古稀高龄。昭化县令认为她是典型的贞妇烈女，就将她的事迹上报吏部，经吏部核实后上奏皇帝，恩准诰封建坊，以表彰她的品德，教化地方百姓。

牌坊两面分别雕刻有"孟母三迁""岳母刺字"和"涌泉跃鲤""唐氏乳姑"等图案，两边的门楣上分别刻有"冰清、玉洁"和"竹香、兰馨"等文字，用以赞誉吴梅氏品德高尚，并希望永世流芳。

02

蜀道觅踪

昭化古城三国城

➲ 肖永乐

昭化古城，古称葭萌城，位于广元市昭化区昭化镇，白龙江、嘉陵江和清水江三江交汇处，历来为诸侯国、郡、县治地，是迄今国内一座保存最完好的三国古城。古城四面环山、三面临水，三国遗址遗迹众多，民风古朴，建筑典雅。现存昭化古城为2007年依旧复建，被打造为国家4A级旅游景区，是金牛古蜀道上一颗璀璨的明珠。

清道光《重修昭化县志》记载："（昭化）旧系土城，明正德间包筑以石。周围三里七分，共墙四百三十八丈，高三丈，厚一丈三尺，上覆串房，四面有楼。东门曰瞻凤，南门曰临江，西门曰临清，北门曰拱极，城壕四围积水于其中。崇祯二年于正北增筑一台，名曰金线系葫芦，巍然壁立。登临其上，俯视四面，瞭若指掌，今亦废矣。"又云："乾隆三十一年，邑令李宜相领银一万七千八百六十五两七钱五分五厘九毫七丝修筑，因不符原估，驳伤邑令吴廷相拆修东西城墙等处，于三十六年完竣，嗣后偶有坍塌，俱经各任补修。其城围长四百八十二丈另五寸，高一丈五尺，垛高五尺，底厚一丈二尺，顶宽八尺。外围石砌，里面石脚砖身。东门曰迎凤，西门曰临川（今改为登龙），北门曰拱极，南城无门，各城门楼系嘉庆十年署令邵友渠劝捐重修。"现存昭化古城城墙状况及东、西、北三座城门的位置与上述记载相符。

自明正德年间（1506—1521年）土城包砌以条石后，经过清乾隆、嘉庆年间两度重修，古城的基本面貌仍然保持了明正德时的原貌。只是明代的昭化古城有四座城门，因"南门一带低而近江，又值清、白、嘉陵三水之冲，夏日水涨浩瀚如海"（清道光《重修昭化县志·舆地·城池》），

昭化古城临清门

清代重修时拆除了南面的临江门，改筑为城垣以防洪水。由于年久失修和人为破坏，城墙大部分早被毁坏，现仅保留有部分残破墙段。遗存的瞻凤、拱极、临清三座城门依旧古朴雄浑，已被列为四川省级文物保护单位。

清道光《重修昭化县志》云："县城坐翼山，山势向东，而城居其麓，转而向南，山迥水绕，绘手难工。然城殊善藏其用，自东北来者，一路山势联络，而城不可见，见城则及桔柏渡矣；自西南来者，迤逦下翼山十五里直抵山麓，而城不可见，见城则及西门矣。"从所载的"城池图"看，是昭化古城在古代所处的战略位置决定了这座城市的性质。因此，在城市规划和建设上，重实用而轻形式，重武备而轻经济；城垣依地势而修筑，布局以县署为中心，街道不直通，城门不相对，建筑多庙宇而少民居。"城池图"所展示的昭化古城，北部为县衙、驿馆、仓房等，西部为文庙、武庙、城隍等。城内其他地方除了不多的民居铺面外，也大部分为庙宇、官署、书院等占据。

昭化古城是按照政治、军事、经济、风水通盘规划、巧妙融合而建起的。具有依白龙（江）、环嘉陵（江）、枕翼山、望牛首这种大山大水之格局的昭化古城，是风水学说称为左（东）青龙（白龙江）、右（西）白虎（金牛驿道）、前（南）朱雀（嘉陵江）、后（北）玄武（翼山）的"形胜之地"。同时，翼山与笔架山被嘉陵江水分割，形成了一幅天然太极图，而昭化古城正位于太极之阳极的鱼眼上，展现出太极天成、天人合一的和谐人居环境。其地势还被称为"金线系葫芦""玉带环腰""附翼腾飞"等吉祥景观。古城形状没有建造成方形、圆形的样式，而呈葫芦形，且葫芦口正对着嘉陵、白龙两江交汇处。水是财富，葫芦为盛水之物，故有"聚财之城"称谓。古城内的布局，如县衙不摆在城中心坐正北向正南，而摆在东北角坐北朝南；四座城门都没有开在正东、正西、正南、正北；街道由四条主街道、五条小巷组成，乍看无规律，且呈怪异；庙宇虽多，但除奎星楼（南门上）外，其余全部分布在城西的西北方；城内排水与水井的方位，城周外围辅建的庙宇、笔架、崇文塔等，无一不是遵照太极八卦避凶就吉分布。

在这种建城格局下，昭化古城的县衙，据清道光《重修昭化县志》

记：明洪武八年（1375年），时任昭化县令的郝信甫建县衙于城东北的北门内侧，有大堂三楹、二堂三楹、仪门三间、大门三间以及内室、厢房、书馆、花园、仓库。明崇祯十年（1637年），县令沈仕奇因大堂颓败重建。后因兵燹，仅存大堂、后楼。清顺治七年（1650年），县令刘见龙建大堂三楹，仪门三间，大门、钟鼓楼三间，内室三间，左右卧室、厨房各三间。顺治十四年（1657年），县令高而明建仓库五间于大堂下。清康熙二十三年（1684年），内衙毁于火灾，县令吴天木重建。康熙二十七年（1688年），县令卢承恩改建马厩三间，西亭一座，花园、台榭一处。康熙三十二年（1693年），县令孔毓德在县衙内东面建库房三间、西面建书馆三间，又将大堂之下东西两侧的五间仓房改为书房，称"八房书舍"。清乾隆五十七年（1792年），县令孙起文修头门三间，二门三间，东西角门二间，圣谕牌房三间，大堂前抱厅三间，大堂三间，二堂前抱厅一间，二堂三间，三堂三间，书房三间。共用银1321两。同时，八房书吏自建了八房办公处。清嘉庆二十一年（1816年）。县令曾逢吉用银1423两补修了头门、仪门等处。清道光三年（1823年），县令谢玉珩又重修三堂、四堂、五堂等处。《昭化区志》（1988年编印）载："清代的顺治、康熙、乾隆、道光（对县衙）修建七次。（县衙）前后建有大堂、二堂、内衙、抱厅、书馆、仓库、花园、仪门。（县衙）前建有照壁、葭萌（昭化）驿、牌坊、钟鼓楼等。修建频繁之原因是：明崇祯十年署衙毁于兵燹；清康熙二十三年，内衙毁于火焚。"

史载，昭化古城最繁盛时期，城内祠、庙、楼、阁、坛、坊、宫、院等建筑"多于民房"。位于现昭化职业中学内，仅存正殿的"考棚"是城内古代公共建筑的代表之一。它最具特色的是"斗拱"，不用一钉一铆支撑起了巨大的翘形走瓦屋面。这一建筑特色，在川北乃至四川全省都很少见。

昭化古城内建有两个"丁"字路口、四条主街道和五条小巷。主街道由东向西，弯曲穿城而过，在清道光前分别称为"孝节街""忠信街""礼仪街""廉耻街"。道光以后，人们按街道方位，把"孝节街"称为北街，"忠信街"称为正街，"礼仪街"称为中街，"廉耻街"称为西街。1998年，昭化镇人民政府将北街更名为"县衙街"，正街更名为

"太守街"，中街更名为"吐费街"，西街更名为"相府街"。大街小巷，一律以黄沙石或青沙石铺就而成，现保存完好的有四条主街道和衙门巷，总长1018米。主街道宽4.5米，全用长0.96米至1.06米、宽0.38米至0.45米规格的石板铺设，组合颇具匠心，街中心以长1.06米的石板横砌，并以此为基准分三层向两侧外延：第一层用宽0.38米的石板竖向砌；第二层以长0.96米的石板横向砌；第三层为两边房檐下的滴水板（排水暗沟）。街中心石板是官轿经过的位置，两侧是轿夫行走的路线，再两边是普通人的行道。街道尺度宜人，石材朴质，东去与桔柏渡相连，西出与金（石）牛古驿道贯通。清道光《重修昭化县志·武备·驿传》载，北通陕、甘的金牛道、景谷道，直到汉、晋时期乃是南北交通的大动脉。金牛道在当时昭化境内长50余公里，其间山重水复，栈道相连，沟壑纵横，蜿蜒崎岖，最为艰险。昭化是这条古驿道上兵家必争之地，驿道亦是古城建筑遗风的组成部分。清道光《重修昭化县志》称，到道光二十五年（1845年），昭化县境内的驿道全长180里，西起高庙铺，北至界牌场出境与阳平关相衔接。由于是古驿道上以路代街的重要通道（关隘），因此，昭化古城的石板街，不仅是显示森严的封建等级制，也是当时官府管理的交通重地。石板街上设有衙役，指挥行人必须按来左去右的规则行走，不得堵塞交通，以保证军队、辎重、商旅畅通无阻。据传，古时昭化新、旧县令交接手续时，不仅要移交清楚粮钱军事，而且要把石板街的石块作为特别移交项目，以防损毁和破坏。

昭化称为"弹丸小邑"，但古时，城内人口较多（特别是流动人口），建筑拥挤。除城外三面水丰而外，城内无聚水之池或塘的设施，于是，就在城内掘土建成了玉龙、八卦两口水井，以成其风水之说和满足城内用水。玉龙井在东城门南侧，现仍使用。八卦井位于现吐费街东侧，井呈圆形，口沿直径约6尺，深10余丈，井内壁由条石砌成八卦式的坎卦（坎卦象征水）图案，故名"八卦井"。据考，此井建于明代，水源丰富，是旧时古城居民日常生活的主要水源，现仍可供城内居民饮用。

昭化古城内的民居，从现保存较为完整的明、清时期的建筑看：由于昭化地处川陕咽喉，历史上陕西移民至此较多，故民居兼有北方民居矮檐厚墙、窄院天井的特色；又因嘉陵山水气候湿热，民居亦不失强烈的地域特征，即外封闭、内开敞、大出檐、小天井、高勒脚、冷摊瓦、少有飞檐翘角等；且一律穿斗结构，小青瓦屋面、八字门头、木雕花窗、石板铺街面。形成融汇南北古代建筑文化风格，布局严谨而又独具川北乡土民居特色。现保存较完整的南门巷鲁家大院、北门口张家大院、西门侧杨家大院等均为高墙大院，门楼气派，雕饰精细，既显示了大户人家的府第森严，也展示了中国传统建筑技术的精巧。特别是无史料记载具体建于何时，现仍比较完好的怡心园，整个建筑面积约600平方米，是新中国成立前国民党昭化县鲁公华的祖产。怡心园从外到内分为前厅、天井、中厅和正厅四层。前厅门面3间，宽8.3米，进深2.35米；前厅后面为长方形天井，两侧分别有厢房4间，厢房上有木地板回廊、阁楼；过天井至中厅无正门，迎面为砖墙及椭圆形木门罩，两侧为椭圆形门洞，供人出入；中厅为进深8.6米的长廊，右侧现存有清光绪年间的石质鱼缸一口；最后为正厅，厅门已毁，门枋上原刻有"养心斋"三字，两侧为平房两间，上建有阁楼。怡心园的房屋虽然不高，但由于利用垂檐结构和板式正门（现已改为园门），加之布局典雅，雕饰精美，使整个建筑显得和谐恢宏。现已被列为省级文物保护单位。除此而外，建于明末清初，距离古桔柏渡码头较近的"益合堂"（始用作经商、酿造，后改为药铺，取名益合堂），乾隆四年（1739年）昭化知县程余庆建的"临江书院"（1994年出版的《广元县志》载）等建筑，都各具特色，古韵悠长。朝代更迭，世事沧桑，昭化古城当初的风貌，而今已消逝在远古的迷雾之中，但现在遗存的文物建筑风范，传承了古城的历史信息，记载了古城丰富多彩的人文生活，也记录了古城的发展变迁，是古城留下的文明古迹之一。

2004年5月15日，国家文物局专家、中国文物学会原会长罗哲文在考察完昭化古城后，欣然在《访广元昭化谨题》中写道："昭化古城完整地保存了古驿道、古关隘、古庙宇、古城墙、石板街、古店铺、古民房等文物建筑，并融汇了中国南北建筑文化风格，布局严谨而独具特色。"

川北名刹平乐寺

❧ 肖永乐

　　平乐寺距广元市25公里，距昭化区3公里，坐落在群山之间，占地200余亩，规模宏大，别有洞天，俨然是一处世外桃源。

　　寺院青山环抱，一条小溪从寺前潺潺流过，寺周林木葱郁，景色清幽。满山松柏苍翠欲滴，两侧山势高大险峻，宛如巨龙飞腾而来，形成九龙捧圣之势、二龙抢宝之姿。寺侧石锣石鼓相对，相传耳附于地，朝可闻锣鸣，暮可听鼓响，是潜心修行、研习佛法的风水宝地。平乐寺是川北地区最大的佛教寺院，素有"川北第一丛林"之称。

　　相传大唐末年，平乐寺外平安场有毛家、黄家两个大家族，多年经商，都有钱有势，为使子孙人丁兴旺、飞黄腾达，曾经花巨资暗请地仙寻找真龙穴地。黄姓请的地仙从终南山的地脉步访到此地，在地穴处埋下一枚铜钱做记号，毛姓请的地仙也寻访至此，埋下一枚金针为记号。择地后，两家都秘而不宣，秘派家丁暗中守护。等到黄家选择黄道吉日动工修建墓地时，毛家人才出面极力阻拦，双方互不相让，遂告到官府以求公断。大堂上，两家各执一词，都详述自己花费巨资寻觅宝地的经过，并请求到现场勘验。县官带人来到现场，双方说出各自所留的证据，并指认地点。县官命人挖开此地，金针竟然插在铜钱孔正中。如此巧事，实难决断，此案只好一拖再拖。又过了若干年，巡按李超路过利州，黄、毛二族得知，遂拦轿喊冤，双方还是据理力争，毫不退让。巡按经过协商，实难决断此案，遂作出"此地不为任何人所有，归为佛产"的判决，并令两家共同出资修建寺院。在修建过程中，双方矛盾得到化解，同归于好。直到南宋绍兴年间（1131—1162年），经过几代人共同努力，寺院终于正式落成。因化解毛、黄两家纠纷而建，此寺被定名为"化城院"。

现存该寺的清乾隆七年（1742年）《重修化城院众姓碑记》记载，此地"瑞凝丹珠，二龙腾涌。东望拥朝瞰西岭，夜月出，青霞浮远桥，溪水带云流。石径磊落而峻耀，孤松清洁而苍古""是以绍兴初创，元宋重辉。迨至大明，敕赐增修，易名曰平乐。大都值太平康乐之世，沐慧泽浩荡之仁，此化城院为平乐也"。这段文字记载着平乐寺的历史变迁和寺名缘由。但据考，庙宇被毁前，其碑记甚多，依所记之事，平乐寺建寺时间远在南宋绍兴年前。

古化城院建成后，香火十分旺盛，历经宋、元两代逐年增修，平乐寺殿宇辉煌，其规模最大时占地10亩，建筑面积1800平方米，成为一座有三进两院两廊的大型寺庙。包括正殿、中殿、前殿、观音殿、阎罗殿、东西走廊、禅房、客房等建筑，寺内供奉各类佛像369尊，拥有僧侣数十人，前来烧香许愿的善男信女、四方游客络绎不绝。

明建文元年（1399年），燕王朱棣以"清君侧"为名起兵"靖难"，1402年攻占京师（今江苏南京），夺位登基，建文帝被迫逃亡。相传建文帝逃亡后先后南下北上，辗转各地，最后挂锡于荒凉偏僻的通江五佛崖，过着隐居生活。明宣德三年（1428年），建文帝一行出游到平乐寺（时称化城院）外平安场时，日落西山，人饥马乏，当夜投宿化城院。第二天离院时，他题写了赞美平乐寺的诗句："玉华兮山之精金液兮，水之英小云其吉兮，其土终为以藏兮，唯莹御鹤来邀兮，以康以乐心镜其不朽兮，芳徽并明以升恒。"

明天顺年间（1457—1464年），经朝廷恩准，化城院得以扩建。因建庙数百年间广元境内未发生战乱，便借《楚辞·九章·哀郢》"哀州土之平乐兮，悲江介之遗风"之句而改称平乐寺。此时寺院也发展到一个巅峰，拥有僧人数百，信众数十万，高僧辈出，香火久盛不衰。

清乾隆年间，社会稳定，经济繁荣，百姓富裕。乾隆七年（1742年），平乐寺再次得到整修。此时的平乐寺已发展成为中国禅宗五大宗派之一——临济宗的圣地。寺内现存第36、第37代临济宗祖师碑记，向世人展示着平乐寺在佛教界的显赫地位。"文革"中，平乐寺殿堂被毁，僧人遭遣，土地收归国有并划给当地村社管理。

1993年5月，为满足信教群众宗教生活的需要，经元坝区（今昭化区）人民政府同意并报广元市民族宗教事务局批准，重新开放了这座寺院，并礼聘彻利法师任住持重兴平乐寺。此后十多年间，在政府的支持下，彻利法师与众弟子一道艰苦奋斗，励精图治，广结佛缘，增其旧制，新修殿堂，广泛联谊，重开佛事活动。天王殿、观音殿、大雄宝殿、罗汉堂、幽冥十殿先后落成，钟楼、鼓楼、居士楼、五观堂东西分布，七佛殿、三圣殿、藏经楼初具规模，从缅甸请回玉佛像20余尊陆续升座，其中释迦牟尼佛、阿弥陀佛、消灾延寿药师佛三佛均高5米，重20余吨，弥足珍贵。

　　2008年经历汶川大地震，寺内建筑物受损严重。政府相关部门广泛征求寺内外僧众意见，于2009年制订了《广元平乐寺规划及建筑方案设计》。方案既注重"于史有据"，也遵循"与时俱进"的原则，致力于寺院宗教文化与旅游功能的结合，对整个寺院建筑视其不同情况进行加固维修、拆除重建与新建扩建，并增设一批休闲、观光景观及配套设施。2010年6月20日，平乐寺开始重建，完成大雄宝殿、七佛殿、三圣殿、藏经楼、五观堂、居士楼的修复加固，川北首座露天观音铜像已于2011年3月1日升座。随后，完成了观音殿、天王殿、罗汉堂等重建工程。

　　平心平安，盛世兴旺。如今，平乐寺庄严肃穆、功能齐备，集观音朝拜、佛事交流、心灵修行、旅游观光于一体，成为川北乃至川陕甘接合部的佛教圣地。

君臣唱和白卫岭

》 肖永乐

光天元年（918年）六月，前蜀皇帝王建病逝，其子王衍继位，改元乾德。王衍精通音律，好靡靡之音，继位之后淫乐无度，一切朝廷政事均委于宦官王承休、宋光嗣处理。乾德六年（924年）秋，王承休为讨好王衍，向其游说秦州（治今甘肃天水）山川奇秀、美女风情，极力劝皇帝巡游秦州。荒淫的王衍听得心潮澎湃，拒绝群臣劝谏，当即封王承休为秦州节度使，诏令以安定边防为名巡幸边疆。

王承休被授符节，即刻赴任，立刻下令将秦州官署改建行宫，一时大兴劳役，百姓怨声载道。他又命人在民间大肆强抢美女，派专业艺师悉心教她们习学歌舞，以便为皇帝表演，同时派人将这些美女的容貌绘于图上，及时送往成都交由大臣韩昭转呈皇帝。他又派人献花木图，盛称秦州山川锦绣。王衍更加心驰神往，决定即日起驾巡幸秦州（事见《资治通鉴·后唐纪三》）。

韩昭，字德华，长安人，前蜀佞臣，官至礼部尚书兼成都尹、文思殿大学士。后唐兵入前蜀，王宗弼杀之。

王衍东巡声势浩大，武将护卫，文官侍从，韩昭作为王衍的亲信大臣，一路伴驾同行。他们从成都出发，过汉州（今德阳广汉）、经绵州（今绵阳）、跨剑门，一路上旌旗招展，威风气派。沿途，君臣间多有唱和。几天后，他们就来到了昭化地界的白卫岭。

白卫岭地处昭化县南50里处。《新唐书》记载，当年唐玄宗李隆基幸蜀也曾在这里住过。《蜀中名胜记》记载，唐明皇在此夜梦"玄元皇帝（太上老君）骑白卫而下，示取禄山之兆，遂封岭神曰白卫公"。白卫岭由此得名。

王衍一行来到白卫岭后，韩昭将自己新作之诗献给皇帝，诗名《过白卫岭献诗》（清道光《保宁府志·艺文·昭化》）。诗曰：

> 吾王巡守为安边，此去秦亭尚数千。
> 夜照路歧山店火，晓通消息戍瓶烟。
> 为云巫峡虽神女，跨凤秦楼是谪仙。
> 八骏似龙人似虎，何愁飞过大漫天。

韩昭的诗饱含"奉承逢迎"，具有典型的"应制"特色，但也足见其诗情才华。他赞颂说王衍此次出巡是为了安定边疆，从这里到秦州还有数千里路。巡幸途中，山村野店的灯火，为随军演出的艺人照明，戍瓶（军用炊具）的炊烟好像是在向后边队伍通报消息。接着韩昭用"巫山之雨"和"跨凤秦楼"这两个典故，来比喻王衍此次巡幸是一次潇洒愉悦的旅行。诗的末尾两句，写皇帝的队伍马似蛟龙，人如猛虎，这样的军队何愁飞不过大漫天岭（今广元北）到达边塞秦州。

韩昭赋诗过后，翰林学士王仁裕和诗一首《和韩昭从驾过白卫岭》。诗曰：

> 龙旆飘飖指极边，到时犹更二三千。
> 登高晓踏巉岩石，冒冷朝冲断续烟。
> 自学汉皇开土宇，不同周穆好神仙。
> 秦民莫遣无恩及，大散关东别有天。

王仁裕的和诗，颂赞王衍的这次出巡是为了"安边""开土宇"。

王衍浏览韩昭和王仁裕的诗后，也欣然吟诗应和，诗名《过白卫岭和韩昭》。诗曰：

> 先朝神武力开边，画断封疆四五千。
> 前望陇山屯剑戟，后凭巫峡锁烽烟。

轩皇尚自亲平寇，嬴政徒劳爱学仙。

想到隗宫寻胜处，正应莺语暮春天。

全诗表达的意思是：神武的先皇通过辛勤的征战，才有蜀国方圆数千里的大好江山。前面的陇山如剑戟一样插在那里护卫着蜀国，后面的巫峡锁住大江，锁住烽烟，锁住了敌国进攻的道路。为了蜀国的安危，为了不辜负先皇的创业艰辛，我出巡安边的这点辛苦又算什么？我一定要学轩皇（黄帝）亲自讨敌平寇，不学秦始皇贪图长生不死而去求仙。诗的最后说，到达此次巡幸的目的地陇山之下的秦州（隗宫）之时，应该正是莺歌燕语的暮春天气了。

好景不长，王衍诗中所抒发的壮志豪情，与他在实际生活中的声色犬马大相径庭。行至兴州（治今陕西略阳）时，就在他们君臣之间还在相互吹捧、吟风咏月之时，后唐大军已经攻下了前蜀国边疆城市威武（治今甘肃武威）城，俘获蜀军近万人，缴获军粮二十万斛，巡幸安边的闹剧就此终结。

于是，王衍退至深渡（今朝天区沙河乡），又闻蜀军大败，便从利州背道西逃，切断昭化桔柏津的浮梁企图阻遏追兵，可后唐大军紧追不舍，蜀军接连溃败。十一月，王衍魂不守舍地逃回成都。当月二十七日，后唐西川四面行营都统魏王李继岌、东北面行营都招讨制置使郭崇韬攻至成都北升仙桥。王衍见已"回天无力"，只得自缚衔璧而降，前蜀宣告灭亡。

王衍与韩昭、王仁裕君臣三人在昭化白卫岭上的吟诗唱和之作，也成了前蜀国最后的绝唱。

老君得道牛头山

〉〉 肖永乐

牛头山地处蜀道要冲，距昭化古城西15里，为剑门山系的东支，海拔1214米，因山顶形似牛头而得名。

牛头山为历代兵家必争之地，山腰处有蜀道雄关——天雄关，扼川陕古驿道。牛头山地势雄伟，与剑门关遥遥相望，山上建有牛王观、姜维庙，每年农历十月初一都要举办牛王会，热闹非凡。

牛头山的得名，民间还有另外一种说法，极具传奇。

据传，昭化牛头山是一头白牛化身而成，这头白牛原是道教鼻祖太上老君的坐骑，他的另一坐骑为青牛。

太上老君据传是老子，春秋时楚国人，姓李名耳，曾做过周国藏书室的官吏，孔子曾向他请教，并大加推崇。后来，老子见周室已衰，便乘青牛出函谷关四处云游名山大川，寻找灵地修身养性，书童骑着白牛带着书籍和行李一道相随。一日，老子行至昭化地界，只见祥云绕空，瑞气袭人，山清水秀，鸟语花香，翼山与笔架山被嘉陵江水蜿蜒环绕，形成一幅天然太极图，世所罕见。老子大称神奇，决意在昭化这块风水宝地上静心修道。

书童牵着白牛和青牛在山间放牧游玩，白牛天生好动，青牛个性喜静。一日，白牛不慎跌下山岩，摔成重伤，书童便大声呼救。恰好当地村民肖老夫妇在山上打柴，便义不容辞地救起白牛，并请来郎中及时救治。肖公上山采摘草药，肖婆把它熬好，一瓢瓢地喂给白牛吃。三个月后，白牛的身体基本痊愈，肖老一家十分高兴。

一年后，老子在昭化领略了道教精妙含义，青牛和白牛的颜色演绎为太极的阴阳两极的黑白双色。老子又前往成都青城山等地行游，白牛满含感激的泪水与肖老夫妇依依惜别。

白牛助耕

老子得道后，成为道教的最高神，住在天上的兜率宫，白牛和青牛也成为天下闻名的神牛。

有一年春天，老子跨青牛去西天参加如来佛的寿诞。白牛闲着无事，便降落云头，回游故地昭化，只见满目疮痍，哀鸿遍野。肖老夫妇一见白牛，老泪纵横。原来附近的白龙江有一条孽龙，近年来在昭化一带兴风作浪，它强迫百姓奉献供品，但遭到强烈反对，孽龙大发雷霆，带领虾兵蟹将肆意糟蹋庄稼，抢夺六畜和粮食。百姓缺粮缺牛，望田兴叹，饥寒交迫，度日如年。

白牛十分气愤，立即要去消灭孽龙。恰逢孽龙外出，白牛便强忍怒气，帮助百姓助耕。白牛的力气比一般的牛不知要大多少倍，几袋烟的工夫，就把肖老夫妇的田地全部犁完了，还比往年犁深了五寸，种上了庄稼。随后，白牛又帮助其他百姓犁完了田地，种上了庄稼，大家无不感激。

奋杀孽龙

孽龙返回后，白牛和孽龙昼夜激战，嘉陵江、清江的水怪是孽龙的帮凶，也赶来助纣为虐。白牛发起神威，挺起钢铁般尖锐的犄角，终于杀死了两头水怪和孽龙，白牛的五脏也受到致命的伤害。它坚强地高昂起牛头，重重地倒了下去，化作了千古传奇的昭化牛头山。

太上老君得知白牛的壮烈事迹后，感慨万分，便赦封白牛为牛王。白牛从此成为昭化牛头山的镇山之神，百姓在牛头山建起牛王观，世代顶礼膜拜，四时香火兴盛。

牛气冲天

话说，牛气是倔强之气、冥顽之气，其实牛气也是吉祥之气、浩然之气。

据说，凡是上昭化牛头山拜过牛王的人，就会沾上神奇的牛气，干出惊天动地的业绩，实现人生的梦想。

三国时，刘备率军北出剑门，进驻葭萌（昭化），就去拜祈牛王，牛王投梦让他"厚树恩德，以收众心"。刘备依言奋发，终成一代帝业，建立了蜀汉政权。唐时，武则天少小游昭化，数次去牛头山拜牛王，牛王惠赐她帝王之气，武则天终于成为中国历史上唯一的女皇帝。诗仙李白青年时从江油北上长安（今西安），途经昭化，游牛头山拜牛王后，诗才大展，天胆陡现，在宫中当着唐明皇和满朝文武官员的面，硬是让宦官高力士脱靴、国舅杨国忠磨墨，写出了"云想衣裳花想容"的惊世诗句，展现了他"天子呼来不上船，自称臣是酒中仙"的旷世豪情。唐懿宗时，益昌（今昭化）县令何易于拜祭牛王后，竟敢冒天下之大不韪，当着朝廷税官的面毅然撕毁皇帝下达的诏书，为百姓免交茶叶特产税，成为万世流芳的良吏。百姓拜牛王后，六畜兴旺，五谷丰登，家庭福寿康宁。牛头山的牛王可谓灵了，牛头山的牛气可谓神了。

至今，海内外的游客到了蜀道三国重镇昭化，多要上牛头山拜牛王，以沾上神气冲天的"牛气"呢。

铁马秋风天雄关

＼ 肖永乐

　　天雄关位于广元市昭化区昭化古城西15里的牛头山半山腰，是金牛古蜀道上的重要关隘，是由北向南入蜀之要冲，因"天设之雄"而得名，东接朝天关，西连剑门关，是昭化古城的坚固屏障，与葭萌关遥相呼应。宋、元改修驿道时于牛头山北麓设关，因名天雄关。天雄关进可攻，退可守，是历史上兵家必争之地，因而一直有"要上牛头山，难过天雄关"的说法。

　　历代史志对天雄关的记载和描绘，极尽形容之词以言其雄。《昭化县志·舆地志》记载："天雄关在治西十五里，入蜀而来，殆与七盘朝天二关声势联络，实剑关之密钥也。"清道光《昭化县志》载："五里倚虹亭，过亭则牛头山麓矣。五里天雄关，牛头山腰也。"《昭化县志》（旧志）记载："峰连玉垒，地接锦城。襟剑阁而带葭萌，踞嘉陵而枕清水，诚天设之雄也。故又名曰天雄关。悬径崎岖，危崖壁立，树木萧条。"清代《保宁府志》记载："天雄关在（昭化）县西南十五里，势极雄险。"

　　作为一处军事要隘，天雄关的主要功能是镇守而非进攻。历代官府在此地设有驿站，供过往的商旅军士歇脚换马，关口都有驻兵守卫。

　　天雄关关门系砖石结构，下部砌石，券拱砌砖，外围墙砖所剩无几，实为天雄残关。两道石匾是：□□□署；瑞映园门。有四副石柱联：清风明月关门过，崇山峻岭道路口；巍巍古庙镇斯地，峨峨雄关踞高岗；飞阁流丹高接云汉，层峦耸翠上达地天；山川郁纡成高岫，江水出没见平原。

　　距关门3米处有一棵2.4米直径的千年古柏，挺拔苍翠，雄踞隘口。

　　清乾隆六十年（1795年），昭化知县俞廷举在关口古树旁设立"天雄关"碑。石碑为长方形，左上角有缺失，正面刻有"天雄关"三个大字。其两侧刻有诗句：嵯峨云栈到牛头，回首风尘四五秋。笔墨未还口外债，天教车马一重游。刘郎何毕（羡）（蓬）莱，剑阁雄关两度来。正是三春风景好，一天红□□□。落款为：乾隆乙卯（1795年）春，桂林俞廷举题并书。

俞廷举于乾隆辛亥年（1791年）任昭化知县，立天雄关碑但未题名，乾隆乙卯经此，才在碑上题诗一首。

俞廷举，字介夫，号石村，广西桂林全州人。生于乾隆八年（1743年）癸亥，癸未就读于桂林秀峰书院，戊子年中举人，曾任定水、昭化、营山知县，是诗人、历史学家、医学家，曾经任《四川通志》纂修官，辑有《蒋文定公湘皋集》四十卷，著有《一园文集》《静远楼诗集》《金台医话》等。

在天雄关石拱门前临悬崖处，原有一座年代不太久远的双层凉亭。此亭飞檐翘角，亭柱朱红、亭瓦金黄，倒也有几分古意。沿着亭内的木梯，可攀至亭子上面一层，眺望无限风光。

关门前立有两通石碑，都是光绪十七年（1891年）所立，分别是"蜀道青天"德政碑和"仁寿普沾"德政碑，碑主是吴晟熙，其字迹已有缺失。

进关门左边为山门（庙门），上面是一块数百平方米的平地，原建有关帝庙一座，庙内建有大雄殿、牛王殿、姜维殿等，其沿岩边塑有十八罗汉，靠关门右侧为居士住所。因历经战乱，此庙已毁。清代又在天雄关建观音阁、奎星阁、倚虹亭。

如今的天雄关，只剩下一个残缺的顶端为半圆弧形的石拱门。天雄关原有两座石拱门，从昭化古城到天雄关的石拱门称"天雄关"，从剑门关至天雄关的石拱门（北端）称"葭萌关"，顶端为方形，已经残缺。两座关门之间是实形"旱船"式石拱建筑，上面可遮风挡雨，两门相连，石墙两侧布置有长条石凳，供行人歇息。天雄关两侧的石墙，早已倾颓。清乾隆三十五年（1770年），吴廷相修新其上；乾隆五十九年（1794年），署令朱泰菇重修天雄关殿阁一幢，至今关隘及碑碣犹存。

《重修天雄关殿阁记》记事碑，圆额雕双龙炼珠，碑身边缘饰连枝花

纹，碑面刻字剥落殆尽，仅剩"重修天雄关，邑西十五里，惟王观察重建于前，（乾）隆五……"等60余字。清道光《昭化县志》载其碑文，落款为"重修天雄关殿阁记，乾隆五十九年，署令朱泰茹"。

其碑文的具体内容如下：

> 邑西十五里有牛头山，穹隆绵亘，屏障西南，昔名天雄关，乃昭邑八景之一。地当通衢，山巅旧有关壮缪祠，祠后供大士像，历久渐圮。壬子岁（1792年），川东道宪王启焜过此，仰瞻之间，慨捐廉千余金，谕署令陈公焕章监督其事，并于祠旁添建一阁，不久落成。游人韵士，凭栏遐瞩，其四壁山光、双江烟水，宛列画图，洵为葭萌第一胜地。第急于竣工，基址松陷，年余已崩塌。
>
> 余于癸丑（1793年）重九后代庖兹土，复捐资重修，雇夫鸠工，向之筑以土者今累以石，土之下以石为脚，基之旁以石为杆。相度经营，不遗余力，四阅月而殿阁巍峨，顿复旧观，夫而后可以多历年所矣。
>
> 嗟乎！昭邑为冲要之缺，宰其地者差檄纷繁，奔走殆无虚日，鲜有逸致闲情留心于清胜之境。惟王观察重建于前，余复踵于后，俾高峰杰阁长留孔道，得以妥神灵而壮观眺，余愿差遂。然将来风雨飘摇，频需保护，仍望后之同志者嗣而葺之也。是以为记。

碑文中所记人物王启焜，字东白，号南明，浙江嘉善人。监生，官成都府知府，川东兵备道，四川盐茶道，署布政使。书法宗董其昌；陈焕章，福建侯官县举人，乾隆五十六年知昭化县事，嘉庆三年任富顺知县；朱泰茹，字彙初，号彤彝、籍圃，海宁州人，乾隆丙子科举人，由武义教谕，擢令岳池，历权昭代、江津、南溪县事，乾隆五十八年任昭化知县。

天雄残关临崖耸立，关上有碑石十余方，尚存有历代留存的14通石碑。其碑文有的是历代墨客骚人路过天雄关的诗词题赋，有的是历代官府修葺关楼的经过，其中有一部分被后人传承，但大都字迹漫漶，难以辨识。

尽管如此，历代墨客骚人留在天雄关石碑上、石壁上、驿站墙上的诗词歌赋，还是有一部分被后人传承。其中清代何盛斯的《天雄关》诗，比较有代表性："一关凌绝顶，迢递插星邮。黄竹丛祠绕，青苔战碣留。残云瞻马首，落日上牛头。伯约鏖兵处，扬鞭豁远眸。"

如今，在原关帝庙旧址上，坐落着一座新修的庙宇，即天雄观，与残破的天雄关石拱门相处，显得倒也和谐。

太极山水甲天下

肖永乐

　　山水孕育人类，人类与山水相依存。蜀道山水千姿百态，得天独厚。众多名山胜水，不仅自然景观雄奇秀丽，而且沉淀着深厚的文化底蕴，闪耀着璀璨的异彩。

　　昭化古城地处白龙江、嘉陵江交汇处，依神奇灵秀的山水之势，天然形成了一个直径约5公里、面积约20平方公里的"山水太极图"，而城址刚好位于山水太极阳极的鱼眼之处，让世人惊叹为"天下奇观"，世间罕见，国内独有，被誉为"天下第一山水太极"。千百年来，昭化人民就诗意地栖居在这片古老而神奇的土地上。

　　2006年6月，昭化古城经国务院批准被列入剑门蜀道文物保护单位名录。之后，昭化区（时称元坝区）政府在这里举办了一系列以三国文化为重心的古城旅游推介活动，在牛头山上设立的体育登山基地吸引了四方来客。有人站在牛头山上鸟瞰昭化古城，突然有意想不到的惊奇发现。他们清楚地看到，这里有一带10公里长的澄碧水系，经过大自然之手三弯两绕，竟然活脱脱地演绎成一幅令人心旷神怡、顿足叫绝的"山水太极图"。于是，"太极山水"这一说法便慢慢传扬开来，成为昭化古城及周边山水的统称。

　　凡去过昭化旅游的人，总会惊叹于这样一幅独一无二的奇绝场景：站在海拔1214米气势不凡的牛头山"牛脊"上，透过轻纱一样的蒙蒙薄雾，可见宽600余米的嘉陵江由北向南逶迤而来，呈反"S"形展示在眼前。这是一幅与太极图案极其相似的山水组合，阴阳"双鱼"由陆地组成，而"黑白分界线"就是带子一样的嘉陵江水。图案地势辽阔，南北两端相距近6公里，气势恢宏，有着2000多年历史的昭化古城就安宁地卧在太极阳极"鱼眼"的位置。白龙江、清江之水清澈汇入嘉陵江中，碧绿透明的江水绕青山流淌，让人爱怜不已；更有茂林秀山之牛头山，站于其上，观嘉陵江，昭化古城是一幅10公里的巨大太极图，以阴阳八卦风水之道修建，与天然山水太极相互和谐。

其实，这令人叹为观止的自然山水景观，早已被古人发现。昭化民间解读这片山水除了"太极图"一说，还有"金钱系葫芦""金钩挂月""玉带环腰"等说法。随着对昭化古城研究的深入，专家发现，公元前324年始建以后逐步完善的古城，布局以"大堂"（县衙）为核心，城门、街道、庙宇、水井等，严格按照"阴阳八卦"之吉凶分布。富有智慧的昭化古人，当初在此筑城建县就与周围的山水"形胜之地"颇有关联，"太极"之说便成为定论。

"太极图"一说最初由陈抟传出，也叫"无极图"。太极图是研究周易学原理的重要图像，它包含了天地万物的共通规律。太极图这个圆圈，就是代表的一，代表的宇宙；图像中的黑白二色代表阴阳两方，白中黑点表露阳中有阴，黑方白点表示阴中有阳。宋代周敦颐在《太极图说》中道："太极动而生阳，动极而静，静而生阴，静极复动。一动一静，互为其根。阴阳融合，化生万物，万物生生而变化无穷焉。"所以说，太极又是和谐、兴旺和生生不息的象征。

然而，世人眼中的这幅"天下第一太极山水图"是否与古人看到和所设为同一幅呢？为寻得古人当初建城选址想法和设计创意，弄清山水太极之理，有人曾去牛头山再次考察，竟然在天雄关又有了新的发现。站在烟堆山尾的凉亭子上回望古城，可见嘉陵江与古城、石盘村与白龙江组成的一幅山水太极图，昭化古城与石盘村正好位于太极的两个眼中。

自然之景天然而成，其中蕴含的天意或密码并非人人可以得知，太极山水活灵活现，出现了非常有趣的和谐统一，昭化古城位于烟堆山南嘉陵江以北的太极阳眼之上，石盘村位于烟堆山以北白龙江以南的太极阴眼之上；白龙江与嘉陵江在桔柏渡处汇合形成了一个宽阔的茅河坝，颇似阳极的鱼头；而白龙江在天雄村那里拉出的弯正好是阴极的鱼头。古人看山水应是凭着双腿和肉眼的，从昭化古城和石盘村建设来看古人早已认识了这幅天然太极图；从今天的卫星遥测图可见从白龙江与嘉陵江汇合后向南流去，在烟堆山后又绕笔架山画出了另一个太极图，两个太极图相辅相成，颇为壮观。

昭化钟灵毓秀，人杰地灵，是名副其实的风水宝地。真是山水太极乃福地，太极山水甲天下！

魅力昭化古八景

昭化自古钟灵毓秀，物阜财丰，人杰地灵，有无数处秀美神奇的自然景观，其中有八大景观最为著名，在明清时期已形成后世公认的"昭化八景"。历代文人对昭化的山水风物情有独钟，多以"昭化八景"为题写咏物诗。"昭化八景"由此声名远播，令人神往。

牛首雄关

"牛首"即昭化牛头山，海拔最高处达1214米，"雄关"指牛头山山腰处的天雄关。"牛首雄关"由牛头山和天雄关两个景点组成，山关相连。

《重修昭化县志》记载，"牛头山在治西二十里，天雄关之顶，巨石耸立，天半远而望之。俨然牛之头""四周壁壁巉岩，窄径上通，凭栏一顾，四山皆培塿矣"。

"牛首雄关"地处蜀道要冲，东临昭化古城，北依剑门雄关，地势十分险要，是退可守进可攻的军事要地。三国时期，蜀汉后将军黄忠在天雄关大胜魏将张郃，蜀汉大将军姜维在牛头山力拒魏将钟会大军。

清代昭化县令李元曾作《昭化八景》诗，其中一首为《牛首雄关》。诗曰：

> 不是平壤征战处，山名牛首亦雄关。
> 太平峰靖闲凭眺，万里晴空指顾间。

桔柏江声

"桔柏"，意指昭化的桔柏渡，古渡口。《重修昭化县志》记载："桔柏渡在（县）治（地）东二里，明有浮梁。"桔柏渡距昭化古城东1公里，嘉陵江和白龙江在此汇合，是古代蜀道（水路）连接南北的重要渡口。

桔柏渡又称橘柏渡。有文献记载，古代的桔柏渡口两边生长着很多红橘树和柏树，因而得名。据当地传说，唐明皇因避安史之乱入蜀，逃经桔柏渡时，前有滔滔嘉陵江水阻隔，后有数千叛军追赶，吓得失魂落魄，在岸边仰天哀叹："形势如此急迫，真是急死人啊！"因读音相近，"急迫"二字在民间却被传成了"桔柏"。

桔柏古渡上游不远处，有一座浅滩叫龙爪滩，江水特别湍急，猛烈冲击着卵石，发出奔腾呼啸的涛声，蔚为壮观。

"桔柏江声"因此成景。李元有诗赞曰：

> 石怒滩横蜀水偏，嘉陵千里发秦川。
> 流声细细无人识，桔柏津头老渡船。

茅坪夜月

茅坪位于桔柏渡东岸3公里处的凤岭山上，那里曾经建有一座寺庙，叫茅坪寺，在寺前挖有一口圆形的池塘，名叫映月池，又名夜月池。

清道光《重修昭化县志·舆地志》记载："夜月池在凤岭茅坪寺前。地圆如月，约宽一丈有余，不生草木。池旁藤萝纠结，抵池辄返。"池中之水清澈见底，却不长一草一木。据传，每晚从月出到月落，池内常常有月影出现，而且始终保持半边，呈半月状，堪称一大自然奇观。"茅坪夜月"由此得名。

清人李元作诗《茅坪夜月》。诗曰：

胜地名传夜月池，茅坪窅蔼望中迷。

藤萝也解留仙迹，叶结枝牵不敢垂。

卫岭朝云

卫岭，即白卫岭，在朝阳乡（现昭化镇）境内。白卫岭风光旖旎，只要天晴，清晨便有彩云出现，给满岭披上绚丽的霞光。

《重修昭化县志》记载："白卫岭在县（昭化）西南四十里朝阳堡，此岭东抵嘉陵江，西抵高庙铺，长岗东绵二十余里，唐时大道也，唐明皇幸蜀过此，见玄元皇帝骑白卫而下，示取禄山之兆，遂封岭神白卫公。"唐明皇入蜀逃难，曾夜宿此地驿铺。当晚，他梦见五彩祥云开处，玄元皇帝骑着白卫而下，唐明皇认为这是吉祥好梦，寓意着唐军即将平定叛乱，于是封当地岭神为"白卫公"，白卫岭由此得名。

山不在高，有仙则灵。因唐明皇幸蜀留宿白卫岭，"卫岭朝云"才有缘成为昭化一大名景。

清昭化县令李元有《卫岭朝云》诗，记述其事：

片片轻云覆野墙，鸾舆经后几千霜。

风流往事传天宝，鹦鹉无从问上皇。

长宁山色

长宁山取长久安宁之意，距昭化古城西南45公里，山势险峻，山色奇秀，风光独特，远近闻名。

《重修昭化县志》记载："长宁山一名照山，一名峨头，县在治南二百二十里，宋将军王佐守卫处，佐墓在山西南十里苍溪县之高桥，其地四面险峻，外有石城围之，头上大坪一区可屯万人，有大池方广数丈，清水澄澈，自石缝涌出，虽大旱不涸，谓之洗马池，又有白云洞。"可见，长宁山不仅是风景名胜地，也是一处军事要地，宋代以来朝廷曾经多次派将在此筑城扎寨驻守。

清代昭化人杨祖德作《长宁山色》诗。诗曰：

> 长宁山色绝崔嵬，翠柏苍松映紫微。
> 试问池边谁洗马，空留明月照斜晖。

清昭化县令李元亦有诗云：

> 长宁峰顶结祥云，一片孤城晓色分。
> 池上只今水洗马，土人空说王将军。

马鸣险阁

马鸣阁距昭化古城50公里，位于白龙江畔马鸣道上的鲁班峡（现属青川县）。峡内两岸如斧切刀劈，右岸的古栈道遗址尚存。峡内江流湍急，声似马鸣，"马鸣险阁"因此得名。

《重修昭化县志》记载："马鸣阁在（昭化县）治北五十里白水之岸，汉先主遣陈式绝马鸣道以拒曹操。"马鸣阁道地形隐蔽，诸葛亮曾在此造木牛流马，军旅往来皆由此经过。

清代昭化人杨祖德曾作《马鸣阁》诗，以赞其险：

> 峭壁凌霄蜀北门，一夫当关万销魂。
> 云连剑阁重关险，旧有将军古灶墩。

虎跳仙磴

虎跳地处昭化区与苍溪县交界的嘉陵江边，西对龙门山，东近傲盘山，北依仙磴山，当年曾建有驿站（水驿），是川北著名的"水码头"。

虎跳得名已久，实有来由。相传这里曾经是一片原始森林，丛林中有只老虎想到峨眉山学道，但大江阻隔无法过岸，它冥思苦想出一个妙计，从山上掀落一块巨石横立在江中做跳板，它飞身跃到石上，大吼一声"学道去也"，即刻纵身跳过江去了。老虎在峨眉山修成正果后，一旦得知当地乡亲有难，它马上施法搭救。百姓们懂得感恩，就把此地改名为"虎跳"，又因横在江心的这块巨石（神虎石）来自仙磴山，两者一关联，就有了"虎跳仙磴"的说法。

横在江心的巨石，形如一只蹲着的猫，也有人称"猫儿石"。相传这块怪石被仙人点化后，变成了"神猫"，凡见奸商的船只通过，便卷起巨浪，把商船撞翻。县令得知情况后，打算毁掉这块巨石，神猫给他托梦，责怪说："你当你的官，我管我的天，我打坏的都是不义之船，与你有何相干？"县令心生惶恐，只得作罢。新中国成立后，为确保嘉陵江航道安全畅通，才把这块江心巨石炸掉，"虎跳仙磴"的奇景从此消失，但民间仍在流传。

清人李元作《虎跳仙磴》一诗。诗曰：

> 江流错落石盘根，一叶扁舟岸柳新。
>
> 善政同来闻虎渡，惊心俗吏忆前人。

龙湫古墨

"龙湫古墨"，是"昭化八景"中一处神奇的景观。"龙"，指老龙洞，位于今利州区宝轮镇龙泉村龙王沟（原属昭化县管辖）溶洞群内；"湫"，指水池；"古墨"，指古人留下的墨迹。"龙湫古墨"指的是龙王沟溶洞群池边的题词。

《昭化县志》记载："老龙洞在治（昭化县）西三十五里，路极窄，燃烛而入，初由左进，径颇坦直，历二洞门，进内洞过马鞍桥，历三洞门，内有大潭。"古代讲迷信，认为神龙居处，人不得入。每遇天旱祷求下雨，地方让巫师取二洞之水，果然应验得雨。洞中暗河较多，保存有汉中、绵州、成都等地取水者留题的姓名。书法飘逸遒劲，龙湫古墨留香，具有一定的历史文化价值。

清人李元作《龙湫古墨》一诗。诗曰：

> 富水神龙洞里居，重山深锁白云虚。
>
> 何年题写最高处，春草秋苔护墨书。

入川通邮大朝驿

\\ 肖永乐

　　大朝驿，又称大木树驿，是昭（化）剑（阁）古蜀道上的一处重要驿站，是古代入川及通邮的必经之地，位于广元市昭化区昭化镇大朝驿村，距离昭化古城18里，距离剑门关17里，是国家设立的管理驿道和保证运输的专门机构，供官差途中换马、暂住、休息，也是南来北往过客食宿、饮马之所，距今已有近2000年的历史。历代朝廷官员、墨客骚人、马帮商贩都在这里留下了足迹。

　　大木树本称达摩戍。达摩，全称菩提达摩，意译为觉法，为中国禅宗的初祖。当地为纪念达摩祖师游历设坛而建达摩寺。南梁后置戍，戍以寺名称为达摩戍。后以古驿道上大柏参天，时人便取达摩戍的谐音称为"大木树"。

　　早在南北朝时期，昭化至剑州（剑阁）的官道就经过大木树不远处。北周静帝大象二年（580年），益州总管王谦不服从丞相杨坚，起兵反叛，杨坚遣梁睿率军讨伐。平定叛乱后，杨坚下令："巴蜀险阻，人好为乱。于是更开平道，毁剑阁之路，立铭垂诫焉"（《北史·寇洛等传》）。所言"平道"，即指从昭化西龙爪湾越山而过，至官店垭，下泥溪壕，上白卫岭，抵高庙铺，到达剑门的路线。

　　隋唐五代时的驿道，亦经过大木树所在人头山（大木树在山南麓）附近。道光《重修昭化县志·舆地志·山川》载："人头山在（昭化县）治西四十里，大木树之右，山形如人，故名。又以巨石矗矗，连卷如云，名云头山。"人头山顶建有川主庙。

　　元代开始，全国广置驿站，广元经昭化至剑阁的路线处于主干道。元世祖在位（1260—1294年）时，便"更于人头山添设驿站，庶省马匹，不致失误"（见《永乐大典·经世大典·站赤》）。

明熹宗天启四年（1624年），开始整修金牛道，凿山开径，修建昭化经过大木树到剑门关的道路。崇祯元年（1628年）竣工。昭化境内孔道新开，"较官店、朝阳之道为近，当时系僻道也"（清乾隆《昭化县志·道路》）。

据史载，大木树驿站建于清康熙年间。《大清一统志·关隘》记载："大木树驿，在昭化县西南四十里，马驿也。康熙二十九年（1690年）奉设。"清乾隆《昭化县志·铺递》亦载："国朝康熙二十九年，请驿道宜就坦近，改从今路。设昭化驿于县城，而塘铺以次移建……大木、高庙之九铺。""通京驿道谓之极冲，凡八铺，每铺置司兵四名。八铺曰……大木、高庙。"

大木树驿成为通京驿道上的驿站后，人马过往频繁，中转紧急。其主要职能是承担传递公文、转运官物及为来往的官员休息提供服务。乾隆《昭化县志·驿站》记载："本县驿站旧额站马二十四匹，马夫十二名。大木树腰站马十二匹，夫六名。康熙五十七年（1718年），因川陕接壤而神宣驿以西十六站马匹不敷。奏请每站设三十匹。昭化驿增站马六匹，夫三名。大木树增站马十八匹，夫九名。雍正五年（1727年）裁存原数，六年复设。"大木树驿站高峰时期的驿马有30匹，马夫15人，加上塘兵、挑夫、后勤人员等应有20余人。

大木树置驿时间也许不长，中途改建为塘铺。乾隆《昭化县志·防守》记载："本县所属之底塘，大木树塘……置马兵三名，步兵三名。"道光《重修昭化县志·舆地志·疆域》记载，自天雄关"五里梅青垭；五里新铺，有塘房；五里竹垭子，有塘房；五里白卫溪，俗名王家河；五里大木树铺，在人头山之麓，驿路腰站"。大木树铺是昭化至剑门关驿道上的腰站，与正规化的驿站略有区别。

宋代称邮递驿站为铺，元代的相关制度更加严密。州县凡十里一铺，大事遣使驰驿，小事文书由铺吏传送，明清因之。《元史·兵志四·急递铺兵》载："元制，设急递铺，以达四方文书之往来……立急递站铺，每十里或十五里、二十五里则设一铺。"铺，即驿站之间的腰站，所养马匹

和工作人员的开销就要由政府支付。大木树处于腰站位置，初设驿站"归剑州支应"，"乾隆三十年（1765年），署令阮澍与剑州牧李枝昌议详奉文，改归昭化"（见乾隆《昭化县志·驿站》）。每年应需工料银两在本县地丁银内尽数支销。旧例本县地丁银每年摊给剑州剑门站银363两2钱2分；摊给广元神宣驿站银345两2钱，遇闰年加拨剑门站银644两2钱6分。

自大木树改归之后，地丁银不敷支销。除剑门、神宣停其拨给外，仍移领阆中县地丁银295两3钱4分。遇闰年减发领银98两2钱6分。正站腰站的马匹草料银、马夫工食银、棚厂槽锄银、倒马买补银的标准、来源、拨付办法，都有明细的规定。如因需要夫马被抽调支援异地，则其马匹草料银、马夫工食银由当地给付。

雍正十一年（1733年），因川西路军务紧急，抽调东北二路驿站夫马，拨协邛州雅安，也就是调拨人马前去支援。"其大木树亦拨马二匹、夫一名，协济邛州之大塘铺。"马匹草料银、马夫工食银均在建昌道路库军需项下先行垫给。

大木树设驿置铺后，建有公馆。道光《重修昭化县志》载："大木树公馆一座，系道光三年（1823年）邑令谢玉珩重修，用银三百一十两，共修房十九间。"常有官员经行和文人墨客游历，并且留下一些诗文。陶澍《蜀輶日记》云，（嘉庆十五年七月）"二十一日，发昭化……十里下山，宿大木树，一名达摩戍。"李调元过此题《大木树》诗，"晚投大木树，陂陀何骷髅"。可见，乾嘉年间大木树荒凉冷落，道路艰险，公馆条件很差。

大木树在清代晚期属昭化县清和里的一处基层政区（保），治云台村境，沿用大木树名。

大木树驿（铺、塘），无论到剑门还是到昭化的道路都崎岖难行。从清康熙二十九年（1690年）置驿到民国的200多年间，大木树驿（铺、塘）在国家交通、邮传乃至军事等方面发挥了重要的作用。

民国二十四年（1935年）春，红四方面军建置赤化县大朝乡苏维埃政权，取大木树、朝阳二地之首字命名。大木树驿由此改称大朝驿。

大朝驿现已恢复，主体为明清建筑风格，建筑面积2206平方米，两进四合院的二层建筑，后院附带跨院，集餐饮、住宿、会议、娱乐、休闲养生于一体，是古代邮驿的"活动博物馆"。

声名远播玉女泉

⺀ 肖永乐

在距昭化古城2公里的桔柏渡东岸有一口小池，就是远近闻名的玉女井，其井中水称为“玉女泉”。井旁现竖立有一石碑，正中刻有“玉女泉”三个行体大字，落款为“光绪戊子年仲春知县事李寅生书石”，距今已有130多年。

玉女泉看似普通，当地民间却有不少关于它的逸闻和传说。《保宁府志》有载：“城东有玉女山，山上有穴若房，有玉女八人不出，穴前修竹，有石坛，风来动竹，扫坛如帚。”这里的“城”，指的就是昭化古城。玉女山属于广元大南山脉，玉女泉水源于玉女山，由此得名。

据当地老人讲述，玉女泉的得名还有另一种说法。桔柏渡口岸上的岩石缝中，常年不断涌出一股清澈的泉水，流入下面1米多深的石井里。玉女泉水源出黑水塘，而黑水塘在射箭河上游的龙潭河上，距玉女泉之东30里。中间隔着笔架山，泉水横穿山底而流出。黑水塘深不可测，从外到内有三道圈逐级缩小增深，不见其底。塘内时常有仙女来岸边纳凉，并与当地年轻女子在一起戏水游玩，还与一巫师杨婆常相交往。凡遇酒席、会期，会主备香案祷告，杯盘碗盏可自会浮上岸来。用后还去，欲用再借。后来有人失信不还，从此仙女不出，碗盏也不再现。

关于玉女泉，还曾有一个动人的传说。天上有七位美丽的仙女，由于耐不住天宫长久的寂寞，羡慕人间男欢女爱的幸福生活，就相约一起偷偷地下到凡间。她们脚踩五彩祥云，来到嘉陵江、白龙江交汇处的两河口，只见清流碧波、大江奔流，便欣然宽衣解带，下江戏水，经过一番洗浴，又羞涩地躲在岸边的石崖之下偷看人间光景。天上一日，便是人间一年，这一看不仅看到了嘉陵江水的时涨时落，还看到了一些船工纤夫裸背赤膊地去山沟里背水煮饭，十分艰辛。她们对这些勤劳而精悍的小伙儿暗生怜爱之心，但天规不可违，便打算以善举给这些小伙子留个想头以寄托心愿。一阵商量之后，她们一同施法，从附近的山涧各遣一股清流暗汇于此，刹那间，仙女们身下的石穴中便有清泉汩汩流出，这便是神秘而有灵气的"玉女泉"。

泉水经年不竭，清澈甘冽，冬暖夏凉，饮用玉女泉水，据说可以美肤养颜和延年益寿，被当地及南来北往的商贾行人奉为"神水"。常年充足的泉水经过井外的石板路面，缓缓流淌进嘉陵江中。当地村民经常在玉女井中取水，在井外淘米淘菜，洗衣服后晾晒自然平直而不用熨烫，烧开水从不起尘垢，夏天甚至用泉水冲凉洗澡，十分惬意。二十世纪八九十年代，摆宴村当地学生在昭化古城读书，早上上学及下午放学经过这里时，常常用矿泉水空瓶在井中装泉水喝，从来不着凉患感冒或者肚子痛。

清朝末年，嘉陵江沿岸经常发大水，当时昭化古城内无供水设施，城里人大多是花钱请挑水工，到江边的沙坑里挑水食用。因为江水浑浊不能直接饮用，人们只能依靠沙石的过滤来掘坑取水。沙坑的位置随水位而变，离江水过远，水浸不进，离江水过近，水又滤不清。江水的水位一旦高于堤坝，就无处掘坑取水。这时，挑水工就去买船上的水，再来转卖给城里人供水。而摆宴坝附近的村民及船工，则到玉女泉取水，因玉女泉就在桔柏渡东旁，停泊的船只就近取水很方便。这时，他们都倍感幸运，啧啧称赞玉女泉是天赐的"救命泉"。

往事如烟，岁月如歌，多少年来，玉女泉水给周围的住户繁衍生息提供过滋润和供养；春秋更替，玉女泉水给无数过路行客"雪中送炭"圆梦远方。

据说，每年农历四月下旬，当地还曾在玉女泉边举办拜水节，祈望吉祥安康。

利阆道中石井铺

※ 肖永乐

在川北崇山峻岭中，蜿蜒着两条凿建于秦汉时期的古道，即金牛道和米仓道。在这两条交通线之间，还有一条始于利州（今广元）、终于阆州（今阆中）的重要驿道，史称利阆道，通称利阆古驿道。它是金牛道和米仓道的主要支线，全长200多公里，是古时广元（利州府）至阆中（保宁府）的必经驿道，是明代出川入蜀的唯一官道、清代出川入蜀的主要通道。

利阆古驿道唐宋时就已形成。蜀汉之后，先是金牛道因剑阁栈道长年失修，毁坏严重而难以通行，至汉末到晋代，形成了入川通道即米仓道。米仓道极其崎岖险峻，加之清代白莲教横行此道的影响，后来也逐渐荒废。于是，从利州经阆中至成都便成了中原入蜀的主要通道。利阆道全路铺设石板，坡坎不大。利阆道还有水路，从利州坐船，两日可到阆中，十分便捷。沿途有很多官设驿站、乡场、哨台及关口。

利阆道由广元经昭化过苍溪到达阆中，是从汉朝至明清时期连接广元与阆中交通商贸往来的交通要道。其线路是广元—思贤铺—界牌铺—梅树铺—石井铺—金岚铺—柏林沟驿—放马坪铺—清水铺—乔子坝—施店驿—八字关—金针铺—烟灯山—白鹤铺——碗水—伏公铺—槐树驿—烟峰楼—瓦口隘—土地关—锯山关—巴巴寺—阆中。现今的兰海高速广元至阆中段，基本上就是当年利阆古驿道的走向。

石井铺是利阆古驿道上一处重要驿铺。《重修昭化县志·铺递》（清钞本）记载："旧大路由广元过二郎关南下保宁……于县设铺七处。曰：沟头、龙滩、漫三、梅树、圆山、石井、金岚，每铺各置司兵四名额，给工食银七两二钱旗锣银二两……"

《重修昭化县志·疆域》记载:"石井铺有塘房至此,别大道而西南行十里圆柏树,十五里老土地,十五里太公寺,十五里石牛背,十五里虎跳驿。"塘房在古代是军事上放烽烟报告紧急情况的地方,放烟的距离为十里一塘。民间有言"五驿八铺一座楼,两个五里就到头",是说从广元到阆中要经过五处驿站八处铺递,其中就含石井铺。

石井铺设置于明初,旧属昭化县,后属广元县,现属昭化区卫子镇。石井铺经滑石板、大柏树、五里垭、石垭子、圆山驿、发马坡、途桥湾、射虎碑、撑腰石、梅林关可上接梅树铺,经檬树梁、烟灯山、茶店子、三岔口、杀牛坪可下接金岚铺,驿路顺梁而行,皆为大道。

据当地说法,从石井铺到梅树铺有24个"冒谷堆",是说沿途有24个像谷堆一样凸起的小山包。后来,由于通京驿道改道,利阆道上的铺递于康熙二十九年(1690年)撤除。即便如此,石井铺仍然是广元、昭化南行到阆中的一处重要节点。当年,利阆道上官差、商贾及行人过往频繁,石井铺成为远近闻名的乡场(集市)和"旱码头",热闹非凡,与虎跳"水码头"齐名。

石井铺的居民不少是清康熙年间"湖广填四川"时江西、湖北、湖南等地的中原移民。旧时在区域内有不少旺族,民间有歌谣流传:"石井铺的箫(肖)儿吹不得,新场的锣(罗)儿打不得,柏林沟的衣裳缝(冯)不得,清水的田儿(田)耕不得。"是说肖、罗、冯、田这四大家族势力强大,各自称霸一方。石井铺现今姓"肖"的人家仍然很多,因同姓聚居,开亲不便,当年很多"肖"姓女子只得外嫁。

石井铺现存有老街、盐井、红军石刻标语、请雨包、雷打石、重石嘴等众多遗迹遗址。古街分上街和下街,长约1里,坐北向南。下街的民居房屋、传统院落大部分仍在,建筑立面简洁明快,格调朴素淡雅,具有典型的古代川北房屋建筑风格特点,虽然经历了漫长历史风雨的洗礼,至今仍保持着它特有的浓郁文化气息和古朴典雅风格。

驿路穿街而过,均为青石板铺地,临街作为铺面,立柱多为马桑树材质,铺面有立木板裙板,院落大门向街而开,前铺后院,前高后低,由后层层拔高。大门张张结实,依稀可见秦琼举锏、尉迟恭执鞭的彩绘门神,挑枋吊檐存有二龙戏珠及各种花卉雕饰。院落窗户存有镂空的麒麟、凤凰、蝙蝠及花卉组合的吉祥图案，古朴清幽迎面而来。

古街现存有精致小巧的四合院，院内多有天井，木结构穿斗、双檀双挂、木柱檀梁、雕花木窗，窗多为方形窗结构，窗雕多用鸟兽花卉、如意格、蝙蝠等造型。吊脚楼多依地就势而建，具有通风干燥、防毒蛇等优点。民居院落所用土料、石料和木料等材料主要是就地取材。墙体多采用当地特色黏土作为主料，配合石灰、河沙等夯制成墙。

清代以来，石井铺人口聚集，其著名的院落分别有车家、杨家、李家、席家、蒋家、朱家、侯家、张家、何家等。现部分院落房屋、旱船天井等遗物尚存。商铺经营盐巴、粮油、肉、布匹、火纸、烟酒、烙饼、药店、客栈等。民国时期，石井铺是利阆古驿道上重要的物资集散点，每逢三、六、九赶集，方圆数十里的人们都来这里交易，十分热闹繁华。

上街、下街中间曾经有一座关帝庙，四季香火旺盛，为四方院落、两层阁楼，中间是正殿，石阶上面有一对雄壮的石狮，日夜守护。庙东边是娘娘殿，两边是厢房，庙前有戏楼，楼前有一对一丈六七的石桅杆，桅杆上面有四方的石斗，坐落在约一吨的墩石上，墩石的周围雕刻着各种精美的图案。山门的两旁塑有一对活灵活现的泥马。戏楼四角板爪，全筒瓦、吊檐，每年二月初三举行庙会，连台唱大戏，有皮影、木偶等古装戏表演。远近乡民环绕关帝庙进行集市贸易。庙前东面曾是乡政府治地，1958年发生火灾烧毁，便迁址至新场。此庙于1972年初遭火灾被毁，现遗址尚存。

下街尽头，有24步干净整洁的石阶，两旁的围条石上留下了人们常年磨刀时留下的深刻痕迹，这就是远近闻名的"九弯十八包"。

清代末年，石井铺建有手工熬制的食盐基地，所产食盐质量优、价格廉，远销广元、苍溪、阆中等地。据说当年有十口盐井，民国时被查封。

石井铺的火龙表演远近闻名，每逢春节到元宵，人们挥舞着巨龙，摇头、张嘴、扭身、摆尾，火里钻、花里行，活灵活现，观众喷花、欢呼，热闹非凡。

石井铺的红色文化厚重，当年这里曾经建立石井铺乡苏维埃政权，为中国革命做出了贡献。

玉罗坝上罗汉树

❨ 肖永乐

在广元市昭化区虎跳镇（原丁家乡）玉罗村，有一处平坝叫玉罗坝，早年叫杨村坝，位于嘉陵江边，与剑阁县江口镇隔江相望。玉罗坝的得名大有来历，它与一对玉石磉磴和一株罗汉树有关，其中"玉"字指的是玉石磉磴，"罗"字则指的是罗汉树。

玉罗坝的玉石磉磴和罗汉树，又与明代当地人称"刘百万"的一个富豪有关。

据当地上了年纪的老人介绍，刘百万并不是一生下来就是有钱人，家里也很穷，除了他平时省吃俭用外，还有就是与其夫人郑氏的奇遇有关。一个秋天的中午，郑氏在一处名叫银子坪的地方放牛，觉得十分疲倦，便在一处大石板上休息，迷迷糊糊中睡着做了一个梦。梦中有一长髯白发老者，念及她一个妇道人家在外放牛十分不易，便告知在她休息的石盘旁一凹坑里多了一些东西，叫她带回家，今后就不愁吃穿，说完便离去。

郑氏从梦中惊醒，感到非常奇怪，正准备起身离开，发现平时的石盘边缘处的凹坑里有七八个奇怪的石块（当地人叫面疙瘩石头）。出于好奇和梦中老者的嘱咐，她捡了几块随手装在口袋里，回到家后，便将石块放在家中的木桌上。在外忙农活的刘百万晚上回到家，见木桌子上有几块银子放在那，心里着实惊讶：这哪里来的银子？怎么放在桌上？便大声呼叫郑氏，气冲冲走向里屋，问正在做饭的郑氏是什么情况。郑氏一脸平静地说："不就是捡了几块石头嘛，有啥大惊小怪的？"

刘百万指着桌子上的银子问道："这些是哪里来的？"郑氏便将白天老者托梦的事详细讲述了一遍。

刘百万一听，心想：这个蠢女人，为啥不多捡一些？这明明就是银子呀，哪是什么石头？俗话说得好，财不外露。也好，这事不能告诉郑氏，叫郑氏也绝对不要在外声张。

日子如旧，刘百万平时忙着自家门前的一点薄地，然后帮帮乡里乡亲。郑氏也每天到银子坪放牛、捡柴、带几块石头回家给刘百万。

很快，刘百万家中的生活比过去好多了，也不再让郑氏去放牛干活。秋后，刘百万将郑氏捡回来的银子积攒到一起买了十几亩良田，从此成为富甲一方的"人上人"。他借给别人银两的时候，常常以"斗"量金，以"石"量银。他也不忘祖训，仗义疏财，时常行善救济穷人，是远近闻名的"刘善人"。

刘百万发财后，刘家成为富甲一方的望族。因传统习俗影响，当地婚姻尤其是富豪之家特别讲究门当户对。郑氏长得五大三粗，又是文盲，加之长年劳累显老相，与刘百万已经不相般配。刘氏家族长辈在一起商议后，要求刘百万立即休掉妻子，另娶有才有貌的富家女子。

当时，刘百万很不情愿，但迫于家族压力，不得不告诉郑氏。郑氏已有身孕，一听顿时如五雷轰顶，放声大哭。刘百万反复劝慰，郑氏无奈只得含泪应允。

刘百万精心准备了足够的银两、衣物及盘缠，又牵出一匹黄马，将郑氏送到玉罗坝渡口。临别时，他反复交代和嘱托妻子，过江后顺着闻溪河逆流而行，往剑州（今剑阁）方向走，马走到哪儿天黑不走了，就在哪儿停留安歇，并在那儿的人户安家。郑氏默默点头认命。

一路西行，郑氏好不容易走到一个叫赵家湾的地方，这里刚好有户农家。这时，天已漆黑，马也气喘吁吁再不走了，郑氏上前敲门，出来一个老太婆，郑氏请求在她家借宿一晚，老太婆甚感为难，因为她有一个尚未婚娶年近30岁的儿子，母子两人相依为命，一个已婚女性留宿极不方便。郑氏反复求情，老太婆见她怀有身孕，又人困马乏，加之周围道路崎岖难行，且渺无人烟，不觉心生怜悯，就拉着郑氏进屋，立即生火煮饭。郑氏很感激也开心，一下吃了两大碗。

老太婆的儿子身材魁梧，又很孝顺，长年在附近打短工，当晚回家，与郑氏一见面，甚有眼缘，郑氏对小伙子也有好感。晚上，郑氏睡得很香，还做了个美梦。

郑氏要付留宿及饭钱，老太婆却坚持一分钱也不要，并恳请郑氏留住她家，平时可以干些农活，好歹也有个稳定的住处。郑氏正求之不得，略作思考便满口答应，并不断磕头表示感激。

时日一久，一来二去，郑氏与小伙子彼此暗生情愫。老太婆又在从中撮合，两个月后，两人就顺理成章结为百年之好。

半年后，郑氏顺利产下一个白白胖胖的小子。全家特别开心，为其取名赵炳然。3岁时，就送他在本乡读私塾。赵炳然自幼聪明伶俐，六七岁对《三字经》《幼学琼林》《百家姓》这些书籍能过目成诵。再大时，稍经先生指点，对"四书五经"也能诵读讲解。因他经常劳动，又喜欢运动，皮肤变得黝黑，但身体很健康，大家就叫他"赵黑娃子"。

刘百万一直关注着郑氏，暗中拿出银两资助郑氏的生计，并叮嘱她要好好送儿子读书，将来考个好功名。

一晃过了十多年，又到了科考时节。一个阳光明媚的日子，郑氏便带上赵炳然到玉罗坝上的璧山庙（庆林寺）上香拜佛，以祈望金榜题名，刚巧碰到刘百万也在此拜佛，赵炳然终于有幸第一次见到亲生父亲。

赵炳然不负家里人厚望，14岁时在剑州考中秀才，25岁摘取举人头衔。嘉靖十四年（1535年），28岁的赵炳然受明世宗朱厚熜赐进士，同时派往江西新喻县做知县，因勤政廉洁，政绩显赫，后来成为朝廷重臣。嘉靖四十五年（1566年）十月，赵炳然被加封兵部尚书、太子太保，深得嘉靖皇帝宠信，得到皇上不少赏赐。其中，不乏外邦敬贡的奇珍异宝。最珍贵的就是一对玉石磉磴和一株罗汉宝树。

赵炳然戎马一生，功勋卓著，成为一代抗倭名将。他在58岁时告老还乡，解甲回到剑阁。隆庆三年（1569年）六月二十三日病逝于家乡，终年62岁。

相传，赵炳然曾经奉命到地方巡察，他从京都出发，经陕西汉中沿金牛道顺嘉陵江而下，一日抵达昭化县城（昭化古城），知县要求各商户住户集中到东门接官亭迎接。碰巧刘百万与一些乡绅富豪在茶楼谈木材生意，忽闻锣鼓齐鸣、人声鼎沸，热闹非凡。他甚感诧异，就出门观看打听，说是京城"赵天官"在昭化巡察。恰逢赵炳然从太守街经过，刘百万一眼就认出轿中坐着的京官正是他日思夜想的儿子。他不禁高声脱口而出："我还以为是谁呢，从来没见过有这么大的排场，原来是赵黑娃子呢！"旁边店家听后十分惊讶，就派店小二悄悄告知县衙官吏，官吏大怒，立刻派县差前来抓人，刘百万被强制带到县衙。

刘百万被带到县衙大堂后，县令将刘百万当庭审讯，"赵天官"陪审。"赵天官"没有想到父子会在这里用这种方式相遇，便示意县令后堂有话，说这是他一故人。县令识趣地退下，让他们相见。刘百万没有想到多年没见的儿子，如今这么有出息，高兴万分。

父子二人一阵寒暄后，"赵天官"想到昔日暗中相助的父亲和母亲的嘱托，如何报答眼前之人？心想：送他金银财宝，他富甲一方，不稀罕这些。送什么好呢？他忽然想到离开京都时，皇上送他的贡品玉石磉礅和罗汉树，便将这两样奇珍异宝转送给父亲，以报答过去的恩情。刘百万听说是皇上赐给"赵天官"的宝物，非常欢喜，欣然收下。

刘百万回到家中，将这对玉石磉礅安放在堂屋两根立柱的磉礅石下，用以镇宅避邪，而将罗汉树栽在书房前的天井院内，寄寓儿孙成才、家业兴旺。

这株罗汉树高10米左右，主干2米有余，直径0.95米。在主干以上，分出四五根水桶粗细的枝干，向四方撑开，直指云天。罗汉树的表皮比较粗糙，呈粉红色，叶披针形，密集互生，墨色，有蜡光，背面绿色。几乎无叶柄，叶的基部似直接长在嫩绿的枝条上。罗汉树无花而果。晚春时节，在其叶腋，长出一个米粒大小的椭圆形果实，至盛夏这果实便有豆粒大小，并逐渐成形，头、手、身界限分明，宛如一个光头和尚，双手合十，闭目危坐，呈现出一副进入"禅定"境界的姿态。初秋，果实便自绿变黄。中秋前后，这罗汉果又由黄变红，好似披上了朱红袈裟。成熟时，较黄豆略大，全身红透，光洁晶莹。果实无种子，味甜可食。初识此果，无不为其奇特的形状、恬静的姿态称奇。这棵罗汉树移植到此地已数百年，但树周并无小苗，一直是孑然一身。它有果实没有种子，因而不能繁殖。

罗汉树生长的具体地点，位于今玉罗村二社与三社交界处偏三社一方。2013年，因亭子湖库区蓄水，这株罗汉树被移栽村委会广场，可惜第二年初春就慢慢枯死。村民们十分伤感，将枯树进行围圈保护。

罗汉树栽在地上不易搬动，那么玉石礤磴呢？玉石礤磴一般人是看不到玉的，玉是包藏在石头里面的，外表凿成鼓形或立方体。殊不知，却叫路过的喇嘛（也有说洋人的）给看到了（传说这个喇嘛或洋人的眼睛可以看穿地下三尺）。他们看到这礤磴里头的玉，冷不防就给盗跑了。剩下的就只有破开的两个石窠臼。这两个石窠臼就摆在院子里，直至新中国成立。当地人用它来证明刘百万的两件宝物是真的。玉已经不在，但装玉的容器还在。

实在不幸，这两个石窠臼如今也找不到。1958—1961年，当地公社组织了一次盲目挖宝行动，群众不识宝外之宝，竟把它们作为普通石料砌到了石墙保坎里。玉石礤磴的存在失去了证据，刘百万的后代们后来意识到这一点，深感愧疚，于是便找了个代替物摆在原处。

20世纪70年代后期，剑阁县在城郊发掘了一座古墓，墓主人是赵炳然和他的夫人。墓内有一块石碑，刻着《赵炳然墓志铭》，记述了赵炳然的生平事迹。原丁家乡、广元县邮电局及虎跳文化站的三位同志专程到玉罗坝及剑阁县进行实地收集，撰写了《报恩罗汉树》等民间故事，被收入广元县文化馆汇编的《民间故事集成》。

玉罗村的居民基本上全是刘姓一族。在罗汉树北1里许，有处黑柏林，是刘姓祖坟林。林中有民国中期的石碑，碑额书《同心协力阁同宗志碑记》，正文曰："盖闻上世之有传也，圣天子洪武至此，自始祖名仲杰号八五，身居湖广武昌府兴化县，领军至虎跳驿后择占杨村坝，身居为业……"记述概略，仅百余字。近年在张家乡刘庄村（现太公镇张家村）发现一刘姓祠堂，保存完好，堂中有光绪二十四年碑记，不但是很有价值的文物，更是一幅精美的书法艺术作品。那字楷略带行，笔走龙蛇。碑记甚详，备述刘氏宗脉，从远古帝尧，追述至明洪武军师刘伯温。"有刘公讳基佐洪武之业为军师，生子讳璟拜为殿下。生始祖刘公伟仲杰号八王拜游府……至大明分为两房，树赐罗汉，俨然谢家之宝树，宫砌玉石，无异王国之皇宫；粟贯朽而米陈红；咸算明朝之财主；马乘肥而姜衣帛，共羡昭邑之富翁……"其中祖居湖北武昌及后择占杨村坝等均与黑柏林碑记相吻合，特别提及玉石礤磴、罗汉树及其富甲一方的情景，可惜竟未有刘百万之名号的记载。不过可以断定，玉罗村当年确有一家与罗汉树有关，并且如刘百万那样富有的人。假定刘百万同赵炳然属同时代人，及倭寇犯境等事推论，那时正是明世宗嘉靖年间（1522—1566年），刘仲杰是刘基（刘伯温）三代孙，刘百万当是第八代孙了。距今四百五六十年。4个半世纪以来，罗汉树由小苗长到现在那么大，似乎大体也合乎事理。

400多年，刘氏子孙繁衍，人丁众多，之后又分居迁徙各地，但无论到了天涯海角，只要谈及罗汉树，刘姓都认作同宗，罗汉树显然已成为当地刘氏的"族标"和宗器。

红岩有座天子墓

＼ 李均枝

在嘉陵江西岸，今广元市昭化区红岩镇天星村与剑阁县张王乡（现张王镇）交界处，有一块巨大的岩石，岩石下方有一椭圆形沙土包，自古人称"天子墓"。流经此地的长约300米、宽约100米的江滩，也因此而称之为"天子滩"。

距此百余米，有一兴建于清乾隆五十一年的"观音阁"，立于阁前的石碑记载："剑洲九十里许，地名'天子墓'，有荒址传云'观音阁'，遗基宛在，但无祠宇，庙主刘姓闻其荒凉失祀，于是毅然兴建之。"

此地"天子墓"中安葬的果真就是天子吗？如果是，又是哪个朝代的天子呢？这些谜团至今无解。但一本民国年间说书人《书谱》中记载了这样一个故事。

话说"兴周灭纣之后"有位天子，率军队越秦岭入蜀征战，途经老昭化，见二水合流（嘉陵江、白龙江在此交汇），河道宽阔，为壮军威和加快行军，决定征收当地"船拐子"（船工）的船来运兵。征来的船不够用，还要限期造一批新船，其中必须为天子特造一艘精美壮观的大船。

当年嘉陵江上的"船拐子"多以打猎、捕鱼为生，造船行船为业，大多数人终年吃住在船上，因而视船为命。天子征战，强征民船，不但不给薪酬，反而限期连夜赶造，完不成任务还将以延误战机论处。如此相逼，导致官民矛盾激化。因慑于天子淫威，"船拐子"们虽不敢公开反抗，却利用给天子造大船的机会，暗中在其底部和板与板之间减去了部分扣钉，只用胶液黏合，然后盖上舱板，将人为的安全隐患掩盖得天衣无缝。

天子登上新船，甚为满意，遂率大军水陆并进浩浩荡荡沿江而下。行至红岩寺（今昭化区红岩镇）时，恰逢天降暴雨，船底在风浪的冲击下致底板分裂，大量的江水涌入船舱，船很快就散架了。这位天子及其随行的王公大臣，无一幸免被滔滔江水淹没了。

几天后，只见一具身着龙袍的天子遗体在嘉陵江西岸一拐弯处，即今所称的"天子滩"浮出了水面，被江水荡入岸边的沙滩上。据历代百姓传言，这位天子头向南、足朝北，双手前伸，呈爬行状，似有止南返北之意。除头冠脱落外，衣袍皆完好。邻近的乡民立即将这个消息告知正在寻找的官兵，并协助将其掩埋在那块巨大的青石下方，同时立下"天子之墓"的石碑。因此处乃天子殒殁的地方，于是将该地命名为"天星"（天子，天之星也）。历经岁月风雨，碑墓早已化为无形，唯有这个圆形沙土包依在，而且是越来越大，越来越高，无论嘉陵江水涨多高，总是淹不上这个"天子墓"墓地。

"人到天子马到（道）院，帽子冲到紫金观"，是嘉陵江沿岸广为流传的一句民谣。其中的"马到（道）院""紫金观"分别为天子滩下游的两处小地名。

据传当年天子率领的军队要到下河（历代人们将鸳溪口以下的嘉陵江下游地区称下河）去打仗，兵船不足，在今昭化大码头上筹办，军马增补则是交由地方官吏在今剑阁县江口镇一带的山区征集。所征的马匹会集到今江口镇左侧，即嘉陵江西岸约一公里处的"石圈子"中喂养起来，以待大军到来时，作为贡品敬献给天子。谁知这天子所乘之舟在红岩寺境内沉没，天子被淹死了，那石圈里的贡马自然就无人问津了。这些无主的马被当地人卖了，卖马的钱就地建起了一座道院。后人因念此地的道院与当年天子的贡马有关，特在道院前面增加了一个"马"字，称为"马道院"。因"道"与"到"同音，故有"人到天子马到院"之说。

"帽子冲到紫金观"，说的是当年天子淹死之后，头上戴的紫金冠被江水冲到昭化区陈江乡紫金村（现虎跳镇）的一座山下，被当地村民拾得。因此冠非寻常之物，于是人们便在山顶上修建了一座道观，将其供奉，这"观"与"冠"亦为同音，于是，此观自然名为"紫金观"，此山也因观得名"紫金山"。

据《史记·周本纪》卷四载："康王卒、子昭王瑕立，昭王之时王道微缺，昭王南巡狩不返，卒于江上，其卒不赴告、讳之也！"《太平御览》卷（九〇七）引及出土铜器铭文载："昭王南征荆楚逾两次，一次是昭王十六年，周师有较多俘获，二次是昭王十九年，还济汉水、丧六师、本人亦死于汉水中"。另据《史记正义》引《帝王世纪》载："昭王德衰、南征济于汉、船人恶之、以胶船进王、王御船至中流；胶液船解，王及祭公俱没于水中而崩。"

根据以上史料，结合民间传闻，二者之间有惊人的相似之处。当年的周昭王三年之内两番南征，其目的就是为了巩固（西周）王朝的集权统治，防止国家分裂的重大军事行动。"南征济于汉"实际是以（巴国）作依托，敲山震虎，安定南方。其行军路线由西汉水（嘉陵江）而下入长江，顺水行舟，横贯巴蜀和荆楚。古葭萌（今昭化）是其必经地，集居此地的苴族人更是他必须交往的对象之一。由于这个民族掌握了当年快捷的水上交通工具，因此，强征民船扰害百姓，导致船人恶之，以胶舟进王的事自然就会发生了。昭王南征不返，并非军事失利而是政治失德，与民争利最终死于"船人"之手，有违（周公）"唯王其德"之用。周人基于国本，慑于祖训羞言其事，故以"南巡不返"卒而不赴（讣）告诸侯，讳之也！《史记》中的"王道微失"，《帝王世纪》"昭王德衰"皆源于此因。

周昭王"南巡"不返，卒于何地？历代史料多是以汉水而论之，但汉水茫茫却无觅处，唯有战国末期（公元前235年）成书的《吕氏春秋·音初》中载："周昭王亲将征荆，辛余靡长且多力为王右。还反涉汉，梁败，王及祭公坛（陨）于汉中，辛余靡振王北济，又反振祭公"。"亲将征荆"是指当年的周昭王将亲自带领军队征讨南方的荆蛮。"反涉汉"，是因（汉水）有二源，若是仅为征"荆"，应于东源涉汉。"反涉汉"，即走相反方向的西源涉汉。"还反涉汉"与"还济汉水"为同理，表示第二次还是走的西源涉汉。"梁败"中的"梁"，应为古（梁州）的简称。这说明周昭王南征，败于梁州，地在巴、蜀境内。"陨于汉中"与"卒于汉水"为同一含义。所不同的是《吕氏春秋》把"卒于汉水"的范围，缩小到一个特定的区域——汉中。总论应为："周昭王南征，败于梁州，陨于汉中"。

"汉中"，自古为兵家必争之地，地域归属变化频繁。早在商周时期，此地为庸国国土，周匡王二年，巴、秦、楚共灭庸，其地分属秦、巴。六国时楚强盛略有基地，周显王时此地被蜀国占了。蜀国的北疆原与巴国接壤，占领苴地之后，拥有褒、汉而与秦分。

春秋时期，蜀王开明氏为了巩固北方领土，封其弟葭萌于汉中，号苴侯，命其（邑）曰"葭萌"。治今昭化、广元一带的苴民。治地北与秦分，邑址在今昭化"土基坝"，古号土费城，又名蜀汉中。

周慎王五年，秦灭巴、蜀、苴，废国号改置为巴、蜀二郡。周赧王三年（公元前312年），秦惠文王分蜀汉中之北疆，置"汉中郡"，郡址在秦国一侧，即今陕西汉中。公元前235年，秦相吕不韦作《吕氏春秋》，笔下的汉中应为蜀汉中。

就在这个蜀王开明氏封其弟于汉中，命其邑曰葭萌的故址，"土基坝"沿嘉陵江而下，水路相距约三十公里的红岩镇，竟然就有一个历代相传的"天子墓"和"天子滩"，与《吕氏春秋》所载的历史地名十分吻合，其中"辛余靡振王北济"的方向，正好就是历代昭化、广元，北上陕西的路线。

由此可见，今红岩镇天星村，嘉陵江拐弯处的天子滩，应该就是《帝王世纪》所载"胶液船解，王与祭公俱没于水中而崩"的具体位置。天子滩西岸的"天子墓"，究竟是葬着周昭王还是葬过周昭王？葬的是他的遗体还是遗物？这个问题还将取决于当年的王佑"辛余靡振王北济，又反振祭公"。

几千年过去，居住在嘉陵江沿岸的人们，将这个与天子有关的"墓"，和水能载舟亦能覆舟的"滩"，一代一代流传至今，实属难得。

卫子明空院

◊ 李均枝

今广元市昭化区卫子镇后山，原名金印山，山体西侧中上部，有一处摩崖建造的石龛，又名"观音龛"，龛中刻有观音、文殊、普贤三尊菩萨，两旁为护法神像。石龛左侧有一通依山而建的连体碑，碑下压有一龟，人称"龟驮碑"。碑顶正中刻有"西方三圣"，左有"青龙探爪"，右有"白虎亮足"，所示为青龙、白虎、朱雀、玄武四灵神。

由于年代久远，"龟碑"下部文字风化脱落，上部正文竖排第二至三行中清晰可见"新巴郡置道场、凿龛一所之蓄意碑文……新巴者汉之郡名也，基地幽灵……引领有缘同造有为之功，石壁之龛刻功载显……"等语。竖排中部十一行中有"上空齐……庭水佳……池中花"之句，最后三行断续可见有："明空禅院……利州军事衙前政使雷……"。此地的两处佛教设施并非为同一时代的产物。其中石龛为"新巴郡"置道场所凿，"龟碑"为明空院建寺后所建，两者之间存在明显的地点和时间差异，前者凿龛在此山中上部，后者建寺在山顶正中。碑文所载"上空齐、庭水佳、池中花"是当年明空院的寺内布局。

其中"上空齐"所指为此山顶平、呈正方，四壁临空、上与天齐。"庭水佳"所述为该寺内有一道神秘的清泉，旱而不涸，涝而不溢，水质极佳，故称庭水。"池中花"即寺院落成后，前殿正中曾经建有一水池，池中种有莲花。此种格局一直保留到20世纪50年代，寺院被毁之后"庭水"至今仍未消失。

关于"新巴者、汉之郡名也、基地幽灵"之说。据《广元县志》记载："东晋安帝时，分益昌县（今昭化镇）之南境，于江口坝置晋安县，属新巴郡"。

江口坝，即今广元市昭化区丁家乡玉罗坝（现虎跳镇）。方圆千亩，有众多古城遗址，包括石基、石刻、汉砖、筒瓦等历史文物。此地与今卫子镇小路相距约30公里，若是当年的卫子寺为"晋安县"的属地，那么这新巴郡置道场凿龛一所的蓄意碑文，正好为距今1600年前的历史提供了宝贵的文献依据。

至于"明空院"始建何年何月，因龟碑下部文字风化脱落，具体时间无从查考。据该寺至今保持完好的大清光绪二年同结善缘的《功德碑》中载："如我砲子寺敕封明空院，目览前碑沿唐肇宋极盛，我朝诚古刹也……"可以证明"明空院"是一座始建于大唐、极盛于宋朝的佛教寺院。民国十一年，流传于梅树铺、三元场一带的《冯人手书》线装本中载：大唐载初元年（689年），皇太后武则天废睿宗自立为帝，改国号为周，改元天授后，梅林关关口上曾有一名乞丐，手持莲花落，边打边唱：

天灵灵、地灵灵，天上有事地下闻。过往君子停一停，听我花子说分明。西北有女为天子，西南有印无把子。您若要问为啥子，阴盛阳衰换位子。

此关位于梅林古驿道之四驿八埔中的梅树埔对面山顶上，为当年利州通达顺庆府的陆路交通要道。这"叫花子"在此处演唱，自然会被那些过往客商作为新闻广泛流传，未及数日便传到了利州总督府。当年的利州府为了迎合武则天称帝，正在西山大兴土木，为新皇帝营造宗庙皇泽寺，忽闻梅林关上有乞丐妖言惑众，不禁大怒，急令衙前政使雷某火速前去捉拿。

这位差官奉命赶到梅林关时，恰逢乞丐正在关口演唱，众人一拥而上正待捉拿之际，忽见一阵狂风吹得沙石飞扬，风声过后却不见了乞丐的踪影。众人为之大惊，慌乱之中又闻不远处传来"天灵灵，地灵灵……"以及竹板伴奏时发出来的叭叭声。为了尽快拿获妖丐，领头的政使不得不强打精神，带领随从循声跟踪，到了如今的六房坪山顶上，举目下望，只见那群山环抱中有一座四壁临空、形若"金印"的石山，顶平无"授"正是"无授之玺"。

按八卦方位而论，此地位于利州西南，西南为坤，坤为地、为母、为后、为阴之极。利州居西北为乾，乾为天、为父、为君、为阳之极。自古以来这乾、坤二卦有阴阳之分、帝后之别，由于当年的唐高宗李治乾纲不振，"二圣"临朝受制于皇后，阴盛阳衰，致使武则天权倾朝野，终于在690年自立为帝。谁知就在她的出生地利州西南，竟然有此"无授"之玺，冲犯了她的"天授"圣图，被乞丐以"西北有女为天子，西南有印无把子"之说，编成莲花落公开传唱。其意是指"武氏称帝乃乾坤颠倒，虽贵为天子但皇权无授"。

如此言论要是传到京城必将引起朝野震动，地方官员若是查处不力，亦将会因此而遭来祸殃。这位政使大人自知事态严重不免惊恐万分。惊恐之余突然想起这天地万物源于自然，既然有人利用此地的自然缺憾制造事端，我何不就事论事在此山顶上建立一处寺院，正中增设一座藏经楼，恰似"授"之一柄。

为了尽快了结此案，政使大人特将此地风水地理结合本人的设想一并绘制成图，呈报给利州总督府。由于未曾碰到那个人神难辨的乞丐，悠悠众口难调继续流传。利州总督明知不是好事但又不敢隐瞒，只得将此事如实书成密奏，加急呈报给朝廷请示圣裁。数日后便得到了武皇的"制书"，书中对利州官府巧借佛光，制度化风水一事大加赞赏，并御笔亲书"明空院"为该寺命名。

这利州官府因此而大为惊喜，随即任命衙前政使雷某，火速前往金印山督建"明空院"。相传这位雷大人来到此地之后，首先在沿途驿站、店铺门前广贴告示，责令地方士绅乡民人等，有钱出钱，无钱出力，分期分批前往金印山"结缘"，这就是此地历代百姓传说中的"做印把子"。

数月之后，这座由前、后两重大殿构建的皇封寺院主体拔地而起，前殿是弥勒堂，后殿为大佛殿，正中是"藏经楼"，设计和建造的规模正好与金印山浑然一体，真是别具匠心，大有巧夺天工之势。相传该寺建成后，寺内住持为感谢武皇的赐封之恩，特在山门正下方的入口处，依山而建了一座感恩亭，亭中供奉的就是当年《大云经》宣称的"弥勒佛下降、作阎浮提主的武则天"。其形象与广元皇泽寺则天殿上的女佛一般无二。岁月沧桑、年代久远，此亭毁于民国初年，寺院保留到1953年。2008年，四川省广元市宗教事务局批准恢复重建昭化区明空院时，当地的建设者仍不忘在那座历代相传的感恩亭原址上，建立了一座"武曌亭"，其中供奉的仍是那位赐封明空院的女皇武则天。有人说这"明空"二字是武则天青年时期出家感业寺的法名，也有人说那是她中年时期与高宗皇帝并称二圣，日月当空光照天地时所起的名讳，这两种说法均有历史依据。自古以来的皇帝避讳，而大唐皇帝自太祖、太宗之后，敢以"明空"二字为一座名不见经传的山间小寺命名的，除了武则天还能有谁？她十四岁入宫，从宫女、才人、昭仪、皇后、皇太后，历经数十年来的宫廷争斗，练就了一种坚忍不拔的性格，常人不敢想更不敢做的事，她敢想敢做。此地的金印山历代人称"无授之玺"，原本为先天风水所至，却在机缘巧合中冲犯了神州女皇的开元年号。悠悠众口的民间舆论把利州官府逼急了，方才搞出了一个借"佛光"建寺院，制度化风水的奏章，竟然得到了武则天的恩准，成了中国第一代女皇帝命名的佛教寺院。至于那首"天灵灵，地灵灵，天上有事地下闻"的叫花子歌，是不是真正地叫花子唱的，至今仍是一个历史之谜。无论它是真是假，这"阴盛阳衰换位子"一词，正好就是当年李唐王朝家事和国事之间的一场政治斗争。

阴阳交变是自然规律也是历史规律。当年的武则天在权力的顶峰时期，连废两个儿皇帝取代大唐的江山，建立了武周帝国。直到705年，她七十七岁高龄，阴衰阳盛迫使她不得不自废国号，将帝位还给儿子李显。"阴盛阳衰换位子"，"阳盛阴衰还位子"，这个出自梅林关上"叫花子"口中的民谣，至今仍是一个无法否定的历史事实。

卫子镇后山的明空院，自唐、宋、元、明、清至今，分别有三个别名：一为"金印寺"，二为"砲子寺"，三为"卫子寺"。无论它是"砲子"还是"卫子"均与那"花子"歌中的"换位子"有着密切的谐音关系。"如我砲子寺，赐封明空院，目览前碑，沿唐肇宋极盛，我朝诚古刹"的明、清碑文石刻，至今传诵不止。

03

人文荟萃

杜甫赋诗桔柏渡

〉〉 肖永乐

"李杜文章在，光焰万丈长。"说到唐诗，自然会提起两个大诗人，即"诗仙"李白和"诗圣"杜甫。

李白的诗《蜀道难》，极言蜀道之千难万险，在中国可谓家喻户晓，而杜甫的诗《桔柏渡》，则极言昭化嘉陵江畔桔柏渡之壮美，在整个唐代诗歌中亦独领风骚。

杜甫（712—770年），字子美，自称少陵野老，河南巩县人。他是中国古典诗歌的集大成者，被誉为"诗圣"，与"诗仙"李白合称"李杜"。其诗歌深刻反映了唐王朝由盛转衰的急剧变化，再现了安史之乱前后的社会面貌，具有丰富的社会内容和鲜明的时代特色，故有"诗史"之称。

杜甫一生穷困潦倒、颠沛流离，仕途坎坷，郁郁不得志。759年，关中饥馑，艰难度日的杜甫毅然决定弃官，举家开始西行。他先客居在秦州，同年十月离开秦州，在同谷县（今甘肃成县）寓居。不久，他从成县起程，打算去四川成都定居。

这年十二月上旬，杜甫携带家眷，一路风雨兼程，从陕南宁强进入广元市境。经过朝天区的五盘岭（今七盘岭）、龙门阁、飞仙关、石柜阁（今千佛崖）到达利州城，再经桔柏渡，夜宿益昌（昭化）城。然后经天雄关古蜀道到剑阁沙溪坝、剑门关，到达剑阁县城，而后由剑阁去绵阳，终于在月底顺利到达成都。

杜甫在川期间，或途经，或流离，或送客，到过广元市内大部分地区，并留下了不少精品诗作。昭化区境内的土基坝、摆宴坝、嘉陵江、桔

杜甫赋诗

柏渡和繁华的古城给诗人留下了深刻而美好的印象。诗人以饱满的激情赋诗赞美昭化的奇山秀水，其中尤以五言律诗《桔柏渡》最为著名。

桔柏渡位于昭化古城东门外1公里的两江（白龙江、嘉陵江）汇合处，是战国以来金牛古驿道连接南北的重要津口（渡口），唐时属益昌县（今昭化区）。津口两边古柏参天、繁茂葱茏、遮天蔽日。《方舆胜览》记载："昭化有柏，古人称桔柏故以名潭。"因白龙江、嘉陵江自秦岭呼啸而来，汹涌的浪涛直捣桔柏潭，每至晚上夜深人静之时，怒涛狂啸震撼城垣，荡人心魄，桔柏江声名源于此。桔柏渡在明代以前设有浮梁（浮桥），因夏水暴涨时，浮梁不能使用。清乾隆三十九年（1774年），署令谢奉文于渡口架设索桥，后因索长体重而废。杜甫过江时，桔柏渡口架设有竹桥。

杜甫当年到达昭化，大约是十二月中旬的时候。寒冬腊月的川北地区，虽然不及北方寒冷，但给穷途逃难的诗人一家还是带来了诸多困难。尽管如此，杜甫还是被壮阔奔流的嘉陵江、热闹繁华的桔柏渡和美丽的水上长桥深深吸引而陶醉。于是，他由衷地有感而发，一气呵成写下了这首千古传诵的《桔柏渡》。诗曰：

> 青冥寒江渡，驾竹为长桥。
> 竿湿烟漠漠，江永风萧萧。
> 连筏动袅娜，征衣飒飘飖。
> 急流鸨鹥散，绝岸鼋鼍骄。
> 西辕自兹异，东逝不可要。
> 高通荆门路，阔会沧海潮。
> 孤光隐顾眄，游子怅寂寥。
> 无以洗心胸，前登但山椒。

在桔柏渡口，杜甫看着过往的人群，望着江上的浮桥、江心的木船和滔滔的江水，他突然灵光一闪，惊奇地发现桔柏渡真是一个不同寻常的地方。从这里西去成都要坐车骑马，而从这里东去却再也不需要它们，因为顺着嘉陵江而下阆州、达渝州、穿三峡，一直通往荆门（湖北荆州）。此时，云过天晴，太阳出来了，落日的霞光（孤光）把嘉陵江上的桔柏渡映照得五彩缤纷。与嘉陵江一路同行，今天终于要分别了，以后或许再难相遇。回首辽阔的嘉陵江，杜甫心中怅然若失，感觉不能再有这样清澈的江水来洗涤心胸。杜甫要告别的是嘉陵江，好像也不仅仅是嘉陵江，其中的滋味也许只有他自己才知道。

杜甫这首《桔柏渡》，融记事、写景、抒情于一体，结构严谨，意境清新，文辞精美，堪称经典之作，为昭化大地平添了一段佳话。难能可贵的是，诗中描述的桔柏渡头的竹桥，是嘉陵江中上游地区最早的架桥记录，它为研究嘉陵江中上游地区江河汛情及架桥历史提供了极为宝贵的文献资料。

杜甫在昭化逗留期间很有收获，这里的灵山秀水、风土人情给了他难得的创作灵感。他一改往日的沉闷，借景抒怀，写有不少其他题材的诗作，《愁坐》便是其中的一首。诗曰：

> 高斋常见野，愁坐更临门。
> 十月山寒重，孤城月水昏。
> 葭萌氐种迥，左担犬戎存。
> 终日忧奔走，归期未敢论。

诗如其人，文以写心。这首诗足见杜甫颠沛流离、壮志难酬的沉闷境况。

杜甫能与昭化结缘，为昭化赋诗，这是昭化人的福气，也是杜甫的美遇。

陆游痛饮葭萌驿

〤 肖永乐

"王师北定中原日，家祭无忘告乃翁。"这两句家喻户晓而感人肺腑的诗，就出自中国历史上杰出的爱国主义诗人——陆游。

陆游，字务观，号放翁，是南宋著名文学家、史学家。他一生笔耕不辍，诗词文均具有很高成就。其诗语言平易晓畅、章法整饬谨严，兼具李白的雄奇奔放与杜甫的沉郁悲凉，尤以饱含爱国热情对后世影响深远。他注重健康养生，享年86岁，有手定《剑南诗稿》85卷，收诗9000余首，以寿命之长和著作之丰在中国文学史上称最。

陆游一生四次途经昭化（时称益昌），与昭化结下不解之缘。巍峨雄奇的牛头山，波涛汹涌的嘉陵江，逶迤漫长的金牛道，幽静的古驿，淳朴的民风，无不深深地感染着诗人。他在昭化先后留下了《自阆复还汉中次益昌》《清商怨·葭萌驿作》《雪晴行益昌道中颇有春意》《有怀梁益旧游》等诗词作品。

陆游渴望国家统一，其梦想是投笔从戎、杀敌报国，却仕途多舛，壮志难酬。好不容易等到宋孝宗乾道五年（1169年），抗金主战派将领王炎任四川宣抚使，负责四川军政事务，他请陆游出任夔州（奉节）通判，陆游兴奋不已，立即赶赴四川。

乾道八年（1172年），王炎将设在利州的宣抚使署移往抗金最前线陕西兴元府（今汉中市南郑县）。他邀请陆游出任宣抚使署干办公事兼检法官职务。就在这一年，陆游先后往来昭化四次。

乾道八年二月，陆游第一次到昭化。他只身从夔州出发，经梁山、邻水、广安、岳池、南充、阆中、苍溪到达昭化，然后从昭化途经利州北上，于三月底到达南郑。当年陆游48岁，能实现杀敌报国的夙愿，他满怀喜悦和豪情。从苍溪到昭化，他一路兴奋不已，夜宿鼓楼铺时，当晚就提笔写诗："书生迫饥寒，一饱轻三巴。三巴未云已，北首趋褒斜。匆匆出门去，裘马不复华。短帽障赤日，烈风吹黄沙。假装先晨鸡，投鞭后昏鸦。壮哉利阆间，崖谷何嵚㟢。地荒多牧卒，往往闻芦笳。我行春未动，原野今无花。稚子入旅梦，挽须劝还家。起坐不能寐，愁肠如转车。四方丈夫事，行矣勿咨嗟。"诗中的陆游，衣着朴素，行色匆匆，起早贪黑，风餐露宿，一心想着早日奔赴抗金前线。

陆游第二次、第三次到昭化，是在1172年秋天。十月初，他从南郑出发经广元、昭化到阆中去办公事。十月十三日，他从阆中出发经苍溪、昭化返回南郑。途中，他写下《自阆复还汉中次益昌》。诗曰：

> 北首褒斜又几程，骄云未放十分晴。
> 马经断栈危无路，风掠枯茅飒有声。
> 季子貂裘端已弊，吴中莼菜正堪烹。
> 朱颜渐改功名晚，击筑悲歌一再行。

诗中所述，作者在十月一个"骄云未放十分晴"的日子里，来到了昭化（时称益昌）城，这里离抗金前线汉中已经不远。从阆中返回汉中，一路上马经断栈，人行枯茅之中，历经艰难。想到抗金大志未酬，思乡之情油然而生。朱颜渐改，诗人抗金杀敌的志向仍然坚定不移。他表示，要像战国时的勇士荆轲一样义无反顾地"击筑悲歌一再行"。

诗人从昭化出发回汉中，第二天行至嘉川铺，接到驿马传来要他即刻回南郑的檄文，已知宣抚使署内部发生变化，想到报国之志难以实现，陆游的内心充满了悲痛。

同年十月底，陆游回到南郑，抗金主战派将领、四川宣抚使王炎奉调回临安，幕府被解散，昔日志同道合的同事也各奔西东。原本是南宋西北方面抗金前线大本营的南郑，一下子变得无比冷清，陆游改任成都安抚使司参议官。冬月初二，陆游从南郑出发到三泉（今宁强），又从三泉乘船沿嘉陵江南下，船过望云滩（今朝天境内），不慎将《山南杂诗》一卷的百余首诗稿掉入江中。

经过数日奔波，陆游第四次来到昭化。小住几日后，他弃船乘马，沿蜀道经天雄关过剑阁去了成都。陆游四过昭化，这次他的心情最为沉重。他住在昭化古城太守街中的葭萌驿馆，提笔填词《清商怨·葭萌驿作》，最能代表他此时忧愤的心情。词曰：

> 江头日暮痛饮。
> 乍雪晴犹凛。
> 山驿凄凉，灯昏人独寝。
>
> 鸳机新寄断锦。
> 叹往事，不堪重省。
> 梦破南楼，绿云堆一枕。

诗人杀敌报国、建功立业的志向，并不为朝廷理解。他一心渴望到抗金前线去征战，并不愿意到后方当个悠闲无事的参议官。但是，朝命难违，诗人只得在葭萌驿举杯痛饮，借酒浇愁。词中，诗人借《晋书·列女传》中所记苏若兰织锦作回文诗赠给边关丈夫窦滔的典故，来表达自己对抗金大业的矢志不移。

陆游在川北、陕南待了一年时间，这是他人生旅途中最充实、最难忘的一段时光。30多年后，在他生命的最后几年中，他仍然时时想起昭化，在梦里常常回到昭化，由此他写了不少怀恋昭化的诗作。在《有怀梁益旧游》中，他这样写道：

> 土堠累累只复双，悠然残梦对寒釭。
> 乱山落日葭萌驿，古渡悲风桔柏江。
> 虎印雪泥余过迹，树经野火有空腔。
> 四方行役男儿事，常笑韩公赋下泷。

从诗中可见，"葭萌驿""桔柏江"等这片昭化的世外风光，已经深深植入陆游的心田。陆游与昭化的"诗词缘分"，永远地写进了长青不老的蜀道文化历史，在新时代的春天里熠熠闪光。

花蕊残词采桑子

> ╲ 肖永乐

葭萌驿位于昭化古城太守街北端，是五代十国时期后蜀国的一处官方馆驿，专为过往的各级官员、办公务的差役及邮役提供车马和食宿。在金牛古蜀道的众多驿铺中，葭萌驿由于1000多年前一位传奇才女曾经在此留宿而名载史册，这位才女就是花蕊夫人。

花蕊夫人，姓徐（一说姓费），四川青城（今都江堰市）人。她姿容绝艳，"花不足拟其色，蕊差堪状其容"，生就倾国倾城之貌，自幼能文，尤善宫词，得幸于后蜀主孟昶，被封为贵妃，后又升封惠妃，号花蕊夫人，人称徐惠妃，是五代十国著名的爱国女诗人。

960年，宋太祖赵匡胤在陈桥发动兵变，推翻后周建立宋朝，史称北宋。964年，宋太祖命王全斌为将，率兵攻打后蜀。这年冬天，宋军攻入利州（广元），一路势如破竹，第二年春（965年）就兵围成都。蜀军怯懦，十四万守卫成都的蜀兵竟不战而溃。孟昶命人在城头竖起降旗，令守城将士全部放下武器投诚，自缚出城请降。宋军从都城汴京出发，到消灭后蜀国仅仅用了66天。

花蕊夫人深爱自己的国家，对于国破家亡感到无限的悲哀，对于孟昶和蜀兵不战而降，表现出极大的愤怒。她在《述亡国诗》中写道：

> 君王城上竖降旗，妾在深宫那得知？
> 十四万人齐解甲，更无一个是男儿！

在诗中，花蕊夫人不仅说出了自身的迷惘、伤痛和无辜，而且笔锋一

花蕊夫人驿壁题词

初离蜀道心将
碎离恨绵绵春
日如年马上时
时闻杜鹃

转就强烈地谴责"十四万人齐解甲",整整十四万应该保疆卫土浴血奋战的将士,却毫无抵抗地选择投降,竟然将蜀国拱手相让,并未负起肩上的责任,最应该为亡国而负责的正是这些血气方刚的所谓"男儿"。

历代追究亡国之因的诗文,多持"女祸亡国"态度,如把商亡之祸归于妲己,吴亡之过在于西施,李隆基之过在于杨玉环这个红颜祸水,而花蕊夫人以她自身的悲痛和愤怒,一句"妾在深宫那得知",道的不是她一个人的苦,而是替全天下"背锅"的红颜都喊了一声冤。

孟昶和花蕊夫人作为罪臣分别被押赴汴梁。花蕊夫人及随行宫女,在宋军的押解下,从成都出发,艰难地行进在剑门蜀道上。一天,来到益昌(今昭化)县境,当晚就住宿在葭萌驿。

是夜,虽然旅途劳顿,但亡国之痛一阵阵揪心,花蕊夫人辗转反侧,彻夜难眠。她艰难地起床掌灯,经过反复思索,提笔填词半阕书于驿壁,这就是脍炙人口的《采桑子·题葭萌驿壁》。词文如下:

初离蜀道心将碎,
离恨绵绵。
春日如年,
马上时时闻杜鹃。

刚写完词的上半阕,已是凌晨。这时,押送的军士大声催喊着天一亮就得赶路,花蕊夫人的思路一下子被打乱,也就没有时间再写完下半阕,这半阕残词由此成为千古遗憾。

此事,《重修昭化县志·杂类志·纪闻》有明确记载:"护送途中,至葭萌驿,作词题壁云:初离蜀道心将碎,离恨绵绵。春日如年,马上时时闻杜鹃。以军骑迫促,未成而行。后有无名子续之曰:三千宫女皆花貌,妾最婵娟。此去朝天,只恐君王宠爱偏。"

《采桑子》为词牌名,又名《丑奴儿》《罗敷媚》。词为双调,四十四字,两平韵,前后各四句。花蕊夫人词的上半阕四句"初离蜀道心将碎,离恨绵绵。春日如年,马上时时闻杜鹃",其内容大意是因国破家亡被掳入宋，刚刚离开生养自己的故国，蜀道行路又是如此艰难，再想到此行的前途吉凶未卜，于是悲伤与焦虑交织在一起，虽然在春天却完全没有好心情，真正感觉是度日如年，而剑门山间那终日啼鸣的杜鹃声，更勾起对家国山河的眷念。短短四句，字字带血，意切情真，感人肺腑。

后人续写的后半阕"三千宫女皆花貌，妾最婵娟。此去朝天，只恐君王宠爱偏"，其大意是说蜀宫虽有三千佳丽，而数自己容貌最美，最受蜀主宠爱。这次去汴京见宋朝皇帝，却担心再也得不到君王的宠爱。这里表达的是一个只考虑个人得失的典型的"弃妃"奢求，显然有悖于花蕊夫人的心理表达。纵观全词，其上下两阕的内容与意境迥然不同，完全自相矛盾，下阕无疑是狗尾续貂。

据史载，花蕊夫人虽然委曲求全，换得夹缝求生，但终究还是红颜薄命，无力掌握自己的命运，后来在宋廷之争中，大约在965年被宋太祖赵匡胤之弟赵光义所杀。

花蕊夫人因横溢的才华、崇高的气节永昭后人，葭萌驿也因花蕊夫人的半阕残词而名载青史。

岑参随军发益昌

◎ 肖永乐

岑参，湖北江陵人，唐代著名的边塞诗人。长于七言歌行。现存诗360首。其诗多写军旅题材和边塞风光，想象丰富，气势磅礴，奇峭瑰丽，远播异域。风格与高适相近，并称"高岑"。

岑参出生于官僚家庭，幼年丧父，砥砺苦学，遍读经史。20岁时曾献书天子，希以此获取官位未能如愿。唐玄宗天宝三年（744年）中进士及第，授右内率府兵曹参军。两次从军边塞，先任安西节度使高仙芝幕府僚佐，后在天宝末年赴北庭，充安西、北庭节度使封常清判官。肃宗至德二年（757年）东归，经杜甫等举荐为右补阙。大历元年（766年）入蜀，初为剑南西川节度使杜鸿渐僚属，后任嘉州（今四川乐山）刺史，故人称"岑嘉州"。大历三年（768年）罢官，东归受阻，寓居于蜀，大历五年（770年）卒于成都。有《岑嘉州诗集》传世。

清道光《保宁府志·艺文·昭化》记载，岑参晚年随军入川，路经益昌（今昭化），夜宿古城，其间与带军主帅杜鸿渐（官至宰相，散文家）有唱和之作。杜鸿渐之诗现在散佚，岑参诗《奉和杜相公发益昌》现存。诗曰：

> 相公临戎别帝京，拥麾持节远横行。
> 朝登剑阁云随马，夜渡巴江雨洗兵。
> 山花万朵迎征盖，川柳千条拂去旌。
> 暂到蜀城应计日，须知明主待持衡。

岑参这首七律是应上司杜鸿渐的唱和之作，写从益昌出发前往成都时的所见所感，反映军旅生活。先描写大军出征的情景，"相公临戎别帝京，拥麾持节远横行"。杜相公领受皇命出征，辞别京城长安，将士们斗志昂扬，举着军旗、持着符节（古时领命出征的凭证），纵横驰骋远行。然后写行程，"朝登剑阁云随马，夜渡巴江雨洗兵"。大军不畏艰辛，登剑阁，渡巴江（嘉陵江一小段），风雨兼程。接着写沿途景象，"山花万朵迎征盖，川柳千条拂去旌"。用拟人手法，融情于景，赋予山花、垂柳以人的情感。最后是表达美好祝愿，"暂到蜀城应计日，须知明主待持衡"。诗人相信这次平定叛乱胜利在望，杜相公会早日回京辅佐皇帝。

　　岑参作为一位边塞诗人，能有幸见证这次不平凡的行军壮举，感到非常兴奋。他坚信临危受命的杜相公一定不负皇命，大唐国运昌盛，将士们英勇无敌，入蜀平乱指日可待。全诗想象丰富，语言清新，情景交融，气势磅礴，体现了浪漫主义精神，值得赞赏。

　　岑参因何入川并到益昌？其原因有史可查。

　　据史载，唐代宗永泰元年（765年），四川（时称剑南道）发生了因剑南节度使严武之死而引起的一场骚乱。

　　郭英义（？—765年）接任剑南节度使后，在成都横行不法，无所忌惮，将唐玄宗居住成都时铸造的纯金真容像据为己有，并屡次抑压西山都知兵马使崔旰。崔旰以此为理由宣布郭英义反朝廷，于是出兵攻打成都，双方战于城西，郭英义军大败，他单骑逃往简州，被普州刺史韩澄杀死。永泰元年十月，崔旰占据成都。此时，邛州牙将柏贞节、泸州牙将杨子琳、剑州牙将李昌夔各自举兵讨伐崔旰，蜀地局势一片混乱（事见《资治通鉴·唐纪四十》）。

　　面对蜀中混乱的局面，代宗皇帝十分着急，于大历元年（亦即永泰二年，766年），命宰相杜鸿渐兼任成都尹、山南西道剑南东川副元帅、剑南西川节度副大使，前往川西抚慰处理这次骚乱。杜鸿渐沉迷佛教，怯懦怕事，又不喜军务。到成都后，他畏惧崔旰兵势，根本不敢问罪，反而请求朝廷授崔旰为节度使。当时，吐蕃入侵，关中混乱。唐代宗无奈之下，只得授崔旰为西川行军司马，又授柏贞节、杨子琳为刺史，让他们罢兵归镇（事见《新唐书·杜鸿渐传》）。

此时，岑参被任命为职方郎中（兵部的属官）兼殿中御史，随杜鸿渐入蜀平息骚乱。

岑参初次入蜀，就对广元一带蜀道山水、风土人情非常感兴趣。他沿途吟诗作赋，留下了不少作品。如《早上五盘岭》（《保宁府志·艺文》），诗曰：

> 平旦驱驷马，旷然出五盘。
> 江回两崖斗，日隐群峰攒。
> 苍翠烟景曙，森沉云树寒。
> 松疏露孤驿，花密藏回滩。
> 栈道溪雨滑，畬田原草干。
> 此行为知己，不觉蜀道难。

岑参随杜鸿渐的大队人马，从陕西长安沿褒斜道行至汉中，又沿金牛道进入蜀门利州，然后渡嘉陵江桔柏津至益昌，再从益昌出发前往成都，协助杜鸿渐平息了蜀中骚乱。

《奉和杜相公发益昌》是岑参边塞诗歌的代表作，千百年来一直受到世人的喜爱。胜利攻克剑门天险后，毛泽东闻听后，用毛体写下了岑参最有名的两句诗："朝登剑阁云随马，夜渡巴江雨洗兵。"

杨慎昭化品咂酒

＼ 肖永乐

昭化钟灵毓秀，出产丰饶，民风淳朴。唐宋以来，昭化一带的百姓就精于酿制咂酒，喜欢饮用咂酒，用咂酒来招待客人。因而，昭化咂酒声名远播。

当时民间即有《饮咂酒诗》，诗曰：

> 万石杂粮一瓮收，王侯到此也低头。
>
> 五龙抱住擎天柱，咂尽黄河水倒流。

何谓咂酒？清道光《保宁府志·艺文·昭化》记载："乡间多饮咂酒，以橡、栗、蒲及高粱、大麦、青稞等酿制而成，其味甜美，客至煨于坛中，灌以热水，插一竹筒，客人围坐四周轮转吸之，味淡即止。味淡将糟入曲发之，两夜微热，烤之以成酒，客至则再饮之。"这段地方志文字，对昭化咂酒的酿制及饮用过程进行了详细介绍。

明代"第一才子"、状元杨慎当年曾路过昭化，受主人邀请，有幸饮过昭化咂酒，并赋诗盛赞其鲜美可口，终身不忘。

杨慎（1488—1559年），字用修，号升庵，又号博南山人、博南逸史、滇南戍史、洞天真逸、远游子、金马碧鸡老兵等，四川新都（今成都市新都区）人。他是明代中期著名文学家、思想家、书法家，堪称文史大家。明正德六年（1511年）殿试第一，考中状元，授翰林院修撰，仕至经筵讲官。嘉靖三年（1524年），因两上《议大礼疏》，获罪下诏狱，两受廷杖，被折磨得死去活来，被嘉靖皇帝发配到云南永昌卫（今保山市）充军，终身不得赦免，直至客死昆明高峣，享年72岁。明隆庆元年（1567年），诏赠恤建言已故诸臣，杨慎恢复原官，追赠光禄寺少卿，谥庄介。

天启中，改谥文宪。

　　杨慎从家乡新都上京应试，回乡为继母守孝，孝满后返京，昭化都是必经之道。据查证，杨慎的《昭化饮咂酒》，应该是作于他为继母守孝完毕返京的那一年，即1516年。

　　杨慎从新都出发，沿着金牛古道经绵阳、剑阁、高庙铺、大朝驿、天雄关到达昭化，住在古城一家客栈。好客的主人以咂酒来殷勤招待他这位从京城来的显贵嘉宾。咂酒的滴滴醇香让杨慎美美地陶醉，而主人的真诚热情更胜过咂酒的醇香。当晚，杨慎趁着酒兴，在客栈挥毫写就《昭化饮咂酒》。诗曰：

　　　　酝入烟霞品，功随曲蘖高。
　　　　秋筐收橡栗，春瓮发蒲桃。
　　　　旅集三更兴，宾酬百拜劳。
　　　　苦无多酌我，一吸已陶陶。

　　这首诗语言朴实亲和，内容丰富。诗人一边饮酒，一边静静地聆听老乡们讲述：酿制（酝）咂酒，其质量（品）的高低，与曲蘖（酒母，民间俗称酒曲）的优劣有着十分重要的关系，只有用优质的曲蘖才能酿出醇美的咂酒。一到秋天，漫山遍野都是成熟而丰硕的橡子和栗子，就用竹筐采集来酿制咂酒，而到了春天，田野中的香蒲（水生植物，叶可食）的根、茎，也是酿制咂酒的好材料。

　　客人们应邀围着酒坛，按饮酒人的年龄、辈分依次饮酒，边吃酒边聊天，到三更天了都还没有尽兴。主人一再劝客人多饮酒，客人们感谢主人的盛情也多次回敬酒。在这种亲切、融洽的欢乐气氛中，诗人可惜不善饮酒，尽管如此，还是感觉十分欢乐舒畅。

　　朋友来了有好酒，来到昭化品咂酒。

　　杨慎的《昭化饮咂酒》具有浓郁的川北乡土气息和厚重的历史文化价值，全诗不仅介绍了昭化咂酒的酿制原料和酿造要领，而且为我们描绘了一幅500多年前昭化民间夜饮咂酒的风俗画面，也从另一个侧面反映了昭化人民喜宾好客、真诚待人的淳朴民风。

贯通射虎梅岭关

\\ 肖永乐

梅林关（又称梅岭关）是利（州）阆（中）古道上的一处重要关隘，与金牛道上的天雄关齐名，位于广元市昭化区卫子镇梅林村。历代商贾豪杰、文人墨客多从这条道上路过，留下不少逸闻奇事，其中贯通射虎的故事尤为传奇。

清道光《重修昭化县志·舆地志·关隘》记载："梅林关在治东六十里，系由府至陕西大路，元至正间，迭木耳将军屯兵于此。有射虎碑存焉。明正德中，有缺耳大虎潜迹树林，伺人而攫食之，行人阻绝。龙潭驿百户贯通率军校射其大虎，生捉二虎子于穴而毙之。"这段文字记载得很详细，足以说明贯通射虎是真有其事。

贯一道，又名贯通，是明代昭化县人。他自小胆大机智，膂力过人，武艺高强，特别擅长骑射，有"百步穿杨"之能。明正德年间（1506—1521年），他担任县境内的龙潭驿百户（长），统兵120名，在指定地点驻守。

当年，昭化县境内常有老虎出没，严重危害人畜安全。在梅岭关一带，有一条缺掉两只耳朵的大雌虎，潜迹在茂密的树林之内，经常到附近的村落伺机吃人。一时间，南来北往的行人被阻绝，驿道极不畅通，当地百姓谈虎色变，人人深感自危，都纷纷闭门躲虎。

老虎一日不除，百姓一日不得安宁。虽然老虎非常凶恶，但贯一道下定决心，不惧自己的生命安危，誓言必须为民除害。他亲自率领精明强悍的军校40余人，悄悄潜伏在梅岭关一带的深山密林中，仔细辨识虎粪，四处寻找虎迹，一直风餐露宿，坚持夜以继日。

20多天过去后，他们最终在深山的一个大石岩下面，寻得大雌虎近来的踪迹。可是老虎似乎"通"人性，知道有人要来消灭它，竟然一连数日都躲藏在石穴之中，不吃东西也不睡觉，寸步不离洞门。又过了四五天，在一个细雨蒙蒙的下午，大雌虎直饿得饥肠辘辘，浑身无力，它确实熬不住了，于是就悄悄走出洞来寻觅食物。

贯一道怎肯放过这千载难逢的机遇，说时迟，那时快，他迅疾弯弓搭箭，使尽全身的气力，只见开弓处弓如满月，放弦时箭似流星，一箭恰好射中大雌虎的面门。大雌虎突然遭此暗算，怒气冲天，虽然负伤而疼痛难忍，仍然孤注一掷，拼命向贯一道猛扑过来。原来箭镞是用毒药煮过的，药力很快发作，忽然大雌虎哀鸣一声，从空中重重地摔下来，四脚抽搐一阵就呜呼哀哉了。军校们立刻冲进石穴，活捉了两只小老虎并杀之。

大雌虎被射死，虎患终于消除，驿道又通畅起来，当地百姓无不欢天喜地。从此，过往行人将贯一道与历史上的"李广射虎"和小说中的"武松打虎"联系起来，称赞他是真正为民除害的"除虎英雄"，其故事也就被讲得神乎其神。

后来，明代"第一才子"、新都状元杨升庵（杨慎）经过昭化，听到贯一道射虎为民除害的故事，顿时诗兴大发，特作《射虎行》以壮其事。诗曰：

> 锦毛黄斑双耳缺，梅岭白日行人绝。
> 壮士弯弓与虎决，虎声喊山箭带血。
> 生提虎子出虎穴，七十骷髅死冤雪。
> 肯使饕餮再萌蘖，赤焰熛云翠微热。
> 冈原兀兀山节节，窒洞封塞比邱垤。
> 清风洒涤腥风灭，行人言之犹吐舌。
> 呜呼贯侯才杰有，何不早竖三边烈。

杨升庵这首诗写得大气磅礴，读来令人热血沸腾。很快，当地政府官员组织有名的石刻老艺人将此诗嵌刻成石碑，立于梅岭关上。过往行人观看诗碑，都被贯一道的英雄事迹感动，也为杨状元精美的诗文拍手叫绝。

过了若干年，一个叫金庭如的官员，到梅岭关见到杨慎的诗碑，也有感而发，挥毫写下了《题杨升庵〈射虎行〉后》。诗曰：

> 梅岭关头雨声酸，梅岭人悲行路难。
> 群虎吼啸出丛薄，乌鸟怪风生林端。
> 爷娘妻子哭且踊，居者人无家室完。
> 贯侯才杰如李广，毒铁焦铜伏榛莽。
> 饱食其肉侵其皮，矢静大虫极里党。
> 谁与为政猛于斯，抚时感世能无辞。
> 法雄溯矣弘农死，吁嗟先生只此喜。
> 爱国披鳞常居草，绣虎才竟累臣老。
> 傅粉年年耗壮心，豹房回首爱如梼。
> 我来碑下访遗迹，刑牲血染白石赤。
> 苔埋藓蚀不可读，欲梦鱼头永今夕。

清代诗人曲阜昌路过梅岭关，见杨升庵诗碑后十分激奋，当即写下了《梅岭关读射虎碑诗》。诗曰：

> 梅岭路崎岖，耽耽虎负隅。
> 山深恣洞壑，霜饱老牙须。
> 不有神机发，谁将此物诛。
> 谪臣英爽在，回首一踟蹰。

如今，梅岭关上杨升庵的《射虎行》诗碑已然不存，但遗迹尚在。贯一道打虎除害的事迹，一直在民间广为传颂。

忠义千秋杨巨源

〳〳 肖永乐

昭化地灵人杰，在滚滚的历史长河中，涌现出无数的忠义之士，名垂千古。宋代的杨巨源就是其中的典型，其事迹在《资治通鉴·宋纪》《宋史·杨巨源传》《重修昭化县志·人物·忠义》《广元县志·人物》（四川辞书出版社1996年版）中均有明确记载。

杨巨源，字子渊，南宋人（约孝宗至宁宗开禧年间），祖籍四川成都，幼年随父杨信臣迁居昭化（时称益昌）。他"少时聪颖，涉猎诸子百家之书，为人倜傥不羁，胸怀壮志，又善于骑射"。应进士、武举均不第，抗金将领刘光祖得知他的情况后，甚为惊异，把他推荐给钱粮总领陈晔，推举他任凤州堡子原仓官，后移监兴州（今陕西略阳）、合州赡军仓。当时，金兵常侵扰蜀北、陕南，杨巨源就倾财养士、齐力抗金，蜀秦一带的忠义之士，均服其才。

南宋宁宗开禧三年（1207年）春，四川宣抚副使、兴州知州吴曦叛宋降金，被金国封为蜀王，吴曦野心勃勃，欲引金军占领全川。杨巨源结交义士300人，供给其钱粮，伺机诛杀吴曦。吴曦的部将张林、朱邦宁皆勇力过人，屡建战功，而吴曦并未奖赏，二人时常愤愤不平。杨巨源暗中与之结交，又联络义士朱福、陈安等共谋讨伐吴曦。

吴曦叛宋降金不久，就胁迫随军转运使安丙为丞相长史，安丙时常叹息而又无力诛贼。眉州义士程梦锡将杨巨源的谋略相告，安丙随即约见杨巨源，共同拟订诛杀吴曦的计划。杨巨源恳切地对安丙说："非先生不能举此事，非巨源不能了此事。"遂与义士李好义、李好问、杨忠、杨君玉、李坤展等数十人进行筹谋。

宋宁宗开禧三年（1207年）二月甲戌日黎明，李好义率其徒74人闯入兴州伪王宫，时伪王宫门洞开，李好义大声呼喊："奉朝廷密诏，以安长史为宣抚，令我诛反贼，敢抗者夷其族。"吴曦伪王宫的千余卫兵，闻有朝廷诏书，皆弃梃而走。吴曦惊闻有变，正欲开窗逃走，义士李贵上前立斩其首，并裂其尸。叛贼吴曦只当了41天蜀王，就被杨巨源、李好义、安丙等诛杀。

事后，众义士公推安丙暂为四川宣抚使，杨巨源暂为参赞军事。不久，朝廷下旨，封安丙为四川宣抚副使，杨巨源为朝奉郎与通判差遣，兼四川宣抚使署参议官。

不久，安丙与杨巨源反目成仇。

诛杀叛贼吴曦，原本是杨巨源、李好义等人首倡，安丙在向南宋朝廷汇报功绩时假称要将他二人报为首功，而实际上却将自己排名第一。当朝廷奖谕诛杀叛贼的诏书送到河州（今陕西勉县）时，诏书上竟然未提及杨巨源、李好义。杨巨源顿时心生疑惑。

随后，朝廷下诏任命在诛杀吴曦时毫无寸功的安丙部下王喜为节度使，杨巨源心中愤愤不平。他给安丙致信说："飞矢以下聊城，深慕鲁仲连之高谊；解印而去彭泽，庶几陶靖节之清风。"信中以战国时齐国的鲁仲连善排难解纷而又不贪功的故事影射安丙，同时又以晋朝陶渊明挂印辞去彭泽令的故事表明自己的心迹。

杨巨源又向朝廷上书，诉说自己在诛杀叛贼吴曦过程中的所作所为，并委托兴元府都统制彭骆将书信转给朝廷。彭骆表面应酬，背后却将书信内容告诉安丙。安丙恼羞成怒，立刻命令王喜及其部下诬告杨巨源谋乱。

其时，杨巨源正在凤山长桥与金兵浴血奋战。安丙密谋用计，命彭骆在前线逮捕了杨巨源，并押往阆中监狱。押解途中，行至大安（今陕西宁强县治）龙尾滩时，安丙命手下将校樊世显用利刀砍下杨巨源的头颅，然后向宣抚使署报告，诬告称杨巨源畏罪自杀。

川陕前线的抗金忠义之士，都是杨巨源的好朋友，都绝不相信他会谋反，更不相信他会自杀。对于他的死，"忠义之士为之扼腕，闻者流泪"。士人张伯威作文吊祭，其所悲切。安丙见杨巨源的死引起群情激愤，只好上表章自请免官。四川宣抚使杨辅上表朝廷称"丙杀巨源，必招变"，请求免去安丙官职，以刘甲代之。成忠郎刘珙写成《杨巨源传》投诉于朝廷，为其讼冤。南宋朝廷念杨巨源一生忠勇，诛叛贼吴曦又是首功，便赐庙"褒忠"，赠封宝谟阁待制，并封其二子官爵。

之后，朝廷应四川制置使崔与之的请求，对杨巨源进行官葬，并加封宝谟阁直学士、大中大夫。南宋理宗嘉熙元年（1237年），皇帝赵昀下诏赐谥"忠愍"。其子杨履正后来官至大理卿、四川制置副使。

杨巨源的陵墓，安置在今昭化古城北嘉陵江对岸的土基坝，后人多有凭吊。

清廉治县高继安

╲ 肖永乐

昭化建置历史悠久，连续建县2200多年，是中国古代地方政权建置的"活化石"。在滚滚的历史长河中，不少清官名宦在这里清廉治县，为民造福，留下千古美谈。宋代知县高继安的故事就令人感叹。

清道光《重修昭化县志·职官县令》记载："宋高继安，高宗绍兴中任，民刻石土地祠颂之，文盛奇古。"据查证，高继安，是南宋人，于高宗皇帝赵构绍兴年间（1131—1162年）任昭化知县，其生卒年月及出生地均不详。

高继安恪守"为官一任、造福一方"的古训，在昭化执政期间，他不贪不占，两袖清风，亲近百姓，熟悉农事，为官清正廉明，治县井井有条，堪称一代良吏。他坚持农耕为本，大力课劝农桑，努力发展农业生产，处处为地方百姓着想。他时常沿着嘉陵江畔到民间走访，详细了解民情民意，关心百姓疾苦，也经常到田间地头查看，适时关注当地的生产和收成情况。在他的精心治理下，昭化县可谓年年粮棉丰收，猪羊满圈，百姓人人丰衣足食，安居乐业，成为人人羡慕和向往的好地方。

高继安在注重发展生产的同时，更注重健全各类规章制度，坚持从严治县，加强对官吏的监督管理。他在大堂亲自审案，时时伸张正义，处处为百姓撑腰，一贯坚持明断讼案、法纪廉明，坚决依法打击邪恶行为，并宽刑缓赋，尽力为百姓减轻负担。昭化全县的民风、政风由此得到根本改变，老百姓的存在感、安全感大大增强。

高继安离任时，昭化百姓恋恋不舍，自发地从四面八方赶到古城西门临清门，纷纷含泪为他送行。当时的场面十分感人。

为记载和颂扬高继安的政绩功德，当地有名的文人撰写了一段颂文，刊刻在昭化县城内土地祠的一块功德碑上，可惜该碑已毁。《重修昭化县志》（清钞本，重庆大学出版社2023年1月版），对这篇颂词的文字内容有明确记载：

仕宦之身，天涯海畔。行商之身，南州北县。不如田翁，长拘见面。门无官府，身即强健。麻麦满地，猪羊满圈。不知金贵，惟闲粟贱。夏新绢衣，秋新米饭。安稳眠睡，值钱千万。我田我地，我桑我梓。只知百里，不知千里。我饿有粮，我渴有水。百里之官，得人生死。孤儿寡妇，一张白纸。入署县门，冤者有理。上官不嗔，民皆欢喜。上官不富，民免辛苦。生我父母，养我明府。苗稼萋萋，曷东曷西。父母之乡，天子马蹄。

南宋绍兴年间，因金人入侵、北宋刚刚灭亡，可谓百废待兴，社会动荡不安，人民流离失所，百姓生活在水深火热之中。高继安在昭化执政期间，他能从朴素的民本思想出发，做到亲民、知民、爱民、富民，得到百姓的真诚拥护和由衷感戴，十分难能可贵。他能在蜀道山乡的昭化县，营造出令人向往的"一方净土"，这不得不说是古代治县中的一个奇迹。

戏剧论家吴珍奇

＼＼ 肖永乐

　　《重修昭化县志·选举志·贡生》记载："吴珍奇，字苞符，康熙二十五年岁贡，中江训导。纂辑昭化全志二卷，至康熙五十一年止，殚二十二年之功，年七十六犹搜订不辍，甫脱藁而卒。有与优者言一篇，稍加点窜，著之于篇，亦足以见其品矣。"

　　据查证，吴珍奇是昭化县城人，其生卒年月不详。康熙二十五年（1686年）考为贡生（岁贡），学成后官授中江县训导。后来辞官回到家乡，广泛采集地方文史资料，悉心了解风土人情，殚精竭虑，坚持不懈，用了22年时间，刚刚完成《昭化县志稿》（两卷）编订，就谢世而去，享年76岁。其间，苟翰俊（昭化人，字简在，康熙岁贡，四川永宁训导）"亦襄与厘定"。此志主要收载山川疆城、沿革、官师人物、风土物产、学校祀典、古迹祠寺等门类，约2万字，记事至康熙五十七年（1718年），较简略，未能付梓。今存有康熙五十七年抄本，藏于上海图书馆。

　　吴珍奇所撰《昭化县志稿》，后来成为清乾隆《昭化县志》的蓝本，现存的清道光《重修昭化县志》，其中不少资料也源于他的志稿。吴珍奇的志稿中，有一篇专门谈论戏剧的文章《与优人谈》，详细记述了他在康熙丁亥年（1707年）与同僚在中江县衙看戏，与优人（戏曲演员）进行了关于戏剧的一次谈话。这篇谈话记录不仅简要回顾了戏剧的起源、发展、流变的历史，而且对戏剧表演的娱乐美感功能，道具（服饰彩章、旌旗剑戟）、化妆（涂朱抹粉）、音乐（管弦箫鼓）等在演出中的功用都有精辟独到的见解。特别是对戏剧与社会生活的关系（戏剧反映生活）、戏剧的教育警示（"劝惩""振聋起聩""以戏为道"）等作用做了深刻的阐述。这篇文章被收录进《四川省川剧志》，成为研究川剧、戏曲十分珍贵的文字资料。

20世纪80年代，中央文化部发出通知，为了抢救文化遗产，要求各地编写《戏剧志》。川剧是中国戏剧的精粹，当时人们对于川剧形成、发展的历史并不十分了解。川剧大概形成于清朝初年的康、乾时期。在此之前，从外地流入的昆曲、高腔、胡琴、弹戏等剧团，与四川本地土生土长的灯戏剧团，在四川各地分别上演各自的剧目。后来，各种剧团经常同台演出，它们相互借鉴、吸收，逐渐形成了较为统一的风格，发展成为川剧。然而，这些理论并没有得到多少文字、实物的证实。这是因为在历代统治者的眼里，戏剧艺人是"下九流"，所以史志典籍中极少有这方面的记录。吴珍奇在距今300年前就将川剧表演记入志书，并对什么是戏剧、戏剧的作用、戏剧反映现实生活等问题提出了自己独到的观点，十分难能可贵。从现实的角度看，这些观点具有积极的进步意义，值得进一步研究借鉴。

吴珍奇的《与优人谈》，是迄今为止四川史志中最早记录川剧表演的文章，它填补了川剧形成的历史过程中缺乏文字记载的空白，成为今人研究川剧、戏曲不可多得的文字资料。四川省川剧研究院院长于一、高级摄影师何兴明、研究人员张松琴等人都曾经到昭化了解情况、查阅资料。

吴珍奇《与优人谈》全文如下：

余少为父师所拘，毋许观戏。长而多劳，又不暇观戏。间从友人观之，亦第目为戏而已。

岁在丁亥（清康熙四十六年，1707年），观戏于中江署（县衙），而神忽有所悟也。爰呼优者（演员）而告之曰："尔亦知戏乎？上古音乐之奏，象德报功尚矣！自夏桀求俳优以自娱，而春秋间遂有优梅、优师、优孟等，抵掌人主（疑指帝王）前。今梨园子弟，殆自唐明皇始也。淫哇之声足以快心志、悦耳目。而其发之为声，著之为容也。文之所至，情亦至焉，情至而神亦至焉。服物采章，示有仪也；旌旗剑戟，示有威也；管弦箫鼓，示有声也；涂朱抹粉，示有象也；贵贱尊卑，示有伦也。戏也，而进于道矣。且夫，摹古人之情事者，未尝不寓劝惩之微文也。彼夫仆隶之中，不无豪侠；冠裳之内，尽有豺狼。谗言进而正直招尤，党援成而奸邪肆恶。受降受虏，烈士苦于时穷；就戮就刑，英雄属于命蹇。此可为废焉，长太息者而卒之。造物保其忠孝，幽明速其报施，贼子胆落而仁人气吐也。利欲之私甚，虽骨肉亦动杀心；嫉妒之念深，将恩爱转为祸俑。或以美好而败人家国、或以珠玉而丧己身名。其盛衰得失之鉴，成败利钝之机，岂不足以振聋而起聩也哉！

"嗟乎！天地一大戏场也，富贵功名，一时搬演，煞鼓收场作如是观，子现局中之身，而余放局外之眼，今日之搬演，不可谓之假。余为局中之仕宦，子为局外之衣冠，今日之欢会，又可谓之真耶。然则以戏为道，犹是前言之戏也。"

优者不悟，逡巡而去，余亦倦于观矣。

吴珍奇以睿智的眼光、独到的见解和勤奋的撰写，为我们留下了这份宝贵的戏剧研究历史文献，将永存史册，流芳后世。

至孝至纯吴培愿

宗杉杉

《礼记·祭义》云：大孝尊亲，其次弗辱，其下能养。在昭化的历史长河中，有这样一位孝子不仅做到了赡养母亲、孝顺母亲，还做到了尊重母亲，是为"大孝"。其孝亲故事被完整记录于《重修昭化县志》（清钞本），占七百八十余字。这位孝子便是清代嘉庆年间的廪生吴培愿。

吴培愿，又名吴天桂，字德三。因孝行闻名于本地，后经同县人推举，建坊入祠。世事变迁，沧海桑田，如今虽看不到吴培愿的坊与祠，但他至孝至纯的故事却长久流传于历史。

幼有至性。在吴培愿很小的时候，其父吴崇廉去世，失去顶梁之柱的吴家生活贫寒，孤儿寡母相依为命。他感念母亲李氏养育不易，从小便孝顺母亲。曾有好心人给他食物，他会装到袖子里，带回家去。有人问其缘由，他答："我要带回去给我的母亲。"小小孩童能克服生理上的饥饿，一心念着母亲，其孝心令时人赞叹。

且薪且读。吴培愿年龄稍大时，因生活穷困，便去山上劈柴换取食物给母亲。母亲劝其专心读书，他却瞒着母亲，边劈柴，边读书，寒暑不辍。但这样的日子并未持续太久。一天，有客人来访，母亲寻他不得，下意识地咬住手指，在外劈柴的吴培愿忽感心痛，弃柴而归。母亲发现他仍在劈柴，便严厉劝诫："吴家世代书香，你的父亲早逝，未能实现他的志向，你不想着光宗耀祖，仅仅想着我的口腹之欲，连累你的功名大事，耗费我的茹苦之心，使你的父亲抱憾九泉！"吴培愿听到母亲这番肺腑之言，泣不成声，跪母受命。后来他在居所旁设立馆训"蒙己甘藜藿，奉母必粱肉"，意思是如果我能够吃到粗劣的汤羹，那一定要给母亲吃到精美的膳食。可见其孝与志。

弃金奉母。吴培愿后来成为了昭化的廪生，文名远扬。远近的学馆争着邀请他，当时有一外地学馆以重金相聘，吴培愿以路途遥远相推辞，但其母却嘱咐其前往，孝顺的吴培愿便听从了母亲的建议。但他思母心切，数月过去便想弃馆而归。大家纷纷挽留，他却说："我赚取这份俸钱是为了侍奉我的母亲，但现在远离膝下，饮食不能躬亲，为何还要赚取这份俸钱呢？"众人见他去意已决，又感其孝心，便想给他全部俸钱，但吴培愿只取一半。可见，在吴培愿心中有一杆秤，孝亲重廉为头等大事，舍本逐末之事，他便毅然放弃。吴母去世后，吴培愿痛不欲生，每次经过墓前，都会泪沾衣裳，痛哭而返。

事师如亲。古人常言"一日为师，终身为父""事师之犹事父"，吴培愿的孝不仅体现在孝亲，还体现在事师如亲。嘉庆初年，白莲教起义，昭化戒严。吴培愿年过八十的授业恩师王君惠听闻贼人进犯，惊悸成疾，卧病在床。吴培愿听闻此事，将其迎入城中，亲侍汤药，悉心照料，日夜不懈，浑然不觉疲累。后来，动乱平定，王君惠也随之康复，这件事情被传为美谈。《重修昭化县志》（清钞本）云："此公仁孝之心所充周靡穷者也"，便是对吴培愿仁孝之心的肯定。

端方正直。吴培愿平时喜欢诵读《阴骘文》，即旧时的劝善书，遇到上等人则与之说忠孝，遇到中等人则与之说因果，而遇到桀骜不驯的人，则告诉他报应之事。当时的人听闻他的言论，纷纷牢记以自省。乡邻有矛盾争吵，听他一言就会化解，望庐而返、见到他却不敢质疑之人不知凡几，可见吴培愿正直端方，使人信服。

吴培愿的孝是纯粹的孝，是克服了生理、物质、血缘的孝，是尊重的孝，是事必躬亲的孝，是全心全意的孝。他以孝留名于史，但他又不止是孝顺的，他吃苦耐劳，文名远扬，端方正直，是一个立体的人，纯粹的人，极致的人，或许这才是他能在历史长河中留下姓名的真正原因。而吴培愿之所以能成长为如此之人，除了古时重孝重文的大环境影响，还离不开良好家风的熏陶。吴家诗书传家，吴母苦心贞志，时刻教育引导着吴培愿。当时，乡先生被母子二人打动，便为吴母请坊旌表。吴培愿的儿子后来也成为了廪生，继承了吴培愿的志向。吴培愿用他的一生使时人看到了"孝"的力量，《重修昭化县志》（清钞本）云："孝子必有后其信然矣"，便是以此为例对"孝"的一种肯定与倡导。

吴培愿的故事使我们动容，因为他的孝是至真至情、有礼有节的孝而非愚孝，放到今天仍有值得学习之处。比如，尽己所能赡养父母，尊重父母意见，关心关爱父母等。当然，我们还应顺应时代，多和父母沟通交流，明白父母的苦心，也让父母明白我们的想法，努力学习，努力工作，使生活幸福，使家庭和睦，使社会和谐，这才是倡导"孝"文化的真正意义。

感天孝友王杏舒

〉 肖永乐

孝友牌坊坐落在昭化古城吐费街，为清嘉庆二十三年（1818年）所立，在"文革"中被毁，2007年依样复建。牌坊高8.48米，宽6米，雕艺精美，宏伟大气。牌坊顶端刻有"奉旨旌表"字样，标明由皇帝下旨而建，中刻"孝友"二字，是牌坊的名称。这座牌坊是为旌表昭化孝友王杏舒而建。

王杏舒，字文坛，附贡生，祖籍陕西礼泉。清雍正初年，他祖父王际昌入川后在昭化定居，乐善好施，很有声望。他父亲王占吉，廪贡生，性情慈和，不幸中年染病，三年卧床不起。王杏舒时年17岁，殷勤侍奉如一日。父亲去世，他十分悲痛，又尽心侍奉祖母和母亲，无暇顾及举业。

他母亲74岁时身患重病，他自己也患上背疽，虽然痛楚异常，因怕母亲悲伤，竟隐忍不敢呻吟，也不治疗，仍然坚持昼夜尝侍汤药，并严肃告诫弟妹，绝不准让母亲知道。母亲病逝，他哀号失措，痛不欲生。随后在母亲墓侧建庐守孝，风雨不改，视死如生。六个月后，他背疽溃烂，自知不起，才由他的弟妹及子侄送归而终。

王杏舒在他父亲去世时，年龄尚未及冠，就已尽力协助母亲承担家务，并主动承担起"长兄当父"的责任，全心辅教三个年幼的弟弟映蟾、叔庆和凤来，让他们都进入昭化县学，成为廪贡生。他对四个姊妹关怀备至，让她们也都知书识礼，身嫁名门。弟妹们对他都很佩服和感激。

他祖母有一个外孙叫张琼，是广元人，家贫不能上学。他祖母在世时，想让张琼读书，但没有说出来。王杏舒觉察到祖母的心意，很快就把张琼接到昭化，让他与自己的几个弟弟一起食宿上学，循循教诲。几年后，张琼文雄一方，于乾隆乙卯（1795年）乡试登第。

他乐善好施，急人之急，每次遇到婚嫁祭葬无力备办的人家，都竭力资助。遇到饥荒年头，他不吝每天施放米粮和银钱。邻里乡亲中凡有家贫揭不开锅的困难户，都依赖他渡过难关。远来的外地人路过昭化，大都慕名去拜访他。他一旦察觉人家资用匮乏，必定会派车马相送，并且不等别人开口，便慷慨给予资助。

他广行善举，有口皆碑。昭化学宫倾颓，他捐资修葺一新，并扩大了规模；天雄关道路险阻，行人辛苦，他捐资辟为坦途；并欣然出资修桥梁建祠庙，玉成其事。清道光《重修昭化县志·人物志·孝友》记述称道他："是公非特孝可传、友可法，其慷慨好义又有独高千古者，易篑时以咫尺，天可畏方寸，地宜耕两言，谆谆遗训，则公之处心，亦大概可见矣。"乡人推举他为孝友，昭化知县将他的事迹上报朝廷，皇帝便下旨为他建立牌坊，崇祀于乡贤祠。

目前，国内现存的孝友牌坊较少。昭化孝友王杏舒既"孝"且"友"，实属难能可贵。其事迹非常感人，其品行"完美无缺"，至今值得我们学习弘扬。

附：《重修昭化县志·人物志·王公孝友传》全文：

王公杏舒，字文坛，附贡生，其先籍隶陕西礼泉，祖际昌公。雍正初年来川之昭化，遂家焉。好善乐施，邑人士仰其德望，举以乡饮大宾，行谊载通省人物志。父占吉公，廪贡生，性慈惠，继述先志，阴行善事，行谊载邑乘暨保宁郡志。中年遘疾，困顿床席。

公时年十七，补博士弟子员，诸弟尚幼，委曲事奉，三年如一日。十九，遭父丧，痛毁备至，以祖母故，遵母训，节哀顺变，遂以事父母之心，事其祖母，奉两世萱闱，人以孝称。祖母殁，以长孙承重，尽哀尽礼。后事母，先意承志，如事祖母。

然胞弟三，仲映蟾，叔庆三，季凤来。公委婉教导，俱入泮食饩作贡，姊妹四咸配名门。人见公待弟真挚，始终无疾言遽色，问其故，公愀然曰：余父寝终时，诸弟幼弱，依依母侧，罔知适从。忆向之邀爱于父者，弟今无望，忍不以父之爱我者爱弟乎？环顾诸弟，方痛念之不暇，尚何疾言遽色之有？问者叹服。公以晨昏定省为己责，故不获卒举子业，乃援例入贡，从未一时离母侧。

母年七十四病疟，时公患疽，备极痛楚，昼夜尝侍汤药，隐忍不敢呻吟，戒诸弟并家人勿令母知，盖恐母闻伤惨也。母殁，哀号失措，几不欲生，既葬庐于墓侧，风雨不改，视死如生。诸弟体公孝，不忍公独苦，咸往随之。阅六月，疽溃，自知不起，诸弟子侄辈劝公归，遂终于室。其时，为公哭失声者遍里巷。

先公祖母有外孙张琼者，广元人，家贫不能读，祖母欲成立之而未有言。公察其意，即招至俾，与诸弟共寝食，循循训诲数年，遂以文雄一乡，中乾隆乙卯乡试。是时，称公孝者并善公启迪。

公好施与，急人之急，遇婚嫁祭葬无力者，竭资助之。岁饥，施粥米，日费多金，不少吝，里中贫不举火者，多赖存活。远人闻公名，过昭必请见公，察其资用乏绝，必助车马，并不俟匮乏者告故，时人之爱慕如此。圣宫倾圮，输忱捐修，规模一变；邑天雄关道极险，行人苦之，捐资辟为坦途。他如葺桥梁，修祠宇，种种善事，皆欣然出多金成之，不署名，盖欲绍乃祖乃父好善乐施，阴行善事之心，初无意邀誉于乡党朋友也。

是公非特孝可传，友可法，其慷慨好义又有独高千古者，易箦时以咫尺，天可畏方寸，地宜耕两言，谆谆遗训，则公之处心，亦大概可见矣。至口体之奉不敢耗万物之力，伤天地之和，惜福于豪旷之间，又人情之所难及者，乡先生重公品采入輶轩，举公孝友，奉旨建坊，崇祀乡贤祠洵不愧矣。

子五人，履泰廪贡生，履恒廪生，余俱援例授职。孙亦邑庠，佽十余人俱泮食饩，选拔成均，迄今生齿至八十余口，五世同堂，内外无间，非公盛德，何以至此？传公者，述其原而遗其委，非特失公之真，且虑无以为好善乐施者劝也。

论曰：世之席丰履厚者，多悋其财，将以为子孙计，讵知，财，公物也，愈散乃愈集乎。然非孝弟之人，必不能体盈虚消长之意，以不留余者为子孙留也。公以孝弟之心行慷慨之事，物我胥忘矣。后之子孙，坐享厚福，不由是欤，若谓天之报施善人宜如斯焉，是与下等人说因果耳。

儒将之风董继舒

◇ 肖永乐

董继舒，字正谊，清康熙时昭化土基坝（葭萌县邑旧址）人。自幼聪颖好学，入私塾读书成绩名列前茅，深受先生喜爱。他也悉心习武，刀枪剑戟无一不精，弓马骑射堪称一流。他立志驰骋疆场做武将，而不愿去做牧县治民的文官。

董继舒于1684年在成都考中武举，1697年在北京得中武进士。1699年，他被派往江苏，选任清军常州营中军守备。

董继舒虽为守城武官，但处处留心民事。当时常州一带有私商经常将境内大量的米粮偷偷贩运出境，造成粮荒，于是他向地方官请求予以制止，以供军用民需。常州城垣累经战乱，年久失修，破败不堪。为了加强防御，他请求修葺城垣。在常州城中发现了一幅巨大的古人名画，为了保护古画，他主动请求监督名画的兑卖，以免名画落入不法之徒手中，使之受到损失。

当时，常州府管辖的无锡、武进两个县，是江南著名的粮仓，朝廷在这里设立官仓，储备了大量米粮以备荒年之用。可是，官仓之中的官员贪污腐败，吏目中饱私囊，仓卒浑水摸鱼，完全是为所欲为、无法无天。董继舒奉委派监兑两县粮米时，通过深入细致的调查，及时总结出目前官仓存在的"六弊"，即私耗（私自盗用）、折色（以孬粮换取仓中新粮）、掺和（向粮中掺入石子、沙粒，以充数量）、需索（官员随意向仓官索取，管理不严格）、仓差（没有对入仓数和出仓数认真核对，清算出仓中粮食的差数）、积蛀（鼠、虫侵害），可谓一针见血、击中要害。董继舒言辞恳切，向地方官员通报了他的调查结论，引起了上层重视，江苏省巡抚称赞他是一位精明干练的官员。

无锡县有一个恶棍叫戴文卿，依仗其势力经常支使一帮流氓为非作歹，抢劫民财，并为盗贼引线，而自己则坐地分赃。他的亲戚周二因盗窃入狱，戴文卿暗地疏通关系，让他越狱外逃，又资助他钱财，准备了断其事。

董继舒知道情况后，迅速带兵丁将周二捉拿归案送往县衙，但受了贿赂的县官却"以为无辜，欲命人保释"，判周二无罪，并准备释放回家。董继舒据理力争："这样的恶棍，如果得不到法律的制裁，那么天理何在？国法何在？"于是，他将周二及戴文卿的所作所为一一公布于众，这帮恶棍终于全部被绳之以法处以刑罚，当地百姓无不拍手称快。

董继舒在江苏常州清军绿营兵中任职14年，四次担任游击（清代武官名，从三品，游击将军的简称），两次出任左右军参将。

清康熙五十一年（1712年），由上司推荐，董继舒升任清军贵州安南营将官。由于防务需要，以升衔留任常州。董继舒长年在外，特别思念故乡昭化，便于两年后（1714年）毅然辞官回乡。

回乡途中，途经陕西地段，董继舒返乡心切，忽生灵感，当即赋诗一首。诗曰：

> 寥落行踪未有涯，愁添九日倍思家。
> 对花空自渐彭泽，落帽无端笑孟嘉。
> 剑阁云深秋欲暮，郫筒酒熟路还赊。
> 生平不减东篱兴，归得林泉学种花。

董继舒回到昭化土基坝后，学彭泽令、陶渊明躬耕陇亩，乐享田园，时常与乡友品茗饮酒、吟诗作赋，晚年著有《非分集》一卷传世。集中搜集了在常州期间所写的条呈，内附有在官衙及归家后所作的29首诗。

《重修昭化县志·选举志·武科》记载："茶山杨大鹤极赏之，且为之序曰：董君年少掇巍科，释巾司马门，来守吾郡，其事权之不得专，而能托诸言以请于上官，清盗源、讲荒政、剔漕弊、急城工，诸大事无不明练恺挚，条分缕析自然成文，是政事也。而文章写焉矣，咏荆溪十景如绘，又当与周马唱和集并垂艺苑也噫，其古者儒将之风欤！"

杨大鹤对董继舒的人品和官品都极其赞赏，在为《非分集》所作之序中，对董继舒的为人、政绩、文章的评价客观中肯，认为他有"古者儒将之风"。

忠贯云霄蒋玉龙

╲ 肖永乐

蒋玉龙，字云亭，晚清著名军事将领。他是广元市昭化区昭化镇鸭浮村（曲回坝）人，生于清嘉庆三年（1798年），卒于同治二年（1863年）。他年少从军，勇武果敢，矢志精忠报国，立下赫赫战功，获封"骁勇巴图鲁"称号。后因积劳成疾，而病逝于军营。曾任贵州提督、四川提督，被朝廷赏赐二品顶戴，官至从一品，谥号"勇果"，世称"勇果公"，进入清朝紫光阁功臣名录。

蒋玉龙祖籍湖北孝感，清朝初期，其祖先入川定居朝天区云雾山镇菜籽坝，后来家道逐渐中落。蒋玉龙出生时，已经家贫如洗，饥寒交迫。他幼年丧父，为了生计，便随母亲沿途乞讨，翻云雾山，出羊模（今朝天羊木）坝，过三堆坝，来到飞鹅峡。母亲在山岩躲雨，不料岩洞突然垮塌，母亲不幸遇难。蒋玉龙强忍悲痛，来到曲回坝，得到当地善良的百姓救济和帮助，他给大户人家天天放牛，勉强能够度日。

牛头山腰的十里碑一带是蜀道有名的牧场。一天，蒋玉龙在那里放牛时，刚好遇到过路的清朝军队顺着山路走来。不知何故，带队将军的坐骑突然受惊，疯狂向山下奔跑，将军顿时吓得失魂落魄。说时迟，那时快，蒋玉龙飞身上前，一下子就抓住了马的缰绳，双脚拼命蹬地，双手死死地拉住缰绳往后拖，并大声呵斥，将军也出手搭劲，几分钟后，奔马终于停了下来。将军甚是感激，见蒋玉龙气概不凡，人虽然长得清瘦但机智勇敢，而且很有力气，就打听他的家世，并问他愿不愿意从军。蒋玉龙心想：当兵就有饭吃，如果肯努力，也许还可以混出点名堂来。他当即满口答应。将军就收下他当了马夫，并教他识字读书学文化，练习刀枪棍棒学武艺。

一次，清军在追剿敌军的战斗中，夜里突然被敌军偷袭。他们悄悄摸进清军的炮营，这时刚巧被深夜起来喂马的蒋玉龙发现了。蒋玉龙临危不惧，急中生智，立刻将手里提的灯笼尽力甩向土炮，一下子就点燃了土炮的火药绳。顿时，只听"轰隆"一声，吓得敌军不知所措，乱作一团。清军的将军一听到炮响，就知道有敌军来袭，便迅速组织反击，大获全胜。

将军见他如此果敢，又立下军功，对他赞赏有加，开始对他进行重点培养，从此蒋玉龙便有了用武之地。他不负所望，在军中脱颖而出，屡立战功，于是迅速得到提升。道光二十八年（1848年）因参与平定西南少数民族武装叛乱有功，任峨边参将。后逐步被提拔为川北镇标左营外委、太平营左哨把总、川北镇标中营千总、成都城守右营守备。咸丰年间因平定杨隆喜，收复仁怀，朝廷授封"骁勇巴图鲁"，授川北镇总兵。因平定苗族叛乱（李永和、蓝朝鼎起义，咸同号军起义）有功，后升任贵州提督、四川提督，朝廷赏赐二品顶戴。同治二年（1863年）围剿石达开，于三月二十六日死于向重庆行军途中。朝廷赐谥号"勇果"。蒋玉龙颇有威望，在云、贵、川三省有口皆碑。

清道光《重修昭化县志·人物·忠义》记载："四川提督蒋公讳玉龙，邑曲回坝人。由幼丁投川北军，屡从军门。桂公出师征夷黄胜关。则曲靖生擒西口外，则银哇进援以至越嶲。御蛮匪峨边，破猓夷，临敌敢死奋勇争先。时已赴授川北镇标左营外委。越三年，升太平营左哨把总，历任川北镇标中营千总、成都城守右营守备。道光二十九年（1849年），剿办野番，以功赏换花翎，升阜和右营都司。旋委署提标右营游击，又改署峨边参将。咸丰之年剿屏山夷匪，接管新城都司邱，随即赴靖边游击。四年，檄赴巫山，防湖北贼。因贵州贼杨隆喜作乱，改防合江泸州与贵州交界处，嗣奉札以防焉。剿进兵破杨隆喜，复仁襄诸失城，黔省贼平。奉上谕，着赴参将，既又奉旨免赴参将，以副将留川，即赴并赏给骁勇巴图鲁号。署提标中军参将，推升绥宁协副将。奉檄统兵赴酉阳一带，防堵办理肃清。六年，奉黔抚檄赴黔会剿，著有军功，奉旨赴授四川川北镇总兵，既以破苗功记录三次，代贵州提督佟攀梅缺。九年，护贵州巡抚海奏，以威令不行革职，摘去花翎，留营效力。八月，着回川办团练，督川兵剿办李逆，赏三品顶戴。李逆败窜，追剿抵新津，扼守川门。奉旨赏二品顶戴，署四川提督。即移师赴青神，围剿李逆贼，婴城固守。公所统勇营被焚，贼乘乱逸出。公自请严参。上谕着留提督任。同治二年，会剿石达开于重庆。出省日，已抱气促疾，抵渝后，日夜筹划。疾大作，于三月二十六日卒于军。奉旨赐祭于谥勇果。荫一子与六品衔。"

蒋玉龙有三任妻子，养育有两个儿子，一名蒋保山，一名蒋保川。如今，蒋家的后裔尚有300人左右。

蒋玉龙在得势发达后，一直不忘家乡，他买地建房，修建蒋家大院。他去世后，按照遗愿，其棺椁经千里运至昭化曲回坝上厚葬。

蒋玉龙的墓，人称"蒋墓"，墓基宽阔，墓檐7层，正面呈金字塔形，高大气派，碑额上书"忠贯云霄"四字。蒋墓在"文革"间遭到破坏。

后来，蒋氏家族在蒋玉龙墓地右侧修建一座古朴精美的祠堂，即蒋家祠堂。四合院式，共有房屋14间，青石板院坝。院中及大门口各摆放一对石狮，大门外10米左右也摆放着一对高大的石狮。院子大门上方悬挂着50厘米见方的两块木板，木板上用楷体书写有"干城"两个大字，刚劲有力，是对蒋玉龙的高度赞评。

04

千古传奇

张飞挑灯战马超

◇ 肖永乐

　　昭化四面环山，三面临水，地处蜀道要冲，自古为兵家必争之地。昭化易守难攻，因为有坚固的"三关"做屏障，其中一处为山关，即位于牛头山腰的天雄关；一处为水关，即位于嘉陵江、白龙江交汇处的桔柏关（津渡）；一处为城关，昭化古城以城为关，即历史上著名的葭萌关。

　　昭化是蜀汉政权的发祥地，三国文化厚重，无数英雄豪杰曾经在这片古老的土地上金戈铁马、浴血征战。《三国演义》记述，有"万夫不当之勇"的张飞与有"不减吕布之勇"的马超这两员虎将在葭萌关前昼夜鏖战，"张飞挑灯战马超"的故事一直为人们喜闻乐道，世代相传。昭化古城西门外的"战胜坝"因此而得名，并吸引了国内外众多"三国迷"前来观游。

　　汉建安十六年（211年），刘备入川在涪城（绵阳）与刘璋会合后，挥师沿金牛道经梓潼、剑阁、高庙铺、大朝驿、牛头山北上，进驻葭萌（今昭化）。汉建安十九年（214年），刘备攻成都，益州牧刘璋急忙遣使向割据汉中的汉宁太守张鲁请求救援。当时，马超已经投身张鲁麾下，他立功心切，立刻挺身请战，并发誓说此去必定生擒刘备，并要刘璋割二十个州地奉还张鲁。刘璋大喜，他深知马超勇武无敌，当即下令派马超、马岱兄弟二人率领两万军马从汉中出发，前来攻取葭萌关。

　　马超名震关中内外，来势异常凶猛。曾在长坂桥头独挡曹操数万大军的蜀军虎将张飞，一听马超来犯，怒不可遏，立即在军师诸葛亮面前立下必胜马超的军令状，便星夜领兵奔赴葭萌关。刘备担心葭萌关有失，随后率军助阵。

张飞战马超

葭萌关前，嘉陵江、白龙江两江夹着一个山梁，在山梁右边嘉陵江畔伸展着一个长约5里、宽1里的冲积平原，这就是两"虎"相争的战胜坝。当时，雄关内外，大坝南北，鼓声大振，人声鼎沸。马超纵骑持枪而出，只见他狮盔兽带，银甲白袍，气概非凡。刘备感叹说："人言锦马超，今日一见，果然名不虚传。"张飞是个急性子，要下关迎战。刘备急忙阻止，他命令张飞耐心等待战机，先要避让马超的锐气。关下，马超不停地高声喝叫，要单挑张飞。城楼关上，张飞暴跳如雷，恨不得立刻生吞了马超，三番五次想出关，都被刘备呵斥挡住。

眼看到了午后，刘备望见马超阵前人马都已经困倦，立即抓住有利时机，命令张飞率领五百精锐骑兵冲出关来。马超见张飞军到，镇定自若，并不惧怕，他把枪往后一招，退军有一箭之地，保持适度的作战距离，两边军马都齐齐扎住。张飞挺丈八蛇矛出马，大呼："认得燕人张翼德吗？"马超说："我家世代公侯，哪里认得你这村野匹夫？"张飞勃然大怒。两马齐出，枪矛并举，战了100余个回合，不见输赢。刘备直看得眼花缭乱，禁不住脱口称赞："马超真虎将也！"他担心张飞有失，急令鸣金收军。

张飞回到阵中，歇马片时，便摘下头盔，只裹包头巾上马，又出阵前单搦马超厮杀。刘备也披挂下关，直奔阵前。张飞与马超又斗了100余个回合，两人都越战越猛，但难分胜负。眼看夜幕降临，刘备对张飞说："马超如此英勇，切不可轻敌！现在先退回关，明天再战不迟！"张飞正杀得性起，哪肯罢休，不住地吼叫："不分输赢，誓死不回！"刘备深感无奈。张飞下令多点火把，准备挑灯夜战。

傍晚时分，马超换了马，再出阵前。张飞也与刘备换了坐骑。张飞环睁豹眼，倒竖虎须，大声吼道："马超小儿，我捉你不得，誓不回关！"马超更是怒气冲天："张飞匹夫，我胜你不得，誓不回寨！"两军一齐放声呐喊，一时战鼓雷鸣，战旗狂舞，千百支火把齐刷刷地团团照耀，滔滔流淌的嘉陵江水被映得通红。时间过得真快，又是好一番恶战，两人你来我往地厮杀，却还是半斤八两，谁也赢不了谁。

这时，马超心生一计，假装战败，忽然拨马就走。张飞哪肯罢休，于是紧追不舍。马超见张飞迫近，暗掣腰间的铜锤在手，急忙转身回头便打。不料张飞也不傻，他早有提防，便闪身急躲，铜锤从他耳边飞过，有惊无险。张飞勒马回走时，马超却又急急赶来。张飞立刻带住马，拈弓搭箭，回射马超，也被马超一下闪过。两人就这样来来往往进退厮杀，最终还是分不出胜负，只好各自回阵。

其实，张飞与马超之战不是生死之战，而是胜负之战，一是刘备爱惜人才，一心要收服马超，二则张飞与马超都是"世之虎将"，英雄惺惺相惜。

诸葛亮赶到葭萌关，用计谋劝降马超。马超也深明大义，便死心塌地地归顺了刘备。马超不负所望，为蜀汉政权的建立和巩固立下了赫赫战功，官拜骠骑将军，领凉州牧，封斄乡侯，谥威侯。

如今，外地游客来到昭化古城，都会找导游讲讲当年"张飞挑灯战马超"的传奇故事，到战胜坝等地去看看三国遗址。

姜维拜水牛头山

〵 肖永乐

　　昭化是蜀道三国重镇，当年这里风云际会、金戈铁马，留存有许多蜀魏征战的古战场遗址。当年蜀将姜维曾经兵困牛头山，并在山顶"祭天拜水"。

　　蜀汉后期，姜维忠实继承诸葛亮的遗志，竭力以攻为守，伺机图谋中原、兴复汉室。他多次艰辛北伐，至死不渝，希望利用自己熟悉陇南地理风俗的优势，能使蜀汉长治久安。姜维生前曾经多次路经和驻守汉寿（今昭化），并在牛头山腰的天雄关设下中军帐，安营扎寨，昼夜演武练兵。

　　姜维（202—264年），字伯约，天水冀县（今甘肃甘谷东南）人，智勇双全，三国时蜀汉名将，官至大将军，封平襄侯。他少年时和母亲住在一起，喜欢儒家大师郑玄的学说，因为父亲姜冏战死，姜维被郡里任命为中郎。诸葛亮北伐时，姜维被怀疑有异心，不得已投降蜀汉，受到诸葛亮重用。诸葛亮去世后，姜维在蜀汉崭露头角，可每次想要大举兴兵，费祎常常不听其谋而加以限制，拨给他的兵马不超过1万人，姜维倍感无奈。费祎在汉寿遇刺后，姜维终于独掌军事大权，继续率领蜀汉军队北伐曹魏。后因蜀中大臣多数反对北伐，加之宦官黄皓弄权，姜维被迫在沓中（今甘肃省舟曲县内）屯田避祸。

　　炎兴元年（263年），魏国大将军司马昭举兵三路发动魏灭蜀之战。姜维兵困昭化牛头山，突围后退至剑阁据守，全力阻挡住魏将钟会20万大军。魏将邓艾用计偷渡阴平进而袭取成都，后主刘禅投降，蜀汉宣告覆灭。姜维假意投降钟会，打算利用钟会反叛曹魏以实现复兴汉室的夙愿，无奈天不遂人愿，姜维与钟会反被魏军杀害。

　　牛头山极似一座巨型牛头耸立，因此得名。它距昭化古城7.5公里，属剑门山系的东支，海拔1214米。山脚有一弯小道，可直接通到山顶。山腰

有一处雄关险隘，自然天成，故名天雄关。因山似牛头，关亦雄险，合称"牛首雄关"，是"昭化古八景"之首。此关四周群峰昂首与剑门遥相对望，它扼川陕驿道之要冲，是古代兵家必争之地。

在牛头山顶曾经建有姜维庙，现有遗址尚存。庙前有一椭圆形的直径约3米、深2米的古井，这就是传说中那口神奇的三国"姜维井"。

当年，姜维兵屯牛头山，被钟会大军团团围困，山上严重缺水，将士无水饮用，危在旦夕。蜀军几次突围都被魏军挡回，姜维忧心如焚，昼夜难眠。一天深夜，诸葛亮轻轻摇着羽毛扇，给姜维托梦说，突围的办法只有一个，那就是在山顶设坛祭天拜水。"丞相托梦乃是天意，真是天助我也！"一觉醒来，姜维大喜过望，深信不疑，决定依计行事。

第二天凌晨，姜维立即下令，让士兵在山顶一块平地挖了一口内径约3米的水井，并在离井20丈外搭设高高的祭台，并燃香点烛，虔诚地跪拜了一天一夜，可是井内仍然没有一滴水出现。

"这到底是咋回事呢？"姜维甚是焦虑，便派一名兵士前去察看。这名士兵看井中确实无水，回来就将实情禀报，被姜维当场下令斩首。接着，又派第二名士兵去察看，这名士兵胆战心惊地跑回来，禀报说井中仍然无水，同样被斩首。俗话说"事不过三"，姜维决定再派第三名士兵去察看。这名士兵心想：被杀的两名士兵肯定是实话实说，井内绝对没有水，否则，谁会拿自己的生命开玩笑呢？我如果说实话无水要被杀头，说假话有水也要被杀头，那就听天由命吧！于是，他到井边假装看了看，立即小步跑回来，闭着眼睛冒着天胆大声地禀报姜维说："报告大将军，井里有半井水！"姜维一听，半信半疑，跑过去一看，奇迹竟然真的出现了：井中果然有半井水。姜维顿时欣喜若狂，立刻仰天跪拜道："感谢丞相显灵！感谢老天爷赐水！有这半井水，也够我蜀军将士饮用了！"

从此，牛头山拜水和"姜维井"的故事一直被传为佳话。"姜维井"的海拔达1000多米，而井中始终只有半井水，千余年来从未满过，也从未干过，真是"久雨不溢，大旱不涸"。任凭多少人饮用，"姜维井"的水位却始终保持不变。更有趣的是，井中水的颜色随嘉陵江水的清浊呈现出相应的变化，江水清则井水清，江水浊则井水浊，成为古蜀道上一道神秘的自然奇观，吸引着众多海内外游客前来朝山观光怀古探秘。

蜀汉巾帼鲍三娘

∖∖ 肖永乐

滚滚嘉陵东逝水，浪花淘尽英雄。

昭化古城一带是著名的三国古战场，无数英雄豪杰在此金戈铁马、血染疆场。

鲍三娘是蜀汉前将军关索之妻，为三国时期唯一一位智勇双全、能征善战的传奇女将，在民间广为流传。

《四川通志》（卷四十五）记载："鲍氏者，关索之妻也。居夔州之鲍家庄，勇力绝伦，有廉康贼求取，不许。与战，破之。关索往征，不胜遂以城降，同扶汉室焉。"《溪逸志》亦有记载："武康县有廉康屯兵之处，康邑人，奇丑而力大，爪如刀革，肤坚如铁，唯喉三寸软耳。妻鲍三娘美容，时有花关索君，年少美容仪，鲍悦而私之，矢廉康喉而毙。"

鲍三娘排行老三，父亲是鲍家庄有名的员外，叫鲍凯，上有两个兄长名叫鲍丰、鲍义，因此得名。她自小聪明伶俐，喜欢舞枪弄棒，武艺超群，深受大家的喜爱。

关索，字雅之，是蜀汉前将军、五虎上将之首关羽之子。关羽早年因杀本地豪霸无处藏身，便亡命涿州避难。妻子胡氏身怀有孕逃难走失，被索员外收养，孩子出生后便取名关索。他拜一位姓花的著名武师学习武艺和兵法，练就一身好本领，因此关索又名花关索。刘备占据荆州后，关索才来荆州投奔关羽。"自荆州失陷，（关索）逃难在鲍家庄养病。每要赴川见先帝报仇，疮痕未合，不能起行。近已安痊，打探得东吴仇人已皆诛戮，径来西川见帝，恰在途中遇见征南之兵，特来投见。……孔明闻之，嗟讶不已"（《三国演义》八十七回）。诸葛亮令关索为前部先锋，一同征南，屡立战功。至今，云南一带仍流传以关索为主角的"关索戏"。此事，在《全像通俗三国志传》《三国外传》《花关索传》亦有详细记载。

一日，关索来到夔州鲍家庄地界，发现街头乱哄哄的。原来，当地的山贼头目廉康，看上了年轻美貌而武功高强的鲍三娘，就上门求亲。廉康力大无比，但长得奇丑，鲍三娘自然看不上他。廉康求亲不成，就来强抢。关索路见不平，毅然拔刀相助，竭力斩杀了廉康，救出鲍三娘。两人惺惺相惜、一见钟情，鲍三娘便嫁给了关索，一同报效蜀汉。

鲍三娘与关索并肩战斗，跟随诸葛亮南征北讨，为巩固蜀汉政权立下了汗马功劳。建兴五年（227年），诸葛亮率师北伐，关索请求随师出征。诸葛亮便命他做后将军，鲍三娘为偏将，一同去守卫汉寿（今昭化），并再三叮嘱说："守住了葭萌关，就保证了从汉中到蜀地的运输畅通，也保证了蜀国的安全。"关索夫妇欣然受命。随后，姜维把镇守汉中的胡济也调来加强汉寿的守卫。

炎兴元年（263年），曹魏派大军分三路伐蜀。面临钟会10万大军压境，关索只有5万人马，兵力悬殊，很难制胜，就令熟知地形的关索和胡济紧守江防。钟会令魏军连夜赶制战船和木筏，实行全面强渡。存亡之时，在此一举。关索夫妇奋勇当先，在昭化桔柏渡西岸拼命死战。冤家路窄，魏将恰是当年被关羽水淹七军杀死的庞德之子庞会，他猛催战船，挥刀杀向关索。关索急用长枪架住，终因困乏，力不能支，被打下滚滚的嘉陵江，溺水身亡。鲍三娘在土基坝与魏军血战，尽管她武艺绝伦，但寡不敌众，难以抵敌。姜维、廖化领军前来救援，亦回天无力，未能救出鲍三娘。她陷入魏军重围，伤痕累累，一腔热血洒在了西汉水之滨……

蜀后主不久就降魏了，致使鲍三娘没有得到应有的封谥。但人们没有忘记她，在战后找到她的遗体，举行了隆重祭奠后，将她葬在当年他们夫妇操兵演武的昭化曲回坝，墓碑至今尚存。

鲍三娘墓距昭化古城3公里，西临滚滚东去的白龙江，北濒银涛奔涌的嘉陵江，东倚拦马山，紧靠巍峨的天雄关，现为四川省级文物保护单位。

该墓为一座大型石砌圆形汉代古墓，距今已有1700多年历史，墓前曾有拜台，四周广植松柏、有围墙保护。其南北长21米，东西长19米；南头宽15米，北头宽18米；冢顶高4米，冢顶部南北长16米，东西仅7.6米。墓前石碑上书"汉将军关索夫人鲍三娘之墓"，为民国初年所立。

该墓周围是一古墓葬群，其前后相距一里之遥，各有一座墓冢。一座墓冢称上马台或梳妆房，据说埋着鲍氏梳妆衣冠之物。另一墓冢称石马坪，据说埋着鲍氏最心爱的战马雪花驹，现在墓前还存有蜀汉时期石马一具。这三座墓基本上在一条直线上，其间的通道上铺有人字汉砖。鲍三娘墓前曾建有一关帝庙，现已被毁。

鲍三娘墓属内室被盗、外墓受损的残墓。1914年，法国人色伽兰借考古之名，对鲍三娘墓进行了扫荡性盗窃，其墓内文物包括鲍三娘的骨骸都被装箱运走，部分尚存放在法国博物馆内。

其具体详情，在色伽兰所著的《中国西部考古记》（冯承钧翻译）中有较为详细的叙述。在书中，色伽兰记述了当时盗鲍三娘墓的经过——"其墓已为雨水所冲削，墓之一角陷落，此事籍文亦载之。吾人即于是处发掘，见一窟室，穹顶，顶以画砖筑之。破壁而下，见一大室，长五公尺四十分，宽一公尺九十分。北壁砖壁已一部分倒塌，吾人即由是处进入室中。室中空无所有，无棺柩之迹，掘地始得一额骨。"从色伽兰所记来看，鲍三娘墓应该早被盗过。

1924年，在法国巴黎出版的《中国西行旅行图录集》中，便刊载有三张鲍三娘墓的照片，一张为掘开墓门时的照片，一张为鲍三娘墓内室壁上的钱纹、车马画像砖的照片，另一张为车马画像砖的速写照片。色伽兰对这次西部"考古"很开心，称"结果之满意，实无有逾于此者矣"。

黄忠雄关退张郃

※ 肖永乐

　　古代的"关"字，其中的一个含义就是指关隘，多与军事或战事直接关联。在古代著名的关隘名称中，一般很少带"天"字和"雄"字，而昭化的天雄关却是一个例外，既带"天"字又带"雄"字，意思是有"天设之雄险"，这在全国也极为罕见。

　　天雄关位于牛头山腰，距昭化古城15里，金牛古蜀道穿关而过，向西去60里与剑门关相连，是一处特别重要的军事关隘。三国时期，这里发生过很多战事。蜀汉老将黄忠曾在天雄关一带大败魏国名将张郃，其遗址尚存。

　　黄忠，字汉升，南阳（今河南省南阳市）人，汉末名将，武艺高强，善使大刀，膂力惊人，有"第一神箭手"之称，名列蜀汉"五虎上将"。本为刘表部下中郎将，后归随刘备，并协助刘备攻占益州。汉建安二十四年（219年），在定军山之战中，黄忠斩杀曹操部下名将夏侯渊，拜征西将军。刘备称汉中王后，加封黄忠为后将军，赐关内侯。220年，黄忠病逝。蜀汉景耀三年（260年），黄忠被追谥为刚侯。晋人陈寿在所著《三国志》中评价黄忠："常先登陷阵，勇毅冠三军。"罗贯中在所著《三国演义》中评价黄忠："老将说黄忠，收川立大功。重披金锁甲，双挽铁胎弓。胆气惊河北，威名镇蜀中。临亡头似雪，犹自显英雄。"

　　汉建安二十四年（219年），魏国大都督曹洪命令大将张郃带5万兵马前来攻打葭萌关，打算利用调虎离山之计，把蜀将张飞引至汉寿（今昭化），以暗取位于阆中城东北处双山垭的瓦口关。张郃是魏国五虎上将之一，使一杆虎头金尖枪，曾经号称"中原第一枪"，有万夫不当之勇，而

黄忠天雄关退张郃

且善用计谋。他率大军星夜兼程，直奔汉寿而来。

蜀汉军师诸葛亮深知葭萌关是西蜀十二州的北大门，守关将士远非张部敌手，一旦葭萌关失守，对蜀汉干系非轻，其后果不可想象。他当即召集帐中众将议事，用激将法让老将黄忠主动讨取令箭。随即下令以黄忠为主帅，另一员老将严颜为先锋，统领30员偏将率兵迅速赶到汉寿，抵挡远道来犯的魏军。

当时，黄忠与严颜已经年近七旬，白发银须，但都精神矍铄，老当益壮，都能每顿吃一斗米饭、十斤肉，还能骑烈马、开硬弓、舞大刀。四日后，黄忠就率众赶到了葭萌关，立即安营扎寨，稍事歇息。他们商定于当晚三更造饭，五更出城布阵迎战。

第二天上午，黄忠命令蜀将孟达领5000兵马守城，在关楼上放炮擂鼓。随着一通炮响，汉寿城门大开，黄忠挥刀在前，率兵从关口摆列到天雄关下的十里坡。一时间，旌旗蔽日，刀枪林立。

黄忠、严颜在阵前横刀勒马，精神抖擞，大声向张部挑战。张部顿感诧异，没想到前来迎战的竟然是两位皓髯老将。他在心里暗想：擒贼先擒王，必须先斩杀黄忠，然后再一举攻占葭萌。他率5万雄兵直奔关下。

黄忠胯下红砂龙驹马，手执金背大砍刀，高声叫阵："镇远将军黄忠在此，来将何人？快快通报姓名，早早下马受降，还可以免你一死，否则，定斩不饶！"张部胯下南方马，手持金尖枪，杀气腾腾，直指黄忠大骂："老匹夫，你两眼昏花啦，今日竟然敢在军前耀武扬威，难道不认识你张部爷爷吗？我有个好习惯，就是不杀白头翁，今天算你走运。黄忠老儿，你还不赶快逃命，更待何时？"黄忠生平最忌恨有人欺他"老"，见张部如此无礼，顿时怒气冲天，银须直翘，高声回骂道："张部你个龟孙子，你敢欺我老，我人老刀不老，今天要让你知道我的厉害，看刀！"说着，黄忠挥刀照准张部劈头就砍。张部眼疾手快，赶紧横枪架隔，"噌"的一声，好似晴天霹雳，震得山冈发响。刀光剑影，你来我往，两人大战了30个回合，不分胜负。张部金枪飞舞，使出36路招数，不露半点破绽，枪枪直逼黄忠。黄忠镇定自若，不慌不忙，他一刀紧似一刀，刀刀绝活，宝刀不老，直战得张部两臂发麻，冷汗直流，渐渐抵挡吃力。

严颜在后观阵，眼见张部想抽身逃跑，立即挥兵杀入，一下子切断了魏军退路。张郃见大势不妙，心生绝望：一个老黄忠我都难以抵挡，何况还有一个严颜，看来今天我将命绝于此！于是，张郃只得边战边退。这时，曹军见主帅已败，即刻溃不成军，四处逃窜。张郃拼死杀开一条血路，夺路而逃。黄忠领兵穷追不舍，一直追到天黑。张郃垂头丧气，狂逃90余里，到达汉水后，终于才把黄忠的追兵甩掉。

这场天雄关之战，蜀军大胜，魏军损失3万人，只剩下2万残兵败将。从此，魏军不敢轻易侵犯蜀境。

凤鸣葭萌舞翩翩

∖ 肖永乐

近些年来，从昭化的东汉墓葬发掘中，出土了一批以各类汉砖为代表的远古稀有文物，其中《凤凰对鸣》图像汉砖，目前国内独有，特别珍奇。

昭化的《凤凰对鸣》图像汉砖，所绘凤凰雄雌对出，极具神韵。雄翅八羽而张力性强，身后尾羽反卷，姿态俊雄；雌翅六羽，梳理整齐，自然飘逸，丽质秀雅。双凤仿佛在翩翩起舞，卿卿和鸣，其图像线条灵动，变化无拘，表现出纤媚飘逸的神态，庄重而不拘谨，散放而不轻浮，充分体现了形态美和内涵美，意蕴深厚。它基于飞禽图腾崇拜，融入古代艺人的气韵与人格修养，让人能细腻地体味出凤凰所特有的生命韵律，堪称经典之作。

凤凰是百鸟之王，为古代"四灵"之一，是人们心中的神鸟、美鸟和吉鸟。凤凰是"二合一"的对立统一体，雄为凤、雌为凰，表示阴阳调和、合和祥瑞。随着对自然现象认识能力的提高，凤凰的"避邪"功能也转化为"祥和"功能，成为人们追求完美和精神升华的象征。凤凰被视为光明之神、幸福之神，在民间文化中，凤凰是美丽、吉祥、和顺、祛邪、生福的化身。凤凰的形象有坚实的民族文化根基，有独立而完整的形象体系和精神命脉，在几千年的历史长河中成为不朽的"凤凰文化"，源远流长。

凤凰文化崇尚和谐，强调以德服人、和谐共赢、平等开放、自我完善。凤凰雌雄配对表示合和祥瑞。凤凰形象不仅表示自然物之"和"，也表示人类社会之"和"。凤凰身上"五色备举"，美丽至极，后来就被看成是维系古代社会和谐安定的"德、义、礼、仁、信"五条伦理的象征。

凤凰文化的和谐理念涵盖了自然与社会的方方面面。

凤凰在古代也指有德之人，并代表广大的女性，可以孕育生命，给人们以温娴、恬静、吉祥与祝福，给人以美和爱情的向往。由汉砖《凤凰对鸣》图像精湛的艺术魅力，可见昭化厚重的凤凰文化背景。

据传，远古时期，昭化古城附近的山上栖息有一对美丽的凤凰，四季对鸣，给昭化人带来了平安和吉祥。后来，当地常有山妖与水怪侵扰百姓，这对凤凰为民除害，都受重伤而亡。雄凤死后化作一座山，即今天昭化的凤翼山；雌凰死后化作一条江，即今天的嘉陵江。这对凤凰生前相亲相爱，死后山水相依。后世将这对凤凰作为美丽、恩爱、正义与吉祥的象征，进行图腾崇拜和文化传承，并在雌凤山上建凤凰塔以示纪念，昭化出土汉砖上所刻绘的《凤凰对鸣》图像的原型，即源于此。

一对金凤入霞筋，万道灵光瑞宝地。从此，凤凰与昭化有着剪不断的自然和人文情缘，凤凰的基因融入了人们的血液，流淌不息。昭化古城东有瞻凤门，天雄关下有凤凰村，摆宴村原有凤凰寨，桔柏渡旁还曾建有凤凰楼。凤凰代表着昭化和广元的女性，凤凰的内美和外美代表着昭化和广元女性的真善美德。古有武则天，可见广元的女性文化发源于昭化的凤凰文化，因昭化"巴蜀第一县"的悠久历史和天下独绝的汉砖《凤凰对鸣》图像，可以说昭化是中国凤凰文化的发源地之一。

山不在高，有仙则灵；水不在深，有龙则灵。而昭化则是有凤就灵，见凤得福。昭化的山山水水，处处梧桐耸翠，只只凤凰来栖，充满着与凤凰有关的美丽和睿智传说，与凤凰相关的山水就有20处之多。除昭化古城一带外，元坝城郊有雏凤山、拣银岩有栖凤峡、石井铺有凤凰梁、清水有龙凤村、青牛有凤凰坝等。昭化奇特的太极山水，也符合道家的阴阳和谐之说。

相传，太上老君因昭化的凤凰山水曾在此修行得道，武则天也源于喝了昭化神奇的玉女泉水而生得"凤颈龙睛"。而在昭化民间，还有很多凤凰传奇的故事。

柏林沟镇有凄美的爱情故事——"岚桥会"。奇女子岚瑞莲勇敢追求真爱的事迹感天泣地，她与心上人魏奎元约定在桥下相会，不料突遇暴雨，魏奎元被洪水冲进河中，她舍命追救，最后竟毅然投河殉情。这座桥从此便改称岚桥。他们死后，据传桥上曾经出现两只凤凰，相向对鸣，成为昭化《凤凰对鸣》汉砖图像和梁山伯与祝英台凄美爱情故事的一个缩影。

明觉乡（现射箭镇）云峰村二社的罗家嘴，当年在打塘堰开石山的时候，忽然从石缝中飞出两只金凤凰，一只飞进射箭乡丁角村（现射箭镇晒金村）的一座青山，这山便叫作凤凰山；另一只飞落射箭乡三好村（现射箭镇石板村）的一处水塘，这塘从此叫作凤凰塘。据当地一位罗姓老人介绍，这里祖祖辈辈都在传颂有关凤凰的四句风水诗："圆山钓鱼中，梧桐来摇凤；将军在领旨，紫荆坐文宫。"射箭乡（现射箭镇）的银箭湖，就是传说中当地美丽勇敢的女子金仙除杀毒龙，毒龙被击毙后所化。

射箭乡红花村（现射箭镇龙江村）三社有个黑水塘，它旁边有个著名的"金窝子"。据说，塘边原有一户李姓人家，曾经养有一只白母鸡。它每天早上都走到黑水塘的对面去寻吃食物，回来就进鸡圈睡觉。一天晚上，附近的邻居忽然发现李家有金光在隐约闪烁，就悄悄前去查看，发现原来是白母鸡下的蛋变成了一锭黄金，正想去偷，不料被李家的大黄狗惊跑。主人得到黄金后十分惊诧。第二天，他便跟踪白母鸡，发觉它在塘边一个小石窝吃凤凰下的小金蛋，就做起了靠金蛋发财的美梦，立即将石窝子用铁钻子弄大，企图让金凤凰多下金蛋，奇怪的是金凤凰从此就再也没来了。后来，主人由此受到教益，将所得黄金捐献出来修桥补路，一时被传为美谈。人们便将这个石窝叫作"金窝子"。

昭化可谓是蜀道上的凤凰灵地，凤凰文化深深地植根于这片奇异的山水之中。

唐皇摆宴犒群臣

❨ 肖永乐

唐明皇（唐玄宗李隆基）为避安史之乱而入蜀，虽然正史少有记载，但野史札记及民间传说甚多。昭化民间至今还广为流传着唐明皇在摆宴坝摆宴犒劳随行人员的故事。

唐明皇"幸蜀"，实际上是他的一次"逃亡之旅"。以马嵬驿兵变为标志，唐明皇"在天愿作比翼鸟，在地愿为连理枝"的爱情美梦顿时化为幻影，彪炳史册的大唐盛世，也随之化为泡影。

清《重修昭化县志·纪闻》及《旧唐书》记载："唐明皇次益昌县桔柏江，有双鱼夹舟而跃，议者以为龙。"益昌县即今昭化区，桔柏江即昭化古城东门外两公里位于嘉陵江边的桔柏渡。据考证，天宝十五年（756年），唐明皇带领文武百官从长安出发沿着古蜀道西行，一路舟车劳顿，颠沛流离，于七月十一日经广元来到昭化境内，在过桔柏渡时，水急浪高，船身颠簸不已，令人深感恐惧。这时，江中突然跃出两条鲤鱼，夹护着他坐的船只平稳地向对岸游去。随行人员欢呼雀跃，称这是"鲤鱼跃龙门"，都说这是唐明皇此行的大吉大利之兆。当晚唐明皇抵达县城，下榻葭萌驿馆，次日继续行路经过白卫岭向成都进发。

至德二年（757年）正月初五，发动安史之乱的叛军内部突生重大变故：安禄山稀里糊涂在床上被人杀死，令人意想不到的是，杀他的人竟是他的亲生儿子安庆绪和贴身宦官李猪儿。从此，安庆绪取代安禄山，成为叛军首领。五月，唐肃宗命郭子仪乘叛军内乱之机发动攻势，然而战事进展并不顺利，郭子仪在长安附近兵败，退守武功。

尽管平叛行动再次受阻，但唐肃宗李亨收复长安的决心并未动摇。经过一段时间的精心策划和准备，至德二年九月，唐肃宗以广平郡王李俶为天下兵马元帅，以郭子仪为副帅负责军事指挥，集合朔方、安西、回纥、南蛮、大食等部兵力再度讨伐安庆绪的叛军。唐军这次采用了夹击战术，叛军猝不及防，全线溃败，唐军终于收复京城长安。

至德二年十月，唐肃宗李亨派遣中使啖廷瑶入蜀，迎接唐明皇回京。于是，李隆基离开成都，次年初回到长安。唐肃宗李亨备法驾迎唐明皇于咸阳望贤驿，父子见面百感交集，抱头一阵痛哭，即兴演出了一幕悲欢离合的情景剧。

清道光、同治年间的《昭化县志》及《新唐书》记载，唐至德二年（757年）十一月八日，唐明皇从成都出发，沿着金牛道经过剑阁、昭化一路向北，于十二月十八日回到京城长安。其间，唐明皇于同年十一月十六日抵达益昌县城（昭化古城）。再次到达此地，唐明皇精神大振、感慨万千，就下令于次日在桔柏渡东岸坝上大摆宴席，犒劳与他一路患难相随、风雨兼程的臣僚及护驾官兵。此坝也由此得名"摆宴坝"。

经到当地考查得知，从成都沿古蜀道去西安民间有句顺口溜："七昭化，八广元，十二三天到勉县，路上耽搁不上算，二十三天到西安。"唐明皇于至德二年十一月初八从成都出发，按此说法，他将在至德二年冬月十五到昭化。再以集体行军稍慢于单人行进来说，在十一月十六至十八日这三天内应该到达益昌（今昭化），唐明皇时年72岁。他在益昌（昭化）摆宴的具体日期应该在这三天以内。

当时，随行的禁军首领陈玄礼叫来益昌县令，问道："吾皇再临此地，龙颜大悦，益昌可有上等可口的美食？"县令回答："益昌县山奇水秀、出产丰饶，鸡鸭满圈、稻香鱼肥，城中及乡下不乏厨艺高超者，均可烹得一手美食，可否告知皇上膳食喜好，在下一定妥当安排，绝不敢有负皇恩浩荡。"陈玄礼一听十分高兴："我观回京途中，吾皇对蜀中山水赞不绝口，当随风就俗，尽力做好当地的美食佳肴即可。吾皇向来体恤民情，不必奢侈浪费，加重地方百姓负担。"县令欣然领命而去。

当年，唐明皇是在今昭化镇摆宴村三社胡家晒场设的宴，一共60桌，就餐人数500余人。唐明皇在特设的席桌上就餐，坐北向南，坐主位。官员吃的是席桌餐，士兵按轮次就餐。戌时，只见桔柏渡边江水被东岸灯笼火把映照天空，厨子厨娘在临时搭建的灶台边忙得不亦乐乎，当地帮忙的百姓穿梭其中，摆宴坝上人声鼎沸、热闹非凡。君臣同餐共饮，都吃得津津有味。官员士兵不时高呼"吾皇万岁万岁万万岁"，共祝天下太平、百姓安康。

席桌上菜的顺序很有讲究，按照传统习俗，依次是：

1.上九个干碟菜。端掌盘的人右手托掌盘，左手放菜碟，相同菜一桌一盘。依次放菜如下：①花生、瓜子、水果、糖拼的一个合盘；②麻花一盘；③方酥一盘；④花生米一盘（没花生米就用胡豆米）；⑤豆腐干一盘；⑥杂糖一盘；⑦干酥肉一盘；⑧油炸红苕丝一盘；⑨水果一盘（水果按当时当地出产的有啥摆啥，如桃子、橘子、柿子等任选一种，但是梨子、杏子除外，因这两种水果名字谐音为"离子""恨子"，不吉利）。干碟一共是九盘，若花样不齐，也可一个品种弄两盘，但是糖果瓜子合盘不能少。

2.上六个凉菜。依次放菜：凉拌肚条、凉拌心舌、凉拌猪耳朵、凉拌皮蛋、凉拌鸡块、凉拌黄瓜肉片（如这些不齐，也可上木耳片、猪肝、阆中黑牛肉、凉拌折耳根、鸡爪等代替）。

3.上十二个炒菜。宫保肉丁（昭化特色菜）、贡黄肉丝（昭化特色菜）、姜丝肉片、萝卜烧牛肉、腊肉猪蹄、芹菜肉丝、蒜泥肉丝、锅巴肉片、川椒肉丝、木耳肉片、熊掌豆腐、香菇等。一般是八至十二个炒菜。就地取材，由当地厨师做席，富有地方特色。

4.上"九碗加一品"。用"四大鲜"配碗。"九碗加一品"是明皇宴的"正菜"。出菜顺序依次为：品碗菜，红肉、白肉，鸡、鱼，龙眼肉、甜米，粉蒸肉、酥肉，坨子肉。其中，烧白一般用"龙眼肉"或"夹沙肉"代替。一品：刀尖圆子，即用切刀尖刮的肉圆子。

5.上汤菜。一般只上两个汤，常用的是酸菜粉丝汤和葱花汤。有时也上三鲜汤（番茄、黄瓜、小白菜）。

6.豆芽荛粉丝一碗。最后一道告知"菜单出毕"的菜。后有乡人调笑说："豆芽粉丝荛，吃了就滚蛋。"

"九碗加一品"，这道川北民间传统宴席，因唐明皇当年在昭化摆宴而形成了一套完整的菜谱，并由此名闻天下，至今在巴蜀大地广为传用。因唐明皇最先摆宴食用，当地人便将"九碗加一品"的宴席称为"明皇宴"。

冯辣娘劝学教夫

肖永乐

广元市昭化区柏林沟镇是川北著名的千年古镇，境内有汉代古刹广善寺、唐代摩崖造像、三国蜀汉名将马超墓及官宦名士墓阙、"五岚二锦"胜迹，美丽的爱情传说"岚桥相会"感人肺腑，动人的劝学故事"辣娘教夫"世代流芳。

冯姓是柏林沟镇大族。明洪武年间，冯家出了个远近闻名的女子，她生性泼辣，知书明理，勤俭持家，走路风风火火，说话大大咧咧，做事雷厉风行，人们都习惯地叫她辣娘。二八年华时，她不顾父母的坚决反对，毅然嫁给了门不当户不对家徒四壁的本村穷书生谭懋。她嫁人凭感觉，她认为谭懋是一块常人难以发现的璞玉，只有经她雕琢方能成器。婚后两人十分恩爱。辣娘一人承担了全部的家务和农活，谭懋则饭来张口，衣来伸手，两耳不闻窗外事，一心只读圣贤书。

谭懋十分感激妻子的良苦用心，经常三更灯火五更鸡，辣娘总是陪他苦读到深夜。半年后，谭懋就坚持不住了，慢慢失去了当初的雄心壮志，留恋起儿女情长。辣娘十分气愤，便铁了心对谭懋说："如果考不上功名，这辈子你休想再和老娘过夫妻生活！"过了半个月，谭懋难耐孤苦，凝思良久，想出了一上联向辣娘表示自己的无奈：半月玉身不碰，饿我困我熬我无边油锅。辣娘理直气壮，顺口对出下联表示绝不食言：一日金榜题名，喂你饱你溺你漫天云雨。一天夜晚，谭懋死皮赖脸，强想求取欢爱。辣娘气冲牛斗，怒火万丈，她斜坐床沿，左手指着谭懋的鼻子，右手持着竹杖，凶神恶煞般高声怒斥："你个没出息的东西，一天就想着干那事，难道你的记性叫狗给吃了？你敢再不听老娘的话，老娘明天就赶你到山上去当和尚，你信不信？"谭懋自知理亏，吓得缩作一团，浑身打战，哪里还敢再有奢望，只得又规规矩矩地捧起书本。

陋室苦读，谭懋衣带渐宽，白发渐长，满目憔悴，这可急坏了辣娘。她个人省吃俭用，想方设法买来营养食品滋补谭懋的身体。一次，谭懋不知不觉头枕书桌睡着了。辣娘气不打一处来，她扯开嗓子吼醒谭懋，狠狠就是几竹板，并出了上联让谭懋应对：书中瞌睡，揍你屁股三竹板。谭懋惊得灵魂出窍，才情尽失，一时哪里还对得上来。

不吃苦中苦，难为人上人。次日凌晨，辣娘心生一计，让谭懋与她一道到河边去挑水灌溉庄稼。谭懋手无缚鸡之力，累得气喘吁吁、腰酸背痛。辣娘一阵没好话地对他说："老娘面朝黄土背朝天，一天没死没活地干，我图个啥，就图你有个出头之日。你不下几天苦力，哪里晓得馍馍是面做的？"想起昨夜挨揍之事，谭懋触景生感，一下子就对出了下联：河边挑水，累我肩膀两座山。谭懋亲身感受到辣娘的艰辛，十分惭愧，便对天发誓："辣娘，如果考不上功名，我一定跳河自杀！"辣娘哈哈大笑："老娘总算没看错，你还是个有血性的男人啊！"

从此，谭懋信心更足了，用功更勤了。几年后，在辣娘的严厉监管和精心照料下，谭懋如愿以偿，一举考中了进士。他欣喜地出了上联表示自己由衷的自豪和对妻子的无比感激：进士耀祖，多亏家中美辣娘。辣娘也高兴地对了下联表示祝福和对丈夫的深切挚爱：钝铁成钢，善哉掌上俏郎君。谭懋清正廉明，官至明朝礼部尚书，成为国家的栋梁之材。他对辣娘宠爱有加，两人幸福地白头偕老。

辣娘教夫的故事至今被清晰地铭刻在向阳村冯姓的祠堂宗祖碑上，它昭示后人只要勤耕苦读，就能实现梦想。

城隍庙前没奈何

＼ 肖永乐

相传，昭化古城城隍庙山门前，曾经有两个"没奈何"。它本是两块被遗弃的废"生（铸）铁"，后来被当地好事者作为一种玩物，致使名声越传越远，甚至成为这座蜀道历史文化古城的"镇城之宝"。

清《重修昭化县志》记载，旧时昭化县城内，祠、院、寺、庙"多于民房"。城隍庙落成后，钟磬乃寺庙必备之物，庙内僧人便购买生铁为其铸钟。这两块生铁却非同寻常，无论铸工怎样冶炼、烧铸，反反复复做工数百次，都铸不成一口钟，实在"没奈何"（四川方言，拿他没办法）了，一气之下就把它们弃置一旁，另外取来生铁重新浇铸。

这两块生铁的总体重量有百余公斤，其中一块重约70公斤，形状非圆非扁，无棱无角，无边无沿，黑不溜秋，很是奇特。它的上半部横切面呈圆形，顶部拱出呈扁平椭圆形，下部突出呈锥形。而另一块也是奇形怪状，略像我们冬天烧炭取暖用的火盆锅。它们被遗弃在角落里，多年无人问津，都认为这是"无用之材"，根本不值一顾。

一日，时逢古城举行庙会，一伙年轻人没有耍头，将这两块废铁脚踢手掀地滚过来又翻过去，肆意嬉笑玩弄。其中有人突发奇想，便相互打赌：看谁能把它抱得起来，看谁能把它抱起来走路，看谁能抱起它走得最远？由于它的重量已经很够一个小伙子抱了，加之那副形态，又没处抓手，要抱起它来就难，抱起来走路更难，抱起来走远更是难上加难。于是，就将它们取曰"没奈何"。同时，还依其形状，把两块废铁配成雌雄一对，一同放置在城隍庙山门口。人们玩的那块是"雄没奈何"，而把那块像"火盆锅"的废铁平埋在山门口左侧，露出火盆锅口，以显其雌性，它就是"雌没奈何"。

自此以后，乡下人进城，外地人到昭化，都要去看一看、玩一玩这个"没奈何"。大多数人特别是年轻人都要去抱抱它，试试自己的体力和耐力。久而久之，雄"没奈何"被摸得锃光可鉴、雪亮溜滑。大家都以为是一件奇事，相互传闻，以至昭化人没有不知道"没奈何"的。

"没奈何"的传闻很多，越传越神，吸引了不少外地人前来观玩，简直成了一道是否去过昭化城的"问答题"：你说你去过昭化，知道有个"没奈何"不？如果不知道，那就枉自去了一趟昭化。

说起来，这"没奈何"确实有它的神秘之处。

你如果要去抱"雄没奈何"，必须要走拢猛地抱起就跑，或许还能抱起来，跑上一段路。如果你走拢，先试一试，或抱起来让它滑脱，它将越抱越重，就休想再将它抱起来了，只好拿它"没奈何"。这"雄没奈何"原就被弃置城隍庙里，后来一直安放在城隍庙山门口。如果你的力气很大，耐力特强，能把它抱到很远的地方，丢在那里，奇怪的是第二天它又自个儿回到了它的老地方——城隍庙山门口，同它的"雌没奈何"厮守在一起，想丢掉它，或把它们分开，那同样也拿它"没奈何"。

射箭将军岭传奇

◇ 肖永乐

射箭镇位于广元市昭化区西部，境内有一座神奇的将军岭，其山梁上有明朝大将军常遇春的墓地，并建有祭奠常遇春的将军庙，将军岭因此得名。将军岭东距广元24公里，西距昭化古城20公里，风景旖旎，远近闻名。

常遇春（1330—1369年），字伯仁，号燕衡，元末红巾军杰出将领，明朝开国名将。元顺帝至正十五年（1355年）归附朱元璋，自请为前锋，力战克敌，尝自言能将十万众，横行天下，军中称其"常十万"，官至中书平章军国重事，兼太子少保，封鄂国公。洪武二年（1369年），北伐中原时，暴卒军中，享年39岁。朱元璋追赠常遇春为翊运推诚宣德靖远功臣、开府仪同三司、上柱国、太保、中书右丞相，追封开平王，谥号忠武，配享太庙。

据当地老人讲述，常遇春出生于一个贫穷家庭，7岁丧父，便以给别人家放牛和打柴为生，侍奉体弱多病的母亲。少年时期，不甘心于老死田间，家贫，无力支付读私塾的学费，就以多出力干些勤杂工换取学习机会。长大成人后，常遇春体貌奇伟，身高臂长，力大过人，饭量惊人。他一顿能吃两斤白米干饭，一次能喝三斤低度土酒，挑得起400斤重的柴物。当地人见他相貌堂堂，言谈举止异于常人，纷纷预言他将来一定会出人头地，有大出息。

一个春和景明的日子，常遇春一大早起床，急匆匆吃过饭后，就背着两大捆柴经过板石铺、黄家坡、檬梓垭，在桔柏古渡坐船过嘉陵江，到昭化古城北门口去卖。午时三刻，碰巧元朝宰相脱脱帖木儿（又被称为托克托、脱脱）带军进城，快到城门口时，马突然惊慌地停下来，任人鞭斥都不敢走。脱脱帖木儿又惊又怒，下令兵士前往查看，原来是常遇春在一块红石头上睡午觉，鼾声如雷。兵士迅即用脚将他踢醒，并大声呵斥叫他走开。常遇春陡然从梦中惊醒，他慢腾腾地伸了个懒腰，就起身准备回家。脱脱帖木儿忽然看见常遇春背柴的背架子和拐杖都是铁制的，又见常遇春膀大腰圆、身材魁梧，倍感惊奇，便命兵士将常遇春带到昭化县衙府中问话。

脱脱帖木儿详细查问常遇春家住哪里，家中还有什么人等情况。常遇春见脱脱帖木儿并无恶意，便一五一十作了回答。脱脱帖木儿见常遇春勤劳又孝顺，正是难遇的人才，就问他是否愿意从军。常遇春大喜过望，心想从军也许能够混个好前程，当即满口答应，脱脱帖木儿十分高兴。常遇春随后立即赶回家告知母亲，母亲也认为儿子从军是好事，表示支持，并反复嘱托常遇春一定要好好表现，用心报效国家，将来好光宗耀祖。常遇春当晚就随了军，因为他有一副好体力，脱脱帖木儿就让他先在军队里背挑行李餐具及军用物资。

一天，四个兵士竭尽全力半天都没有拉开一张硬弓。常遇春恰好路过，看得手痒，他抿嘴一笑，大声表示愿意一试。兵士们都露出不信任的表情，只见他轻轻一用力就把弓拉得满开。兵士们大惊失色，连忙跑去报告宰相脱脱帖木儿。脱脱帖木儿立刻召见常遇春，问他是否愿意练习武艺。常遇春正求之不得，当即答应。常遇春天生就是练武的料，一看就会，一拨就通，仅仅学习了三个月，就熟练地掌握了剑术、刀术、枪术、箭术、马术，各种兵器都能使用，可谓十八般武艺样样精通，跑马射箭能百步穿杨。脱脱帖木儿见常遇春已经学武有成，又精于骑射，认为他是可造之才，便安排人教他练习兵法，学习排兵布阵。常遇春聪颖好学，悟性极高，短时间内便将各种兵法、阵法烂熟于心。脱脱帖木儿见常遇春果然不负所望，便封他为偏将带兵上阵。常遇春智勇双全，从此英雄有了用武之地，率兵作战百战百胜，立下赫赫战功。

元朝末年，朝廷腐败无能，宰相脱脱帖木儿受奸臣诬陷，为表明心迹，被迫主动辞职，告老还乡。常遇春受到牵连，被发放到怀远县修治黄河。

那时，元军四处烧杀抢掠，无恶不作。常遇春义愤填膺却又无可奈何，决心弃暗投明，就寻机在和州投奔了一代雄主朱元璋。从此，常遇春遇见了贵人，命运发生了根本改变。朱元璋与刘伯温、徐达、常遇春、胡大海结义为兄弟，并一同加入明教，推翻了元朝，建立了明朝。其间，常遇春率军鏖战衢州、大战九华山、大破陈友谅、攻取元大都，战功卓著，功升元帅、大将军。朱元璋对常遇春器重有加，高度评价他的功勋"虽古名将，未有过之"。

朱元璋称帝后，为维护自己的统治，便采取措施压制忠良，排除异己。有一天，仆人在打扫卫生时，突然发现常遇春的房间生长有鲜活的地瓜根叶，银光水化般，就用手将其掐断，可第二天又长出来了。仆人甚感诧异，急忙禀报朱元璋。朱元璋怀疑这是常遇春将来有帝王之位的迹象，顿时大惊失色，就派手下找来会看风水的地仙，暗地查看此地瓜的根脉到底来自何处。大约花了一年时间，地仙从北方大漠查到南方山丘，沿途查寻，终于步到射箭镇常家碥，找到这地瓜根的源头就在常遇春的老家院子的堂屋地下，这个地瓜根有水桶一般粗。地仙迅速禀报，朱元璋认为这是真龙地脉所在，下令必须想尽一切办法，彻底根除地脉以绝后患。

于是，地仙设计，秘密派人用锄头去把地瓜根挖出。四名壮汉一天挖到黑，始终断根不断筋，第二天竟然又长成原样。足足花了两个月时间，又用大刀砍、斧头砍，再怎么挖砍却都不能除根。傍晚，四名壮汉疲惫不堪，就不知不觉地睡着了。睡梦中，一个白胡子老人神神秘秘对他们说："不怕千刀万砍，只怕来来往往。"早上醒来，四名壮汉慢慢明白了老人告知的"天机"，原来"来来往往"指的是要用锯子来锯。他们便找来两把铁锯来锯，果然立刻见到神效，半天就彻底根除了。锯地瓜根时，地瓜根不时发出阵阵哀嚎的声音，流出的全是淡血水，源源不断从山坡淌下来淌成一条深水沟，当时人们称呼它为"遇春沟"。

据说，当时常遇春已经察觉朱元璋的阴谋，就在南京诈死，打算悄悄回乡，走到平武县时遇到霍乱，突然肚子剧痛，活活在兵营中疼死。士兵们便抬着棺材，从平武经江油、剑阁沿着古蜀道过桔柏渡，把常遇春的尸体送回了家乡，安葬在射箭将军岭的山梁上。

后来，常家后人和当地百姓筹措资金在将军岭修建了将军庙。该庙规模壮观，翘檐飞角，庙内塑有常遇春全身像，专门祭祀常遇春。再后来，又修建了五郎庙，祭祀朱元璋、刘伯温、徐达、常遇春、胡大海君臣五人。这两座庙遗址尚存。当年，常遇春的墓地面积很大，至今仍然有常氏后人在传统节日到其墓地遗址前拜祭。

射箭将军岭生态环境良好，自然风光独特，文化资源丰厚，交通十分便捷，发展旅游经济的条件得天独厚。近年来，地方政府着力发展文旅经济，已经形成集休闲、度假、生态观光、娱乐为一体的射箭将军岭生态旅游景区，面积3000余亩。园内有自然形成的"金笔点汤""银箭出弦""明月照金龟"三大自然景观；有常遇春陵墓、古盐井、古窑、团碑及动物牙齿化石等历史遗迹；有苍松、翠柏、银杏、香叶树、雪松、女贞、锦鸡、娃娃鱼等100余种珍稀动植物，颇受各地游客的青睐。

昭化有座笔架山

〉〉 肖永乐

在昭化古城龙门书院正对面即嘉陵江东岸有一座山名叫笔架山，此山因形似笔架而得名。清代时在山上曾经建有三个笔架，可惜后来被毁，遗址尚存。为何建笔架，还有一点来历呢。

笔架亦称笔格、笔搁，即用以搁置毛笔的架子，书画时在构思或暂息借以置笔，为古人书案上最不可缺少之文具。南北朝时已有笔架的记载。唐代大诗人杜甫《题柏大兄弟山居屋壁》诗云："笔架沾窗雨，书签映隙曛。"宋代鲁应龙《闲窗括异志》有载："远峰列如笔架。"

据传，清咸丰年间，毛汝志被派到昭化县担任知县。当他来到昭化古城东门（瞻凤门）的接官亭时，当地百姓早已在那里迎接。举目一看，大门的左侧摆了一大碗清水，右侧则立有一面明亮的大镜子。毛知县陡然明白其深意：老百姓希望新上任的县大老爷是一位清如水、明如镜的好官。

上任后，经过实地考察，毛知县觉得昭化三面临水、四面环山，是他此生遇到的第一块风水宝地。毛知县又抽出时间进行微服私访，与当地贤达、商贾等深入交流了解情况，得知城中有些富豪为富不仁、鱼肉百姓，文风下行，社会风气衰败。于是，他暗自下定决心要清廉治县，提振文风，干出一番政绩，造福一方百姓。

当时昭化古城的名门望族，主要是住在富人区南门巷的鲁家、辜家、赵家和住在西街的王家。其中，赵家有钱，王家有势，两家素来不和，明争暗斗。

一天，赵家家主请王家家主到家中做客，却在王家主要路过的剑刀坝晒了两垫银锭子，王家主不知其故，在摆谈中谈及此事，赵家主漫不经心地说自家的银锭子蛀虫眼了，需要拿出来晒一晒。王家主知道赵家主是炫耀自家有钱，但又不便当面发作。

其间，谈到新来知县一事，两家家主商议一起去拜会一下，并于某天将帖子送到县衙。

毛知县接到王、赵两家的帖子后，通过详细了解，知道赵家的顶子是用银两捐来的，王家的顶子是皇帝赐封的，于是确定了与他们见面的日子。

这天，赵家主凌晨起来，收拾完毕后，就在县衙门前等候王家主，左等没来，右等也没来。赵家主想先讨好知县大人，便走到中门，被当差的挡回不让进，回家后才知他应进的是边门，而王家主进的中门。赵家主羞愧难当，竟气得卧床不起。王家主知道此事，暗自高兴，心想自己终于出了这口气。

自此，王家主根本没把毛知县放在眼里，依旧为所欲为。

毛知县知道王家仍然在胡作非为，他用半个月的时间明察暗访，得知王家的祖坟在县衙背后翼山的山脚下，是一杆旗的地穴。为了弄垮王家，他召集全县知名绅士商议，大讲昭化钟灵毓秀、人杰地灵，打算在凤岭山上修一座塔子，在刀环山上修三个笔架。绅士们都认为这是好事，纷纷表示赞成。

毛知县又派人找来知名的风水先生，确定了修建吉日。于是，在县衙大堂正对面的刀环山上建了三个笔架，寓意昭化教化好、出人才；在凤岭山上建塔子，名崇文塔，崇德尚文。中间有一条终年不枯的龙王沟，可做研墨的水。接着又修一座连接北到古城的拱桥，名叫北凤桥。最后在王家的祖坟上面修建一座戏楼，人们可以在逢年过节和庙会期间在这里观看演大戏。

这一切都是毛知县的精心策划，昭化古城的几大名门望族直到衰落也不明白其究竟。

多年后人们才得知，笔架、塔子是昭化四家名门望族的克星，同时笔架是学子祈望学成登科的"福星"。大堂前笔架山上的笔架，偌大一座山是毛知县放笔的地方，他坐在大堂上就可以明辨是非定谁对错。广元的塔子垮段家，昭化的塔子垮王家。塔子像支箭，倒影搭在像弓的北凤桥上，直射王家的祖坟，并在塔中写有"桥似弯弓塔似箭，箭箭射倒翰林院"十四个大字。王家祖坟上的戏楼，一遇唱大戏，锣鼓喧天响，闹得王家祖坟不得安静，不知不觉王家就慢慢地衰败下去了。

说来也怪，昭化的文风和社会风气却日渐变好。

"到了昭化，不想爹妈"

◇ 肖永乐

古老神奇的昭化孕育了众多千古流芳的美丽传说。

"到了昭化，不想爹妈"，这句民谚已经在海内外流传了1000多年。它最早出自一代女皇武则天的生母杨氏之口，再因女皇的影响而广为传诵，至今不衰。武则天母女与昭化有着不解的情缘。

武侯托梦

隋朝年间，朝廷骄奢淫逸，大兴土木。武则天的外公杨达是隋朝贵族，他年轻时就积聚资金，在巴蜀一带大量购集木材，再沿水道和剑门古蜀道运回陕甘等地，生意做得十分红火。每次到昭化，杨达都前往古城西门外的武侯祠祈福，并捐献功德。

一日傍晚，酒足饭饱后，他倒头便睡。朦胧中一人鹤发童颜，羽扇纶巾，送给他两句谶语："女臻源孙媚，益姝孕利蚊。"他正想请求详解，此人竟飘然而去，醒来乃南柯一梦。杨达心想这是诸葛亮在冥冥中向他暗示着什么，但百思不得其解。回到甘肃后，他便告知夫人，夫人也感到惊奇，但都觉得武侯所托之梦一定是大吉大祥之梦。从此，夫妇俩便多行善事，广积功德，口碑鹊起。

昭化降生

杨达一心想解开那两句谶语中所蕴含的"玄义"，终于设法找到当时名冠天下的星相家袁天罡。袁天罡沉思良久，神情郑重地说："天机本不敢泄漏，感你诚意，就点拨你一二吧。'益''利'指的是地名，在那里你将大富大贵……"之后任凭杨达百般苦求，袁天罡便不再言语。杨达告知夫人后，两人反复回味猜想，杨达似有所悟："我好像明白了，'益'可能指的是益昌（今昭化），'利'可能指的是利州（今广元）。"夫人当即提出要随丈夫一同前往两地，杨达欣然应允。

一日，到达昭化，杨达携夫人拜武侯祠，游古城，登牛头山，尽览昭化名胜，当晚留宿昭化古城太守街最著名的龙门客栈（现已毁）。昭化的山水太极奇绝天下，龙门客栈正处在昭化山水太极图阳极的鱼眼之上，据传在龙门客栈住过的人将"鲤鱼跃龙门"，大吉大贵。夜深人静时，夫人依偎在杨达怀里，想起谶语，娇声地说："'孕'字的意思，莫非跟这里有啥联系？"杨达高兴地说："夫人说得对，俗话说地灵人杰，我们若能在这里孕生一个孩子，也许洪福齐天呢！"异地风情，两人一夜缠绵，也许是天意，夫人便有喜了。

此时的昭化既无战乱，也无天灾，气候宜人，出产富饶，可谓人间天堂。昭化瑰丽的山水风光、淳朴的民风民俗让杨达夫妇开怀称奇。夫人提出要到昭化寄居，以便天天给武侯上香，祈求保佑，待孩子出生后再回甘肃。杨达认为夫人的话有道理，就满足了夫人的愿望，夫妻俩又住进龙门客栈。不久，孩子在昭化顺利出生了，是个千金，即武则天的生母杨氏。据说，杨氏出生的当天，有一只凤凰在客栈上空绕空三匝。昭化古城东门取名"瞻凤"，对岸的笔山也曾建有凤凰楼，都缘起于此。

杨氏天生美丽聪慧，是有名的才女。她"明诗习礼""阅史披图""曾于方寸、具写千言"，深得父母宠爱。

高祖做媒

武则天的父亲武士彟，是富有的木材商人，他广结贤豪，雄心勃勃，通过结交杨达而结识了后来的唐高祖李渊，便从军为官，一路飙升。李渊称帝时，他为二级功臣，职位是"古厢检校"，即守护皇宫的近卫军将军。可见李渊对他特别信任。

武士護丧妻后，李渊的女婿杨师道（隋朝贵族，桂阳公主的丈夫），便给武士護介绍他的堂妹杨达之女杨氏。经唐高祖降敕结亲，武士護便娶了杨氏续弦。杨氏信佛，本无意嫁人，其父杨达历来对武士護赞赏有加，加之受于皇命，又想起武侯托梦，其女似与姓武的人家有缘，便说服杨氏从嫁。武士護与杨氏十分恩爱，杨氏生有三女，武则天为次女。

乌龙感孕

唐贞观二年（628年），唐太宗从扬州调武士護任利州（今广元）都督，武士護勤政廉洁，治绩显著，深受百姓拥戴。相传，利州城外嘉陵江对面有座乌龙山，山下潭中有条神奇的乌龙。一天，杨氏乘船游到潭边，其美艳惊动了乌龙。它从潭中跃出与杨氏嬉戏，杨氏由此便怀上了龙种（武则天）。这就是千百年来广为流传的"乌龙感孕"的故事。晚唐诗人李商隐的诗《利州江潭作》专述此事，描述颇为传神。据说，武则天出生时，有人看见一条青龙驾云吐雾，降落都督府。

昭化盛产韭黄，杨氏怀孕期间，特别爱吃昭化的韭黄肉丝。武则天当了皇帝后，便命昭化年年向皇宫进献韭黄，昭化韭黄便成为贡品，称"贡黄"。昭化韭黄尤能延年益寿，杨氏一生都喜欢吃昭化韭黄，享年92岁。

"至益昌，忘爹娘"

在广元期间，杨氏经常带着武则天乘船沿嘉陵江游河湾，并到昭化等地游玩。武则天天生帝王之相，龙睛凤颈，资质特异，穿着男装，尤喜猎奇涉险，时时做一些连男孩子都不敢想的事情。乳娘一带她到昭化，她便欢喜异常，在桔柏渡口走铁索桥，在"张飞战马超"的战胜坝骑着木马练习打斗，在牛头山上的姜维井旁模仿"祭天拜水"，总是玩得乐不思归。父母时时都拿她没有办法，便多迁就，让她玩得尽兴。

杨氏由此常发感慨，说武则天"至益昌，忘爹娘"，这就是"到了昭化，不想爹妈"的最早由来。武则天入宫后，被唐太宗爱称为"媚娘"，她后来登上九五之尊，这句话就广为流传。

杨氏"母以女贵"，她死后被武则天追封为孝明高皇后，倍享荣华：其陵墓为顺陵，又称望凤台，有感念出生地昭化之意。它位于咸阳市东北18公里的陈家村南，其陵前的一对石雕走狮，号称"东方第一狮"，珍奇无比。昭化东门外曾建有杨氏的衣冠墓，世人多有祈拜，可惜后来被毁了。

由此，我们不难理解武侯托梦的含义，它指杨达一家飞黄腾达，要靠其女和外孙女两个女人，要在昭化、广元地区沐浴天恩地灵，孕生凤女（杨氏）龙孙（武则天）。

无母焉有女，可见昭化神奇无比。

05

多彩非遗

射箭提阳戏

> 肖永乐

射箭提阳戏是对中国乃至世界都有重要影响的傩戏品种，它的传承历史十分悠久，因地处昭化区射箭镇而得名，现为国家级非物质文化遗产。

相传，唐太宗李世民梦游地府时，目睹人们在阳世作恶而在阴间接受酷刑的惨状，于是心生怜悯，便决心创立一种规劝世人向善积德的"愿戏"，这便是射箭提阳戏的历史源起。

射箭提阳戏自清乾隆四十六年（1781年）传入原射箭乡（现射箭镇）龙江村的李家嘴，距今已有十二代嫡系传人。其特征独特，内容丰富，传承正宗，被专家定性称为"中国汉民族傩戏的活化石"。

射箭提阳戏主要分布在射箭镇及其周边的川北地区。射箭镇位于广元市南郊的昭化区西部，嘉陵江纵贯全境，平均海拔560米，属亚热带湿润气候，为中低山丘陵地区，四季分明，生态良好，百姓世代农耕。这里的人们淳朴善良，能歌善舞，虔诚地追求自由和幸福，传统文化活动丰富多彩，形成了射箭提阳戏生长和传承的特殊地理与社会环境。

射箭提阳戏又称"花花愿戏"，是由酬神、娱人的傩祭、傩舞发展而成的宗教与艺术相结合的民间活动，是一种既原始古朴又独具特色的戏剧形式，种类繁多，剧目丰富。它信奉道教，演出时由提线木偶、面具、人三种混合演出，有别于中国其他一切傩戏，具有独特的艺术风格。

开坛演出时，舞台设置简易，底幕正中上挂"三清图"，即玉清、太清、上清，下挂"三圣图"，即川主、土主、药王，两边耳幕左右各挂一幅判官和小鬼图。舞台底幕正中有一张大方桌，桌上设有香案，一对大蜡，三炷长香，一盏清油灯，另外台上挂上两盏"满堂红"，即两个土

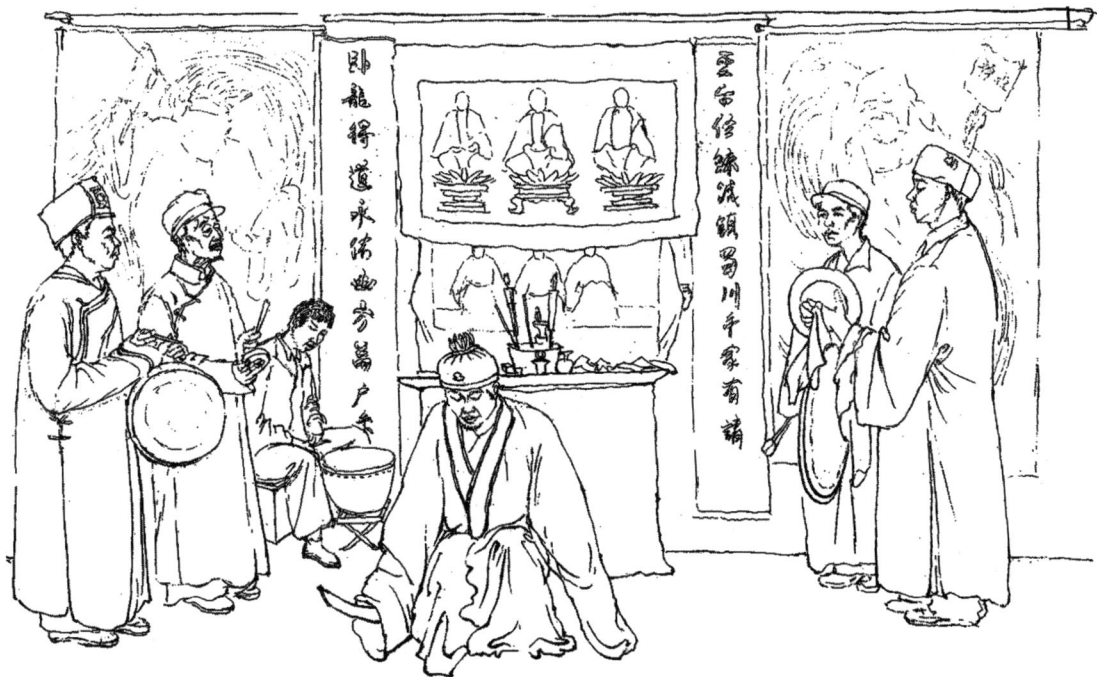

射箭提阳戏

碗，里面倒上清油，每个碗里用棉纱做三个灯芯，呈三角形，点燃做照明用。演出分三个部分：一是开坛，即请神。坛主净手后，焚化纸钱，燃放爆竹，鼓乐齐鸣，然后跪在坛前叩首礼拜，嘴里默念咒语，求求菩萨保佑，驱除妖魔鬼怪，答谢施主的酬愿。二是娱人，即演戏。三是送神，即恭送神灵回归天界。其请神和送神都属道教的祭祀活动。

射箭提阳戏的演出分天戏和地戏。天戏即神仙戏，主要是木偶表演，它是表现一个神的世界。天戏共有三十二戏，四十二像，包括赶马童子、小鬼（一双）、大鬼（一双）、钟馗、判官、土地、走马仙官、祈世郎、牢子（一双）、判子、川主、土主、药王、领牲（一双）、梅花女（一双）、文昌、巡布官、绣珠童子（一双）、黄氏女、柳青娘、陈公、合伙二仙、关公、韩信、寿星、二郎、大伯、二伯、三伯公婆、僧道二仙、杨氏老爷、屏风小姐（一双）。三十二天戏全是用提线木偶表演，木偶大小一般在一尺二左右，只有川主、土主、药王、文昌略大一点。地戏共三十二戏，分折子戏和大幕戏、文戏和武戏。《姜子牙挂帅》既是折子戏也是武戏，《联花》属文折子戏，大戏有《孟姜女》，人和面具同台演出。一般大愿唱三天，小愿唱一通宵，施主不仅要给钱，还要给食物和其他物品。

射箭提阳戏一般有剧本，大多是有影响的民间传说和神奇故事。为迎合主人恭喜发财、人丁兴旺，演出时可即兴串词。演出场地一般都在农村主人家的堂屋或院坝，不搭台子，观众围观，属地道的民间小戏演出，富有浓郁的地域地方特色，深受山区农民喜爱。

射箭提阳戏有固定的演出乐器，只有击乐，没有弦乐，击乐中有马锣、圆鼓、大钵、木鱼、长号（唢呐型）等，没有固定的指挥乐器，根据曲牌和演出唱腔的需要，一般是钩锣领打。它的道具、面具及服装精美，面具根据人的脸部、凹凸部位雕刻而成，以民间传说与唱本提供的脸谱为原型，再着色加以夸张，使面具形象既符合戏中人物的性格，又符合人们想象中的艺术造型，具有原始宗教神的造型，属艺术珍品。道具服装有关公刀、枪、棍、铜、鞭、背旗、令旗、道衣、道帽、猴衣等。

射箭提阳戏伴随民间宗教活动产生和发展，对民间宗教活动有一定的依存性。它的音乐、唱腔、舞蹈既比较原始，又古朴典雅大方，它的行当分生旦净丑，整个唱腔主要吸收当地民间小调和山歌，也有传统唱法，具有典型的地方特征。

射箭提阳戏在长期参加酬神、还愿等民俗活动中，根据活动不同阶段的内容，一般按照道教的活动程序，演奏比较固定的成套剧目，程序性十分明显。它代代相传，传男不传女，传内不传外，传优不传劣，每代坛主都有法号，方法是口传心授，在继承上具有独特的家传性。其演员均为男性，剧中女性角色均由男性反串。

射箭提阳戏属传统的民间文化，在整个中国傩戏中占有重要地位，具有独特的学术价值和实用价值，一直得到国内外专家的高度关注，对射箭提阳戏的研究已取得丰硕成果。

1989年4月，四川省在广元召开傩戏研讨会，来自贵州、云南等省18个地市州的有关领导和专家们前往射箭考察，并在皇泽寺女皇山庄观看了射箭提阳戏演出。大家一致认为，它是古老的民间戏曲艺术瑰宝。四川省电视台、峨眉电影制片厂专题拍摄了射箭提阳戏，并进行收集研究。1989年11月，日本广岛大学教授大木康，日本东京大学教授、东方宗教戏剧研究所诹访春雄在中国傩戏研究会会长曲录一的陪同下，亲临广元实地考察射箭提阳戏，做出高度评价。1992年11月，台湾政治大学教授李丰楙、周逸昌前来广元考察射箭提阳戏，认为射箭提阳戏是中国古代戏剧的一颗璀璨明珠。1995年10月，日本专家前田宪二一行9人在国家文物局等部门人员的陪同下，亲临广元考察射箭提阳戏，表示高度赞赏。人民网等国内外网站均有介绍射箭提阳戏的专题文章，射箭提阳戏先后被收入《中国戏曲志》《四川傩戏志》等权威专集，影响深远。

射箭提阳戏是目前中国保存最完整、传承最正宗、内容最丰富的傩戏品种，研究传承成果丰硕，具有极高的学术价值和艺术价值，影响极其深远。

目前，射箭提阳戏正重放异彩，一饱海内外观众的眼福。

川北雷棚评书

◇ 肖永乐

"东汉建安十九年，即公元214年，刘备（蜀先主）和张飞（蜀汉虎将）站立在葭萌关城楼上，往前一望，只见三军阵上，东方打赤旗，南方打黑旗，西方打白旗，北方打黄旗……"

近日，广元市昭化古城三国评书馆内坐满了听众，只见台上一身红色布衫、须发花白的老者正在绘声绘色地讲述三国传奇故事《张飞挑灯夜战马超》。只见他，蹬打吼喊，眉扬顿挫，一人多面、一腔多调，舞台效果在醒木里、眼神里、声音手势里精彩呈现。马嘶声、战鼓声、箭啸声、喊杀声犹在耳旁，听众情绪随书中情节跌宕起伏。一段说毕，全场寂静，继而响起雷鸣般的持续掌声。

这位说书老人名叫苟银春，他所说的评书，正是四川省第六批省级非物质文化遗产——昭化川北雷棚评书。

川北雷棚评书形式通俗，体系完整，表现手法丰富，独有的"九打"和"十三杀"具有丰富而强烈的艺术感染力。评书内容以讲历史和金戈铁马战争一类的书目为主，着重讲蜀道文化、三国文化及广元、昭化本土民俗风情，讲究模拟形容，金鼓号炮、马嘶虎啸都通过艺人之口来表达，可谓说的比唱的还好听。

川北雷棚评书是四川评书的重要组成部分，其历史悠久、人才辈出，是具有四川地方语言特色的优秀的本土民间曲艺节目，迄今已经传承至第四代。

川北雷棚评书的第一代传承人叫唐玉龙，四川蓬安县兴隆乡人，是著名评书艺人，人称"川北教主"。第二代传承人叫唐芳（1915—1961

川北雷棚评书

语惊座上客

心动古今事

年），是唐玉龙的儿子。唐芳自小天资聪敏，记忆力过人，特别喜欢听他父亲讲评书，"耳濡目染，乐于此道"（《南充地区文化艺术志》）。唐玉龙"虽不乐其子从此业"，但唐芳志坚不移，后随著名评书艺人谯治平学艺，通过刻苦努力，不久就登馆说书，南充的过江楼茶馆、靖江楼茶馆及市内的小北街茶馆（现西城街道办事处）等均是他的献艺之地，所说书目有《麻将图》《火烧剑侠楼》《吕四娘刺雍正》《施公打洞庭》等，皆为听众所喜爱，一本书往往要说几个月甚至一年才能完结迁馆。

唐芳说评书，"功力深厚，表演精湛，口若悬河，滔滔不绝，快而不乱，慢而不断，眉眼指爪，绘声绘色，使听众如见其人，如临其境，文坊武场，各放异彩，扣人心弦"。他讲的四大排朝，即天排朝（玉皇）、地排朝（阎王）、人排朝（君王）、水排朝（龙宫），其人物、穿戴、品列、情境、套路各异，各具特色，如痴如醉的听众，往往都要求"加一板"。20世纪40年代后期，唐芳已蜚声川北，人称"小教主"。1950年3月，南充市曲艺工作者协会成立，唐芳当选为副主席。同年12月，他出席首届川北曲艺工作座谈会，1951年出席西南地区第一届文代会，1953年1月出席四川省第一届文代会，1955年、1957年他先后当选为南充市第一、第二届政协委员。1961年4月病故，终年46岁。

川北雷棚评书的第三代传承人叫袁绍成，当时在南充市曲艺队供职，是唐芳的嫡传高徒，为20世纪50年代广元县引进的优秀曲艺人才，在广元老城上河街安家，担任县曲艺队队长，招收培养了一批曲艺人才。

苟银春是川北雷棚评书的第四代传承人，现年67岁，自幼喜欢文艺，师承袁绍成。在20世纪70年代中叶，他在昭化区公所宣传队，经常参加文艺演出，送文化下乡，后来宣传队解散，他便回家种菜。1979年夏天，县文化馆的干部冯学敏、柳文林、王红柱在昭化采风，偶然遇到苟银春，问起他的情况，得知他记忆力过人、有表演经历、有发展潜力，都建议他跟袁绍成去学正宗的雷棚评书。

当时袁绍成远在重庆讲评书，苟银春就在家坚持自学，也自己学着编写评书段子，并到当地学校去讲评书，内容有《校园新风》《小吹号手》《猪八戒险越淤泥海》。两年后，袁绍成回到广元，刚好苟银春去县文化馆开会学习，于是就正式拜袁绍成为师学习雷棚评书。

此后，苟银春吃尽苦中苦，天天起五更，睡半夜，记串口，吊嗓子……功夫不负有心人，他的真诚努力赢得袁绍成的高度赞赏，由此得到真传，一年后就顺利出师。

2008年10月，昭化古城成功创建为国家4A级旅游景区，修整后的古城重现千年历史的底蕴和文化张力。2010年5月，苟银春回到家乡昭化古镇，开始立馆定点讲说评书，通过川北雷棚评书讲昭化故事，传播昭化三国文化、现代文明精神，颂扬真善美、传递社会正能量。

除了传统剧本外，苟银春立足昭化本地搜集整理故事，又编撰了10多个原创评书脚本，并将昭化的历史文脉与新时代反腐倡廉、乡村振兴等内容融入段子，让川北雷棚评书在新时代焕发出新生命。为传承和发扬昭化非物质文化遗产，苟银春已教授3名弟子，现均可单独讲书。

近年来，昭化区成立了非物质文化遗产保护工作领导小组，研究制定一系列非遗专项保护规划，加快推进濒危戏剧及曲艺保护、传统工艺振兴、传承人群可持续培养等工作，并细化落实责到部门、镇、村，确保非遗保护传承有序推进。同时建立了非遗文化传习所，整合保护研究力量，对唱本、录音录像等珍贵资料进行抢救性保护，定期组织非遗传承人集中登台展示交流，邀请非遗保护、戏剧研究专家学者现场指导，并推出研学组织现场教学活动，鼓励参与非遗产品制作、非遗曲目演奏，让非遗文化不断焕发生命力，推动中华优秀传统文化创造性转化、创新性发展，更好满足人民群众日益增长的精神文化需求。

柏林沟金钱棍

◎ 贾忠周 廖计成

柏林钱棍响蜀道，千载风流看今朝。

柏林钱棍响蜀道，一板一眼有腔调。

抚今追昔话古镇，千载风流看今朝。

人杰地灵风光好，古镇儿女斗志昂。

劈波斩浪新跨越，柏林明天更富强。

广元市昭化区柏林沟古镇的新时代文明实践站大厅宽敞明亮，柏林沟金钱棍第十四代传人熊娟精明干练，正侃侃而谈。熊娟从小学开始接触柏林沟金钱棍，这项有400多年历史的地方剧目，从此就像一颗种子在她心中生根发芽，让她念念不忘。2014年，熊娟回到家乡，正式加入柏林沟金钱棍的表演队伍，并在柏林沟金钱棍第十三代传承人张明龙老师的言传身教下，成长为柏林沟金钱棍新一代传承人，让这项非遗文化逐渐"活"起来、"火"起来。

柏林沟古镇位于四川广元市所辖的昭化区，据道光年间《广元县志》记载："先祖（刘备）留中郎将霍峻守葭萌，蜀定后，废葭萌迁东山下更名汉寿。葭萌县东汉时属益州广汉郡，今四川保宁府昭化县东南，即广元柏龙堡，柏林驿，是为葭萌故地。"柏林沟金钱棍是昭化区柏林沟镇的一种独特的民间表演艺术。柏林沟金钱棍的曲目，往往体现着柏林沟人民在不同历史时期的思想崇尚、美德观念以及新生活新变化等。表演道具是一根竹子、两串铜钱或铃铛。金钱棍表演者随着节拍边舞边说唱，柏林沟金钱棍的艺术表演形式是说唱、舞棍、舞蹈三者有机结合，它运用生活中提炼出来的、生动形象的舞蹈动作和说唱化的语言来讲述故事，传递情感教化。

柏林沟金钱棍的源起要追溯到400年以前。发展之初，金钱棍是贫困的劳动人民的一种谋生手段，后来演化为在红白喜事、走亲访友或重大节庆时采用的一种民间表演艺术形式。到了清嘉庆年间，在柏林地区举办了一个"万年花灯会"，当时金钱棍作为其中的一个小节目出演，到后来，就独立出来，成为特有的一种演出形式，盛行于当时社会的各个角落。新中国成立初期，柏林沟地区的川剧团根据《岚桥相会》剧本改编成金钱棍唱词，在各种场合演出。1977年8月，柏林沟小学负责人郭志安以及在校老师、柏林沟金钱棍传承人谭正飞二人将金钱棍引入学校，并整理排练，加以完善，用于每年的校庆、国庆等重大节日的演出。2012年4月，由柏林沟镇人民政府牵头，柏林沟镇社区具体负责，聘请专业健身老师现场编排新式金钱棍舞蹈，同时邀请谭正飞组织场镇商住户编排了传统金钱棍，使这一非遗得到了很好的保护与传承。

柏林沟金钱棍主要是传承人之间的一种口口相传，缺乏具体的文字记录，所以其传承谱系不甚清晰，实为一件憾事。目前，有据可考的第十一代传承人名叫谭正飞，第十二代传承人名叫谭春华，第十三代传承人名叫张明龙，第十四代传承人即熊娟。

传统的金钱棍是以一根细竹竿制作而成，竹竿长100—120厘米，两端分节挖空，装上四五个小方孔铜钱，竹竿的表面涂以红、黄、蓝等色漆，再在两头系上红色的丝带为穗，敲打的时候铜钱互相碰撞发出哗哗的声响，丝带随之飞舞，非常漂亮。发展至今，柏林沟金钱棍的制作人张克文（昭化区柏林沟镇岚黎村人）对传统制作技艺加以改良，不再是两头挖空放铜钱，而是在两头各挂上几个响亮的铃铛，舞者腰缠红绸，这样在摇敲的时候响声就更加清脆悦耳，再加上二胡和笛子的伴奏，更加传神动听。

金钱棍表演者身着传统喜庆服饰，采用实唱，结合当时场景需要，舞者边敲边唱，无伴奏无音乐，仅仅是和着固定的17个节拍，跳的时候既可单手执单棍，也可双手执双棍，也可摇击或敲击发音，形成复杂的音乐节奏变化。与其他地方的金钱棍完全不同的是，敲击部位在肩、腰、背、臂、肘、两手、两膝、两足上的总共39个人体穴位，这样在娱乐的同时，兼具保健按摩的功效。技艺高超的表演者还可使金钱棍在手心、肩头或背部等处旋转变化。

柏林沟金钱棍具有较高的文学艺术价值，又具有民俗文化的研究价值。其音乐唱腔采用川北民歌调子，以叙述性为主，而又使叙述性与抒情性相互转换、和谐统一，因此，它又具有很高的音乐欣赏价值与研究价值。金钱棍已成为柏林沟镇老老少少都熟知的娱乐方式，并引入中小学作为儿童健身操。

柏林沟金钱棍所唱曲目唱词主要反映了一个时代人们的新生活、新面貌、社会新变化。传统曲目有《柏林钱棍响蜀道》《十唱柏林沟》等。这里略引数句："五月风光美无限，世界文化大发展，打起钱棍把话提，颂唱柏林古革沿。一唱柏林风光好，山峦俊美花木繁，锦鲤天鹅嬉碧湖，云外水乡桃花园。二唱三国古驿站，米仓官道沧桑变，古街古墓古寺院，完好保存至今天。三唱一段好姻缘，浓情蜜意生死恋，兰妹钟情魏公子，化对锦鸡守湖畔。四唱青山藏先贤，马超衣冠葬湖边，关家坟林埋关兴，夏成安眠夏家山。五唱古树名木赞，广善寺内两'桅杆'，古黄梁下忆黄梁，三柏又成品字圈……"一曲柏林沟金钱棍曲目，真实地反映着柏林古镇的变化和发展，刻画出古镇旖旎的风光、古朴的风貌与无与伦比的传奇。《田间的响声》作为柏林沟金钱棍的新兴节目，在传统金钱棍的表演基础上重新融入了新时代的舞蹈元素。

柏林沟金钱棍的表演者一般为当地居民，以女性居多，表演时人数最少为16人，春节、国庆、元旦等大型节假日期间曾有过64人同台表演的盛大场面。表演者根据节拍变换不同的表演队形，手执花棍边打边舞，动作变化多端，非常吸引游览者眼球。

2001年，柏林沟金钱棍表演首次在元坝区举办的"荷花会"上亮相，被外界所知晓，备受青睐；2002年，参加元坝区（现昭化区）学校文艺汇演，荣获第一名；2004年，参加元坝区举办的"闹元宵"慰问活动，受到领导干部和人民群众的欢迎；2011年，获"民间文艺发展工作先进集体"；2012年正月，在柏林沟镇举办的首届喜迎新春暨欢庆国家湿地公园申报成功春节联欢晚会上成功演出；2012年3月，柏林沟金钱棍成功入选第三批市级非遗项目名单；2012年5月，在元坝区举办的"青春元坝"民俗文艺调演中荣获第一名；2015年，传承人熊大贵获"昭化区百姓大舞台民间文艺人才选拔赛二等奖"；2024年，柏林沟镇金钱棍队参加全国柔力球邀请赛开幕式展演。2014年，参加四川省电视台"向全川拜年"的春晚录制，在省电视台"乡村会客厅"栏目展播，并相继在四川卫视、四川旅游电视台、四川乡村电视台、四川观察微博等多个平台播出。

目前，柏林沟金钱棍已经走出柏林古镇，走向全区、全市、全省、全国。通过表演团队中的以老带新、研学活动现场展演、重大节庆展演、金钱棍进校园等多种方式，柏林沟金钱棍实现了创造性转化、创新性发展，这一传统非遗文化后继有人。柏林沟人正努力让金钱棍走出中国，走向世界，把这项非物质文化遗产发扬光大，让柏林沟金钱棍得到更好的关注、保护和传承。

虎跳狮子花灯

◇ 熊　慧

　　虎跳狮子花灯，俗称耍灯，亦称虎跳花灯。据清同治元年（1862年）王姓祖公王丕承纂《王姓合族宗谱》载，王姓始祖王士禄、王士才于明洪武二十四年（1391年）自陕西巩昌府徽州两当县入蜀，居虎跳驿三官坝（现虎跳镇三公村）传三世将舞狮带去，士禄公之孙王胜分居色湾里（现虎跳镇青龙村）遂将花灯带去，但王胜对花灯并不感兴趣，而王胜第五子王子坤却深爱灯戏，后移居三官坝复将花灯带回，将舞狮并学，又因传说有神虎跳跃嘉陵江，因此而得名虎跳狮子花灯，至今传承19代。

　　虎跳狮子花灯是集多种文艺形式而成的一台大戏，主要是在春节期间利用院坝、院场等场地表演，重要节日、大型的商贸活动也应邀演出，旨在庆新年、闹元宵、扫五瘟，祈愿六畜兴旺、五谷丰登。自生根川北700余年来，它并无剧本，仅凭心传口授代代传承，是民间文艺中历史最悠久的非物质文化遗产之一。它从巴蜀文化、地方文化中汲取文学、语言、音乐、舞蹈、说唱、杂技、绘画等多种元素，是地地道道的草根文化艺术，产生于社会最底层，是人民群众自己的创作和创造，最接地气，为群众喜闻乐见，保留了比较原始的群众文化元素，堪称群众文化的"活化石"。

　　虎跳狮子花灯由24盏小灯、4盏大灯组成，28盏灯代表28戌，24盏小灯代表二十四节气，4盏大灯分别由正灯（也叫阵灯）、排灯、斗灯、八卦灯组成，四角固定，寓意一座方城。狮子花灯先演正灯，阵法有阴阳八卦、里三层、外三层、卷心和蛇蜕皮等，目的是扫瘟除魔，祈福风调雨顺，由老艺人手执圆宝宫灯前导，后面跟着穿各种服饰的红男绿女，手持各种形式的花灯逛城，边走边唱。曲调多为民间乐曲，唱法分领唱和齐唱。其中

狮子花灯

领唱歌词如："正月里来是新春，花灯庆贺贵府门。自从花灯庆贺后，荣华富贵万万春。"齐唱歌词如："嗬嗬嗬嗬……！"走的形式既别致又有规律。正灯大多是在夜色中表演，见灯不见人，彩光流转，人影绰约，队形变幻莫测，神秘悠远，让人眼花缭乱，好听又好看。其次进行排灯表演，四方灯亮，迎接客人，表达对客人的尊重，寓意四方平安。斗灯里装有五谷杂粮，寓意五谷丰登、风调雨顺。八卦灯寓意六畜兴旺、四方繁荣、百业发达。锣鼓喧天，场面热烈，载歌载舞，雅俗纷呈。演员和观众都沉浸在亢奋、欢愉之中，气氛异常浓厚。

除了花灯表演，狮子花灯还有精彩的狮舞表演，狮舞俗称"耍狮子"，又称舞狮。狮舞通常由三人表演，即狮头、狮尾和笑和尚。表演之前，先将狮头、狮身（又叫狮皮）平放在堂屋正中。待花灯表演完毕，锣鼓伴奏，叫好声再起，接着舞狮人就位，一人舞头，一人舞尾，由笑和尚手执绣球逗引，狮子从堂屋中跃出，然后做出昂首、缩身、抖毛、舔毛、打滚等一连串惟妙惟肖的舞蹈动作，使观众目不暇接。最惊险的则是32张桌子摞起的高空杂技表演，还有狮子巡游扫五瘟。狮舞中烧花，向狮子喷射火焰，狮子在火药燃烧的烟雾中奔腾跳跃，如梦如幻。

另外，还兼有其他小节目。如：抬驿丞，六人表演，轿夫甲乙抬着驿丞说《十二倒春》。算命，四人表演，瞎子算命先生、二娃子、来算命的男女各一人。跑竹马，四人表演，两具竹马、两个赶马人，表演拜五方、祝福五方祥瑞。闹五更，四人表演唱，其余演员帮腔，内容为情歌联唱。扯闹子，两人表演，形式为说快板和打金钱板，内容有颂古人、顺十字、倒十字。相声与现代相声很接近，内容为说古人。推车，竹扎手推车一人推着唱《演兵歌》，意为除旧迎新，推出秽气，迎来吉祥。

2012年11月，虎跳镇成立了"三公村民间艺术团"。由于狮子花灯、狮舞同出一炉、同气连枝，三公艺术团将狮子花灯、狮舞融会贯通，有机地整合成一体，使艺术效果妙趣横生，相映成趣，相得益彰，在广元市内外享有盛誉。"狮子花灯"被列为广元市市级非物质文化遗产。它将说、唱、做、念、呼等各种艺术手段并用，形式多样，内容丰富，无论是演员或观众都沉浸在喜悦之中，在享受节日丰盛的酒宴物质大餐的同时，进而享受一场精神文化大餐，展示出一方一地独特的民风民俗艺术。

陈氏彩绘彩塑

※ 贾忠周

在广元市昭化区"川北第一丛林"平乐寺内，如来、观音宝相庄严，1000余尊五百罗汉善信弟子造像衣袂翻飞，2000多平方米大型佛教壁画栩栩如生，这些杰出的作品均出自陈氏彩绘彩塑第五代传承人陈凤良先生之手。

陈氏彩绘彩塑主要分布区域为广元市昭化区昭化镇及其周边的川北地区，辐射影响遍及重庆、河北一带。昭化镇位于昭化西北部，地处嘉陵江、白龙江、清江三江交汇处，面积41.95平方公里，平均海拔560米，气候温润，山清水秀，物产丰富。这里的人们勤劳善良，能歌善舞，群众文化活动丰富，但交通信息较为闭塞，世代以农耕为业，形成了民俗民间文化生长和传承的独特地理环境，更有陈氏彩绘彩塑发育壮大的独特人文环境。

陈氏彩绘彩塑技艺传承于明清之际。陈氏一脉由广东迁至重庆，陈氏作品在重庆永川、大足一带的石刻及古建筑的辉煌历史中占有一席之地。陈氏彩绘彩塑技艺第一代传人陈中和生卒年代不详，第二代传人陈续义生卒亦无文字记录，第三代传人陈绍云生于1880年、卒于1940年。陈氏三代均在重庆市铜梁县侣奉乡（现铜梁区侣奉镇）周边一带从事石雕、泥塑、画像等民间美术。第四代传承人陈作友自幼从父学习彩绘泥塑雕刻技艺，新中国成立后，11岁时就在重庆市建工局雕工大赛中被评定为三级技工，16岁时即在单位做带工师傅，指导及完成了重庆市及周边地区多处建筑雕塑，并参与了重庆大礼堂建设。1957年参军，辗转将陈氏彩塑彩绘技艺传至广元，并在利州东坝乡三联队等地授徒传艺至今。

第五代传承人陈凤良幼时从其父学习彩塑彩绘技艺，现已带徒从业于川北一带。他立足于昭化区平乐寺，以神佛像塑造和佛教文化内容为主的彩绘壁画见长，兼善石雕、国画、书法等艺术形式。陈风良既从父辈那里学到传统绘画技艺，又借鉴当代国画大师张大千、陆俨少、谢稚柳、刘开渠等多家之长，形成自己既传统又创新的画风。如多次复色黑刀法、团云卷云雾云法、点腻复色龙须法、平水高泥瓷牙法等，均在继承传统的基础上又有所创新。陈风良现已带徒张正伟、何文龙、赵婷婷等人。

陈氏彩绘在每幅壁画的创作中力求彰显故事的本意，又得画面的妙境，线条遒劲流畅，色彩瑰丽奔放，构图场景气势恢宏，令观众由衷赞叹。其主要代表作品有：2009年广元利州区川北民俗文化园310平方米巨型壁画二十幅；2010—2015年打造川北第一丛林昭化平乐寺内如来、观音及五百罗汉善信弟子造像1000余尊，绘制大型佛教壁画2000多平方米；2013年河北正定县赵云庙内蜀国君臣像、五虎上将塑像及彩绘；2011—2014年广元利州区龙潭乡绘制反映乡风民俗、农耕文化、红色文化等题材的大型户外宣传壁画四十幅，受到时任四川省委书记王东明等主要领导及专家的充分肯定；2014年在利州区金鼓村发掘恢复古村落遗址文化及古建筑的修缮，再现百年前川北民居古旧风貌；2006—2007年为广元利州区雪峰寺绘制100多平方米《释迦牟尼八相成道图》一组八幅；2007年为利州区天曌山景区西禅寺绘制佛教彩色壁画500平方米；2012年受广元市委、市政府委托绘制《飞将军李广造像》一幅。

陈氏彩塑彩绘采用的材料为泥料、木材、铁丝、麻绳、铁钉、各种木工工具、各种泥塑雕刀、刮子、各种彩绘颜料及笔刷、喷漆器材等。其神佛像塑造工艺复杂，在塑造过程中共有选泥料、采泥、发水、踩泥、发泥、扎龙骨、扎分架、塑初坯、塑初型、塑精型、过细、修光、干燥、修光、打底色、彩绘、贴金、上面漆等二十道工艺。

陈氏彩绘彩塑经过200余年的发展，独具特色，其他地区少见。一是工艺复杂，技法多样。二是体系完整，具有神佛像塑造和释、道、儒、民俗文化内容为主的彩绘壁画绘制并兼善石雕、国画、书法等艺术形式。三是制作精致，所塑造的塑像以释、道、儒、民俗文化内容为原型，再着色加以夸张，使塑像和绘画既符合人物的性格，又符合人们想象中的艺术造型，实为不可多得的艺术珍品。四是活态存在，传承制作从未中断，是至今仍能由民间艺人制作的品种。五是世代嫡传，家族世袭传承，实行宗族传承，口传心授，全面保留了陈氏彩绘彩塑的原汁原貌，属完整嫡传。六是主题鲜明，思想内容主要是反映人民群众追求平安、富裕、兴旺、幸福的美好愿望。

陈氏彩绘彩塑是优秀的民间美术工艺，其价值主要体现在三个方面：一是艺术价值。以彩绘壁画绘制为主，大胆吸收西洋油画光影、希腊雕塑技术，形成自己既传统又创新的画风和雕塑风格，独创了多种表现云、水、山、树及人物服饰质感的手法，具有极高的艺术价值。二是历史价值。作为连续传承的中国有代表性的民间美术品种，从巴蜀文化、地方文化中汲取了文学、音乐、舞蹈、绘画等诸多元素，为研究中国民间美术及民族学、宗教学、民俗学、社会学等提供了珍贵的活态田野实证资料。三是社会价值。陈氏彩绘彩塑是人们在生产劳动和生活中创造的具有民族民间特色的活态文化艺术形式。雕塑画作深受群众喜爱，丰富了广大群众的精神世界。在周边乡镇、市县及全国各地遍布他们的足迹。因此，陈氏彩绘彩塑这一民间传统美术具有群众性、艺术性和利用价值。保护并科学利用陈氏彩绘彩塑，对丰富群众精神文化生活，促进文化发展繁荣，开展对外文化交流，构建和谐社会具有十分重要的作用。

改革开放以来，特别是"5·12"汶川地震恢复重建中，陈氏彩绘彩塑得到省、市文化部门的关注和重视，为恢复重建做出了较大贡献，受到时任四川省委书记王东明、罗援将军等中央、省、市级领导及四川省民族宗教事务委员会及各级佛教协会专家的肯定和好评。

因有效保护，陈氏彩绘彩塑至今仍能由传承人活态制作，并保存了完整的彩绘彩塑影像资料及其创作的所有壁画。目前，陈氏彩绘彩塑已经打破父子相传的传统，面向区内抓紧选拔中青年优秀人才，并按"老中青、一对一、传帮带"模式搞好培养，形成老中青结合的传承人队伍。陈氏彩绘彩塑传承人数基本稳定：有5名主要成员，最大的83岁，最小的23岁，均已经登记入册。昭化区已经建立昭化、平乐两个陈氏彩绘彩塑传习所，成立陈氏彩绘彩塑传授班，编辑出版《陈氏彩绘彩塑图谱》。2016年10月，陈氏彩绘彩塑入选昭化区第一批区级非物质文化遗产项目名录；2018年2月，陈氏彩绘彩塑入选广元市第五批区级非物质文化遗产项目名录。

我们相信，陈氏彩绘彩塑这一传统非遗瑰宝必将在新时代焕发出璀璨夺目的光芒。

薛氏糖画

╲ 贾忠周

在广元昭化的大街小巷，你会不时遇见一位薛氏糖画的手工制作艺人。在他灵巧的手指下，糖画作品层出不穷、丰富多彩，深受广大群众特别是小朋友的喜爱和追捧。

薛氏糖画制作技艺源自福建省，经师传于今。糖画是一种传统民间手工艺，以糖为材料来进行造型，在以成都为中心的川西平原称为"糖饼儿"或"倒糖饼儿"；在川东一带称作"糖关刀""糖把耙儿"，川北一带则呼为"糖灯影儿"。

据考，糖画起源于明代的"糖丞相"。明俗每新祀神，"熔就糖"，印铸成各种动物及人物作为祀品，所铸人物"袍笏轩昂"，俨然文臣武将，故时戏称为"糖丞相"。到了清代，制作技艺日趋精妙，题材也更加广泛，多为龙、凤、鱼、猴等普通大众喜闻乐见的吉祥图案。《坚瓠补集》中有一首诗，真实记录了糖画盛行的情形："熔就糖霜丞相呼，宾筵排列势非孤；苏秦录我言甘也，林甫为人口蜜腹。霉雨还潮几屈膝，香风送暖得全肤；纸糊阁老寻常事，糖丞来年亦纸糊。"

糖画制作用品比较简单，分为加热用具、原材料、操作台、绘制工具、陈列设施等。糖画加热工具为燃气炉、锅，目的是融化麦芽糖。原材料主要为麦芽糖，在加热融化麦芽糖后，来制作糖画。糖画操作台就是一张桌子，上面铺着一块大理石面板。绘制工具有刀、铲、勺、刷子等，糖画制作辅材还有竹签。陈列设施为木架，上开小孔，用于插竹签。

糖画的总体制作程序比较复杂，主要经过熬糖、化糖、画糖三个步骤。在大理石板上面刷上薄薄的油，把铜锅放在火上，加入适量清水，再放入白砂糖。水与糖的比例是2∶1，即放两份水、一份白砂糖。白砂糖放入以后要轻轻搅动一下，防止粘底。水温要逐渐升高，为的是利于糖溶解在水中。水开之后，水蒸气会排到空气中。这时，糖液的温度逐渐变高，糖液中的水分逐渐减少。可以看到，糖液开始起大泡了。这是因为糖液中的水分少了，糖液的张力就大了。水蒸气在排放的过程中，会在糖面上起一些大泡。这时温度还不够。熬糖的合适温度是色泽稍微变黄，大泡变为小泡就差不多了。熬糖的目的是把糖液摊成糖片，以便在糖画绘制中使用。待颜色变黄，泡也变小了，火候就差不多了，趁热把它倒在大理石板上。糖液倒在大理石板上之后就会冷却、凝固。待糖液完全凝固后，把糖片切碎，收入盘中。质量好的糖块在常温下，半个月都不会溶化。这样熬制出的糖透明度较高，非常脆，不粘手，不流液，才能作为绘制糖画的材料。在绘制糖画之前首先要化糖。化糖就是把准备好的糖块放在糖锅内溶化。溶化糖要用小火，火大了糖就会焦。用温火将糖慢慢溶解，当糖完全溶解后就可以绘画了。第三步是画糖，用勺盛适量糖液，根据绘制内容倾倒在大理石面板上，艺人以铜勺为笔，在光洁的大理石板上抖、提、顿、放、收，时快时慢，时高时低，随着缕缕糖丝飘下，各种形象便栩栩如生地呈现在观众的眼前。民间艺人的手上功夫便是造型的关键。当造型完成后，随即用小铲刀将糖画铲起，粘上竹签，就算是完成了。

薛氏糖画的题材异常丰富，有小说或戏曲人物、卡通形象、吉祥花果、飞禽走兽、文字等内容。同时，又紧跟时代变化，最能体现创造性转化、创新性发展的精神内核。之前是阿童木、米老鼠，后来是喜羊羊、灰太狼，现在最多的是小猪佩奇、小马宝莉……薛氏糖画以人物和动物为造型主题，若是侧面形象，便以线造型；若是正面形象，则用糖料将其头部堆成浮雕状。

留下的是儿时的记忆，记住的是乡愁。晶莹剔透的糖画，曾是昭化古城大街小巷的一道亮丽风景线。对大部分喜欢糖画的人来说，其实糖画承载的是他们孩童时代无忧无虑、丝丝甜甜的记忆，也是许多人珍藏的艺术品。我们怀想的不仅是一幅幅糖画，也是一件件艺术作品，更是手艺人身上那份独一无二的"工匠精神"在新时代的映射。即使物换人移、沧海桑田，糖会被吃掉，会融化，但那份独特的匠心，一直都珍藏在心底最深处。

薛氏糖画的传承谱系比较清晰，以家族传承为主。其第一代传人林思兴，目前89岁。第二代传人林振杰，64岁（师从父亲林思兴）。第三代传人薛发明，52岁，师传。第四代传人薛婷，29岁，薛发明传女；薛琪，25岁，现为糖画学徒。薛氏糖画代表性传承人薛发明，1968年生于昭化区清水镇傲盘村二社，1991年7月开始拜师学习糖画技艺。1991—2008年，赴福建省福州市从事糖画技艺，多次受邀于学校、商场、单位等做技艺表演；2009—2018年，回到家乡从事糖画技艺至今，其间多次受邀于成都、绵阳、重庆等周边城市做糖画表演宣传活动。2016年受邀于昭化古城风景旅游区从事糖画技艺；2018年7月建党节受邀于香溪乡（现清水镇）为父老乡亲做糖画义演，深受好评。

昭化区党委政府按照"保护为主，抢救第一，合理利用，继承发展"的方针，高度重视薛氏糖画的保护与传承，区领导多次亲临现场调研指导，昭化区文化馆成立了薛氏糖画保护工作领导小组，召开专题会议研讨薛氏糖画的发展现状及传承举措。制订了五年保护计划，并充分利用电视等媒体广泛宣传，努力营造非遗传承发展的良好社会氛围。

目前，薛氏糖画的历史沿革、制作工艺和用具以及价值等，已形成资料进行归类、整理、存档。2018年12月，薛氏糖画被昭化区人民政府公布为第二批区级非物质文化遗产名录。2021年3月，薛氏糖画成功入选为第六批市级非物质文化遗产名录。

薛氏糖画以其厚重独特的历史沉淀，融入源远流长的民族文化艺术长廊，在新时代，这朵民间艺术之花定然会向世人绽放出奇异瑰丽的光彩。

杨氏核桃酥

＼ 贾忠周

　　核桃酥是指核桃味的酥皮月饼。古代中秋时节，月饼是拜祭月神的供品，也是中秋时令食品。"月饼"一词，最早收录于南宋吴自牧的《梦粱录》中。宋代大诗人苏东坡有"小饼如嚼月，中有酥与饴"诗句赞美月饼，从中可知宋时月饼已内有酥油和糖做馅了。明代沈榜《宛署杂记》载："士庶家俱以是月造面饼相遗，大小不等，呼为月饼。"经清代到现代，月饼在质量、品种上都有新发展。原料、调制方法、形状等的不同，使月饼的形制更为丰富多彩。在民间，月饼不仅是别具风味的节日食品，也渐渐成为常备的精美糕点，颇受男女老幼的欢迎。

　　杨氏核桃酥是以广元昭化本地核桃为原料，经过选料、储藏、熬制糖浆、熬制熟菜籽油、炒制油酥面、加工核桃仁、制作馅料、制皮、包馅料、烘烤等环节，从而形成独具特色的传统制作技艺。产品具有质地细腻、口味滋糯、有突出的桃仁清香等典型特征。

　　广元昭化属亚热带湿润季风气候区，既有南方的湿润气候特征，又有北方天高云淡、艳阳高照的特点。年降雨量800—1000毫米，日照数1300—1400小时，无霜期220—260天，四季分明，气候适宜，非常适合优质小麦、核桃、芝麻、油菜籽种植，为杨氏核桃酥传统制作技艺提供了高品质原料，优质的原料决定了制作出的核桃酥皮薄而酥脆，令人回味无穷。

　　杨氏核桃酥传统制作技艺起源于清朝末年，第一代传承人杨英城出生于1876年，为学得一门手艺谋生，杨英城于1900年拜位于广元县专卖月饼的"月饼李"为师，跟随其学习酥皮月饼的制作方法。杨英城于1904年学成而归，并返回昭化县开设酥皮月饼店。

第二代传承人杨华富，系杨英城之子，因其喜欢吃核桃，便专注于学习核桃酥皮月饼的制作方式，1927年便学会了核桃酥的制作技艺。杨华富发现水温会影响面团的成形，进而影响酥皮的口感。经过其研究发现，应根据季节和气候变化确定水温，夏季面团温度应控制在22—26℃，冬季保持在22—28℃，从而使得杨氏核桃酥的酥皮品质稳定。

第三代传承人杨群发，系杨华富之子，1950年开始继承杨氏核桃酥传统制作技艺，学成之后，其发现在熬制糖浆时，在其中加入柠檬和菠萝，使得核桃酥成品中蕴含着柠檬与菠萝的清香。

第四代传承人杨学智，是杨群发之子，在杨群发的耳濡目染之下，于1986年学会了杨氏核桃酥传统制作技艺。经过其多年研究，发现糖浆皮面团松弛的时间要控制在10分钟，面团调好后放置时间最好不要超过30分钟，这样做出来的酥皮更为酥脆，入口化渣，广受好评。

第五代传承人杨昌霖，是杨学智之子，生于核桃酥制作世家，自幼便在学习如何制作核桃酥。大学毕业后，一直钻研杨氏核桃酥传统制作技艺。

杨氏核桃酥传统制作技艺的流程如下：一、选料。核桃采用的是源自海拔1000—1500米的核桃，此海拔内的核桃油脂丰富、香味浓郁；花生、芝麻等杂粮必须处暑后、苗枯时，保证粒粒饱满，而后采摘晒干；菜籽油用昭化当地种植的油菜籽压榨而成，保证纯正。二、储藏。合格原料入库后，保持库房干燥通风，并在每袋原料里面放置二两艾草叶进行防虫防蛀。三、熬制糖浆。将白砂糖放入锅中，加入适量清水，用大火边搅拌边烧开，随后加入适量柠檬和菠萝一起熬制数分钟，用勺舀起沥之成细线，关火冷却备用。四、熬制熟菜籽油。将生的菜籽油倒入锅中，大火熬制，当油面出现油泡，关至中火，直至闻不到生油味时，关火冷却备用。五、炒制油酥面。将低筋面粉倒入锅中，用中火慢炒至面粉微微发黄，能闻到香味时，关火冷却；然后将炒面和熟菜籽油搅拌均匀，放入烤炉中烤成饼，冷却捣碎即可。油酥面用于酥饼馅，避免在食用时有粘喉咙的感觉。六、加工核桃仁。将干核桃仁浸于水中30分钟，取出放于笼屉中蒸10分钟；冷却后，再放入炉中烤干焙香，当看到核桃仁向外冒油时，即可关火，取出冷却；最后放于石臼中用木棍捣成豌豆粒大的颗粒，用筛网去掉核桃皮备用。七、制作馅料。将熟核桃碎、芝麻、花生、油酥面、少许糖浆、少许盐放在一起搅拌均匀，手用力握紧馅料时，能成团为准。每个核桃馅需严格按照标准制作，重量符合要求。八、制皮。将低筋面粉、泡打粉、少量小苏打搅拌均匀，过筛。再将熟菜籽油、糖浆倒入过筛后的面粉中，搅拌均匀，盖上盖子醒2小时。面醒好后，将糖浆皮面团按照规格分成均匀大小，用手心按扁，再擀成面皮，边缘擀得越薄越好。九、包馅料。按照馅料70%、皮30%的比例，将皮和馅料分别备好，馅料用力捏成团，然后小心用皮将馅料包好，将其揉搓圆，放于模具中按压成型即可。十、烘烤。用烤炉进行烘烤，当核桃酥烤至淡黄色，同时能闻到香味时，将烤盘从炉中取出，用羊毛刷刷上鸡蛋黄液，再放入炉中慢火烘烤，直到核桃酥变为金黄色，取出冷却即可。十一、包装。称重装袋后，集中打包装箱。

杨氏核桃酥的产品特色极为鲜明。产品不含防腐剂、色素、香精等添加剂，除包装外，全手工制作；手摸核桃酥，感觉硬邦邦，轻轻一咬即脆，入口化渣，唇齿间充斥着浓郁的核桃香味，同时还伴随着柠檬的清香。

杨氏核桃酥传统制作技艺作为一门具有地方特色的传统手工艺，对于促进域内企业良性发展，拉动内需，增加税收，配合地方政府解决部分农民工进城务工和下岗职工再就业，促进经济发展，具有多方面的重要价值。

杨氏核桃酥传统制作技艺作为一门传统非物质文化遗产，有着悠久的文化传承和历史文化积淀，蕴含了深厚的民俗文化和地域文化的传统习俗，是认识广元、了解广元、品鉴广元的重要载体，更是近代以来研究广元美食文化的重要切入点。杨氏核桃酥传统制作技艺的保护和传承还是保护广元当地民族文化多样性的重要载体之一。

杨氏核桃酥传统制作技艺代表性传承人杨学智为更好地传承、发扬这一门传统技艺，于2013年创立了广元市昌禾食品有限公司，注册了第13874340号"昌禾"商标。公司先后被广元市人民政府及部门授予"工人先锋号""社会扶贫先进企业"等称号，在2015年获得首届"昭化奖"商品博览会银奖，在2018—2020年获得"广元市知名品牌"等诸多荣誉称号。2021年，杨氏核桃酥传统制作技艺入选昭化区第三批区级非物质文化遗产名录；2024年，杨氏核桃酥传统制作技艺成功入选全市第七批非物质文化遗产保护名录。

杨氏核桃酥这一连接过去、现在、未来的非遗传承，是几代传承人智慧、多年的手工制作经验积累和匠心精神的传承，是社会认同、文化传承的重要纽带，不仅反映了广元市当地人民对小吃文化的传承和研究，更是通过小吃映射出背后的历史文化、劳动生活、民俗风情的缩影，透过它可以看到昭化悠远的历史文化和多彩民俗文化的演变与发展。在党和政府的关怀下，杨氏核桃酥传统技艺必将焕发出新的时代光彩。

川北老家土榨

※ 贾忠周

    川北老家土榨榨油技艺主要分布于广元市昭化区，其产品辐射区域至成都、重庆、贵州、云南、陕西、甘肃等地。

    广元市地处亚热带湿润季风气候区，海拔差变化很大，气候的垂直分布十分明显。随着海拔的增加，经历亚热带—暖温带—寒温带—亚寒带气候类型。年平均气温14—16.9℃，年降水量900—1150毫米，日照时数1200—1300小时，无霜期220—260天。作为全省重点粮食产区，粮食播种面积达484万亩、产量158.2万吨，油料166.8万亩、产量28.8万吨，连续19年书写丰收传奇。全市现有全国绿色食品原料标准化生产基地14个，总面积185.6万亩，其中水稻66.8万亩、油菜46万亩；粮油绿色食品认证面积23.3万亩，生产水稻、油菜籽、橄榄油、茶叶等。丰富的原材料和温润的气候环境，为川北老家土榨榨油技艺提供了得天独厚的条件。

    据考，老式古法榨油技术始于汉，北魏农学家贾思勰在《齐民要术》里就有压榨取油的记载，1500年前的古人就有了这样的智慧结晶。元代的《王祯农书》、明代的《天工开物》均有榨油机和榨油方法的记载。

    川北老家土榨榨油技艺可追溯到1919年，现核心技艺主要分布在昭化区元坝镇一带。该技艺采用古法土榨八法，"四重生香"（选保香、炒生香、蒸生香、榨生香）制作技艺，独有"木榨沉淀"法，取第一道菜籽自然本油，馥郁浓香；且利用现代科技独创冷冻锁香技艺，将沉淀后的菜籽油经过低温降温保香处理后，可延长3倍风味保味时间，解决了菜籽油风味留香的问题，给广大食客更优质的产品。

    川北老家土榨榨油技艺传承谱系均有据可考。其第一代传承人王安业出生于1903年，年少时遭受灾荒流离家乡，被关庄乡境西建陶龙乡红光村人高姓老油匠收留，遂拜其为师，跟随师傅学习古法榨油传统技艺。后返回广元，在昭化开设榨油坊。第二代传承人王敏邦，师承王安业，1965年开始学习古法榨油技艺，在长期榨油中技艺不断提升并总结了土榨八法口诀与"选保香、炒生香、蒸生香、榨生香"四重生香技艺，使土榨菜籽油更加馥郁醇香。第三代传承人王明远，磨滩镇人，师承王敏邦，1993年开始继承并完善古法榨油技艺，与弟子一道将传承古法榨油技艺在昭化区及周边地区传播开来。第四代传承人何凯，四川眉山人，自幼喜好钻研古法技艺，来广元旅游听闻王师傅古法菜籽压榨技艺传承至今，考察之后于2004年便拜师学艺，学成之后，又结合现代化设备将土榨技艺改良，通过改进工艺，将菜枯（菜粕）含油量降低5%，提高了出油率，其间还创新低温保香技艺，使其菜籽油风味更加浓郁，同时加工产能得以提高，提升了粮食利用率，保持土榨馥郁醇香风味，其产品获得消费者和市场的一致好评。第五代传承人刘文勇，四川广元人，18岁参军，参加工作后与第四代传承人何凯结识，对古法传统压榨技艺有着浓厚兴趣，2019年拜师于何凯，开始专研川北老家土榨榨油技艺。

川北老家土榨是以四川本地黑菜籽为原料，经过选料除杂、文火煸香、入碾破籽、上甑蒸籽、包饼成型、铁圈装榨、撞榨压油、沉淀沥油等环节，从而形成独具特色的榨油技艺。其产品具有色亮油亮、质地纯正、馥郁浓香等典型特征。其八道制作工艺流程如下：

1.选料除杂。选择菜籽时"宁选新不选陈"，以新菜籽为上乘，目的是使榨出的油色亮、质纯、口感好。菜籽太湿、太干都不可取，保证菜籽洁净、无杂物。选保香，是作为香味生出的第一步，目的在于清理出菜籽中的杂质，去除壳、秆带来的异味，确保菜籽洁净度。2.文火煸香。将洁净的油籽放置铁锅中，温火慢烤，同时不停地煸炒，避免烘制不均匀，煸出油籽特有的香味。小火慢炒，减少菜籽高温焦煳程度，提高菜籽油风味纯度。3.入碾破籽。入碾磨将炒熟后的油籽用石磨碾压均匀，菜籽要磨成泥状，越细越好，要求油籽粉末不沾不黏，易于包饼成型。4.木甑蒸籽。油菜籽碾成粉末之后放入木甑中蒸，内垫干净稻草，稻草要选长100—120公分，将菜籽粉放入，用稻草挽一个结放在菜籽粉上面，加火蒸煮，菜籽以蒸软为准，不能熟透。结合木头的原始香味，在低温蒸汽浸润下水分浸润菜籽粉中，以达到水分与菜籽充分融合发生反应，使其油风味更加浓郁。5.包饼成型。把洁净的稻草顺嵌入油圈中，将蒸好的菜籽坯装入其中，用稻草将菜籽坯上部包裹严实、踩实，制成饼状。6.铁圈装榨。将籽饼装入木槽内，叠放在一起，有序排列，以木楔初步固定。7.撞榨压油。人力挥动悬挂的撞杆撞击木楔，这是木榨工艺的核心环节，俗称"打油"。菜枯受到挤压，一缕缕金黄的清油便从油槽中间的小口流出，适时添加木楔，清香明亮的木榨油从龙榨口慢慢渗出，发出阵阵清香，直到将油榨干为止。控制压榨温度尽可能高，木榨时不仅出油量大、易出油，同时高温油的风味要比低温油风味浓郁。8.沉淀沥油。榨出的油经油坨下的石槽流入油缸内，汇集沉淀，将油过滤、沉淀15—30天后，杂质与油分离，即可食用。

　　川北老家土榨榨油技艺堪称民间手工榨油技艺的"活化石"，它所延续的不仅是世代相传的手艺，更是代代工匠师傅们的智慧结晶，具有独特的历史、文化、科学、经济价值。

　　一是文化价值浓厚。川北老家土榨榨油技艺采用传统工具，如木制榨油机、木甑子、石碾等。石碾多用于磨五谷杂粮等，春华秋实，将光阴磨成一段历史，将生活的辛酸苦辣镌刻在凹凸不平的齿痕中，象征着人们品尝生活百味的坚韧品质。川北老家土榨榨油技艺过程承载和解读了中国几千年的农耕文化，体现了一种生活精神，是一种文化的传承，也是祖辈生存的经验总结以及流淌在血脉里的勤劳和坚守。

　　二是科学价值独特。川北老家土榨榨油技艺以上等四川地区新鲜上品黑菜籽为原料，主要的营养成分有芥酸、油酸、亚油酸、亚麻酸、生育酚和菜籽甾醇，人体消化吸收率高达99%。低芥酸菜籽油含有植物甾醇、维生素E、种子磷脂，天然均衡脂肪酸配比，稳定性好，耐高温，是日常饮食中重要的微量营养素，在抗炎、抗癌、免疫调节方面有卓越功效。菜籽油中酚酸含量最高，酚酸具有抑菌、抗肿瘤、抗炎、抗病毒等重要作用。此外，低芥酸菜籽油中的油酸可以降低血液中低密度脂蛋白（不良）胆固醇，对心血管具有保健作用。

　　三是经济价值较高。川北老家土榨榨油技艺不仅是对四川菜籽油文化的传播，其本身更是代表了菜籽油传统制作技艺的传承、延续与发展。而低温留香工艺的诞生，更是对传统工艺全新概念的颠覆。3倍风味的保味期，为菜籽油压榨技艺的发展做出了杰出贡献。通过原材料采购，促进了地方经济发展和文化交流。每年贡献地方税收上千万元，解决500多名群众就业问题，为乡村振兴做出了积极贡献。

多年来，川北老家土榨榨油技艺先后获得"全国放心示范工程示范加工企业""第三届广元市市长质量奖""2022年四川好粮油"等多项荣誉称号。2023年10月，川北老家土榨榨油技艺入选第四批昭化区级非物质文化遗产项目名录；2024年5月，成功入选第七批广元市非物质文化遗产代表性项目名录。

川北老家土榨榨油技艺一直坚持传统工艺，在各代传承人励精图治下，收集整理了相关技艺资料，形成了完善的工艺流程并建档保存。为了这项非遗技艺能更好传承，每代传承人都会定期选拔合适的徒弟进行培养，将技艺倾囊相授。目前，川北老家土榨榨油技艺传承至第五代。其第四代和第五代传承人均就职于中粮油脂（广元）有限公司生产部，分别担任压榨生产经理和浓香油车间主管。此外，还储备了9人的传承人队伍，均为广元市本地人，技艺均由传承人何凯、刘文勇亲自传授，保证了传承的可持续性。

目前，川北老家土榨榨油技艺传承良好，具有较强的生命力。其自主研发的低温保香技术，有效地提高了产品品质，又保证了产品原有的风味及营养价值，在传承创新的道路上迈上了一个新的台阶。目前，党委政府正加大宣传资金投入，开展川北老家土榨榨油技艺的宣传工作，建立体验馆，让更多人能身临其境地感受传统技艺；通过开展进校园、进社区公益推广活动及大众媒体、自媒体等渠道不遗余力地做好非遗技艺宣传推广工作，提高该非遗技艺的大众实践参与度，拓宽该非遗技艺的覆盖面。

相信，在政府和社会各界的大力支持下，川北老家土榨榨油技艺的传人们会再接再厉，更好地承担起非遗传承的使命责任，把这一传统非遗技艺发扬光大。

昭化知客

� 贾忠周

"我是知客张克清，来自昭化太公镇。知客已历二十春，春夏秋冬从未停。农村知客个个能，婚丧嫁娶门门清，既给主家来知客，又把党的政策宣讲明……"

在太公镇的一户农家院坝里，昭化区知客协会会长张克清正在笑迎主家的八方亲朋好友。张克清担任知客已经二十余载，经手过的大小红白喜事有多少场他自己都记不清楚了，但每一次，他都能用自己的专业知客技能为主家分忧，把主家的亲戚老小、朋友三四安排得妥帖周到。

知客又称"知宾""盖员先生"，是川北农村红白喜事聚会时主持全盘事务之人，由当地有一定名望、学识、修养、专业的人担任，在川北民间具有深厚的群众基础。据河东人氏王雪樵所著《河东方言语词辑考》载，"知客"本系佛教用语，指佛寺中主管接待宾客的僧人，称"知客僧"。如唐释怀海《敕修百丈清规》之四《两序章》曰："知客，职典宾客。"《水浒传》第六回："少刻，只见智清禅师出来，知客向前禀道：'这僧人从五台山来，有真禅师书在此。'"今案：知，管也。管事者称为"知事"，管理房族之事者称为"知房"："充饥画饼诚堪笑，印信凭由却是谎，快活了些社长知房。"（刘时中《端正好·上高监司》）。管待客人者故称"知客"，其领头人为"知客头"。

昭化知客在昭化传承长久、为数众多，主要从事红白喜事、婚丧嫁娶时的主持事务。他们大多是一个地方知书达礼、能说会道、享有较高威信的"乡贤"或"名流"，在群众中的威望、地位较高。

昭化知客由张宗跃于1866年创立，至今已历经张明江、张德值、张克清四代。各路知客活跃在田间地头、红白喜宴，昭化知客文化的影响力遍及全市，辐射全省、全国。

昭化知客帮助事主操办婚丧大事，具有绝对崇高地位。知客一般在村里德望较高、善于言语，说话有分寸，能拿住人。要是红事，在定下结婚日子后，事主第一个定的就是知客，怎么办，办多大规模，花费几何，一应事务定下之后，主人只需要把所需要的经费交给知客，就无需事必躬亲了。知客既是大内总管，又是总调度，端茶、倒水、拾馍、放炮、安排人马，都由知客安排妥当。要是白事，事主一般就请知客商量怎么办，办多大规模，给什么样的亲戚发讣告，安排调度村民帮忙。传统知客的用具很简单，一杯一扇。现代知客要自备音响，手持话筒，或佩戴"小蜜蜂"迷你小音响等设备。

昭化知客的任务或"最高境界"就是帮助事主把事情办得圆圆满满，不出差错，皆大欢喜。"有多少钱，办多大事"，既不浪费也不小气，要对主家负责。不论婚丧大事，知客都要全程负责操办，其中的礼仪礼节自然是"全活"。知客什么都懂，遇到不听话的帮忙人，还要胡萝卜加大棒，既不伤和气，还要办得成事。当然，事毕后第二天，通常事主还要带上"浑（整的意思）鸡""浑鱼"和香烟去知客家，名曰"谢知客"。意思大抵就是事情办圆满了，向知客表示谢意。至此，一件红白事情这才叫全部办完。

近年来，昭化知客发挥礼仪主持的功能，在传统婚丧民俗仪式中，让"孝老爱亲、耕读传家、礼义廉耻、仁爱诚信、智勇报国"等传统精神价值薪火相传；同时，他们也把社会主义核心价值观生动宣扬，把"全面小康、深化改革、依法治国"等时代主题鲜活宣传，把国家巨变、人民幸福等巨大成就由衷宣讲，把党的新声音迅速传播，把"礼貌待人、邻里互助、移风易俗、安全知识、勤俭节约、道德法治"等文明风尚大力倡导，把道德模范事迹广泛弘扬，把培育文明市民落到细处实处。昭化知客作为党史学习教育、党纪学习教育和百姓宣讲团成员，已成为全区开展农村宣传教育的重要品牌，在培育文明新风、激发群众乡村振兴内生动力、疫情防控、森林防灭火等宣传宣讲工作中发挥了重要作用。同时，在知客宣讲中还配套文艺节目、农村公益电影等公共文化服务，进一步丰富了全区群众的精神文化生活。

目前，从事知客人员大多数为50岁以上。为保护好这一传统非遗文化，昭化区于2016年对知客文化进行挖掘和发扬，将知客队伍纳入全区宣传队伍规范管理，成立昭化区乡村知客协会；规范整理红白喜事知客规矩仪轨，编写了《农村知客宝典》《婚礼议程用语一点通》《知客祝寿一点通》《白事一点通》《知客用书》《民间礼仪集萃》等书籍册页；打造"知客+文化""知客+互联网"等综合性知客文化活动，打造"网红知客""文化能人"，用春风化雨、润物无声的方式，将知客文化植入广大群众心中。建立传承和培养机制，扩招会员，举办知客培训班，选拔优质人才重点培训，每年定期培训6期，加强传承人的人才建设和培养，保护和传承知客文化。区政府还每年给予知客协会工作经费3万元，鼓励他们将知客文化发扬光大。

近年来，全区举办6场知客大赛，并组织知客积极参加全市知客大赛。区乡村知客协会获"2021年广元市优秀志愿服务组织"称号；知客张克清获"2020年广元市优秀志愿者""2021年广元市基层优秀理论宣讲员"称号，知客张绍才获昭化区基层理论宣讲大赛三等奖。《广元昭化：知客宣讲接地气　凝聚民心有底气》《知客宣讲，讲到百姓心坎上》《川北农村传统知客悄然转身》《发挥知客优势，让党的声音传万家》《党代会精神"声"入人心》等报道昭化知客的文章在"学习强国"学习平台、四川经济网、广元日报等媒体刊发。

目前，昭化知客已经列入全区第三批非物质文化遗产，并成功入选全市第七批非物质文化遗产保护名录。昭化知客这一传统非遗的影响力正在向全市、全省、全国辐射，在满足人民群众日益增长的精神文化需求方面焕发出崭新的生机和活力。

大朝蜀道跑马

〢 贾忠周

大朝蜀道跑马源远流长，融合弹、拉、说、唱、演等各种艺术，一般在每年农历腊月底开灯，正月十五闭灯，是广元市昭化区境内大朝驿周边的群众在生产劳动和生活中创造的具有民族民间特色的活态文化艺术表演形式，具有较高的群众性、艺术性和娱乐价值。

大朝蜀道跑马是明代移民迁移至大朝驿后自创的，为其他地方所罕见。大朝蜀道跑马是南北民俗文化的结晶，既有陕南民俗内涵，又有川北民俗内涵，同时还兼具古蜀道文化内涵。其演出深受群众喜爱，逢年过节、单位庆典活动等都应邀参加表演。尤以每年春节为盛，从正月初一到正月十五，表演者走乡串镇演唱，营造了浓厚的节日喜庆氛围，在周边市县、乡镇遍布蜀道跑马表演者的足迹。

大朝驿地处昭化古城和剑门雄关之间，18公里古蜀道贯穿全境。大朝蜀道跑马民俗活动实际上是一种独具地方特色的"车灯"表演活动。

明洪武年间（1368—1398年），明王朝号召移民四川，王、何、罗、龚等家族先后从陕西凤翔府迁移，来到保宁府昭化县大朝乡境内农垦。日久天长，当地人与外来迁移户之间、迁移户与迁移户之间互有帮工、买卖、走访往来，相互通婚。他们根据北方人爱骑马的习俗，利用南方木竹编织成马，编排成跑马这种文艺活动，主要用于拜年、婚庆、贺寿、贺子等喜庆活动。这种活动蕴含陕西、川北两地民俗元素，活动方式在明朝中期便固定下来，且一直传承至今。据道光年间《昭化县志·武备志》载，明熹宗天启四年（1624年）初，古蜀道改广元—昭化—达摩戍—高庙铺—剑阁界，明崇祯元年（1628年）竣工。道路两旁240余株古柏完好无损，新增植树种，按规定保护，四季葱绿。大木戌场镇下有明代拱桥、孔道新桥（铁栓子桥）、寡妇桥、架枧沟桥等原貌保持完好。大朝驿历史上是马驿，随着官道开通，当地人们用马匹耕作，碾米磨面，贩夫走卒托运货物、商贾代步，在乡场镇建有马王庙一座，专供当地百姓、来往客商向上苍祈福，是保佑马匹兴旺的处所，也是大朝蜀道跑马出马与收坛的祭坛地。"文革"时期破四旧拆除，现在在原遗址基础上改建大朝小学。

蜀道跑马的主要演员是大朝五堆村（现大朝驿村）一带的32位农民，年长者80多岁，年轻的也有30多岁，平均年龄45岁左右；演出地域在大朝乡（现昭化镇大朝驿村）周边的几个乡镇，也就是剑昭古蜀道（人们常称的皇柏大路）沿线。表演道具一般为打击乐器，如马乐、大乐、小乐、大钵、小钵、圆鼓、唢呐、二胡、笛子等；同时，还需准备笑和尚面具、竹编马8—16匹、演职人员（古装骑士）服装、马鞭一根、男马童帽子若干、女马童发带若干。剧目主要为《拜天地》《跑五方》《打戒子》《一朵花儿开》《十月怀胎》《要钱》《绣荷包》等15个唱本。

一般演出至少要20个人才能进行。其中，打锣鼓乐器4人，领唱1人，合唱6人，马匹8—16人。"笑头子"1人，是引领演员表演与逗人笑的角色，戴笑和尚头面具，执竹根马鞭，着马褂出场。紧接着男女二马童扮公马母马出场，随即头马各带领几匹竹编纸糊着色的彩马出场。表演队由马牌子（赶马人）边唱边舞，骑马者扬鞭穿花行走，边舞边唱。马牌子领唱，众人合唱或众人齐唱。用锣鼓做中间配乐和压阵。以马童骑马、赶马、牧马的舞姿、唱腔，以马的奔、跑、踢、昂、爬、摆、叫的艺术表演动作，拟物化地反映男欢女爱、嬉戏游乐的生活情趣。

蜀道跑马的锣鼓浑厚明快，节奏感强；舞蹈粗放优美，十分谐趣。先是小马锣响起："当、当、当、当……"，紧接着是大钹打响，大锣、大鼓一齐敲起，甚是热闹。在紧锣密鼓声中，"跑报"者尽情挑逗，跑圆场；一匹匹桀骜不驯的"马"逐步跟上跑圆场，紧接着，随"跑报"人的引导开始变花样，穿"五梅花"，跑"连环套"，列队为主家"拜年"。在"拜年"的同时，要"破阵"，都是一些高难动作，玩者既要有智慧，又要有体力，才能把"阵"破了，使客主都皆大欢喜。

蜀道跑马是南北文化、巴蜀文化、古蜀道文化有机结合的产物，具有鲜明的地域文化特征。一是对场地、道具、人员的要求标准可高可低，简便易行。二是相传400多年一直未中断，活态存在，生命力强且体系完整，10个剧目、5个套路，足以展现其表演技艺。三是道具全手工制作，材料就地取材，充分展现了能工巧匠的智慧和手工技能，值得传承。四是锣鼓随表演节奏打击伴奏自由、灵活、响亮。同时，该项非遗文化呈现家族式传承特点，含有旧时代世袭传承因素，现在实际上形成了公开传授。五是观众和演员可以互动，有同欢同乐的形式和内涵；主题多表现男欢女爱，追求幸福美满。

大朝蜀道跑马一是具有蜀道移民文化价值，被称为蜀道移民文化的"活化石"，是蜀道移民创作出来的、反映移民迁徙与开创新家园的生存情况和生活态度、生存价值观的一种文艺表演形式。二是具有民俗文化审美价值，通过群体变队形、造型，体现要和谐才美，要有乐趣才美；鼓励人们参与文娱活动，表现人们的劳动情景和情趣，充满人情味。三是具有历史文化价值，表现古蜀道上移民、邮驿、军事、运输等历史故事情节，传承传统文化。四是具有文化旅游价值，大朝驿的自然景观人称"小峨眉"，每年有10多万人次来观光旅游和避暑度假，目前正在编制《广元大朝驿旅游总体规划》，民俗文艺体验活动无疑将是游客想看、想参与体验的一个文旅亮点。

大朝蜀道跑马传承谱系有据可考。第一代传承人龚能先，第二代传承人龚孝昌，第三代传承人龚芳贵，第四代传承人何万秀、郭元文等20人，四代传承者均系大朝驿村人。

近年来，在区非遗保护领导小组及宣传思想文化部门统筹协调下，整合了区文管所、蜀道文化研究中心、区文化馆、区文联、大朝驿等多方面力量，大朝蜀道跑马这一非遗文化得到有效保护传承。一是组建了专兼职近20人的大朝蜀道跑马保护研究队伍，培养了代表性传承人何万秀等，使之能有计划地排练与演出。二是鼓励中青年人回乡创业，参加演出队伍，对从事传习和演出的人发放传承补助，保障其劳动报酬，对于已70岁以上的老艺人发放补助。三是建立大朝蜀道跑马传习所，保存其剧本、道具、音像著作资料供演出、传习学习、文化研究使用。落实大朝蜀道跑马传习所建设，如房屋租赁、排练场地、展览室、收藏室等均得到解决。四是拓展对外交流演出与研讨活动，拓展与游客互动。组织32人的演出队伍，其中采集编辑组、演出组、设备配置组、联系协调组、活动安排组分工负责，各司其职，年计划演出20场次以上。组建"政府—专家—传承人"创研队伍，推出传统精品剧目，建立青少年业余培训班，积极参与各种节会庆典、农家乐、养生度假、旅游团队活动。

我们深信，伴随着文旅事业的蓬勃发展，大朝蜀道跑马这一非遗文化活动的身影会越来越多地参与到政府、单位举办的各种节庆活动当中，在新时代绽放出夺目的光彩。

青牛观音堂唢呐

贾忠周

唢呐，这一中国传统双簧木管乐器，起源于波斯和阿拉伯一带，并在公元3世纪传入中国。在历史的长河中，唢呐逐渐融入中国文化，成为具有独特气质与音色的民族管乐器。明代古籍中已有关于唢呐的记载，武将戚继光更是将其用于军乐之中。到了清代，唢呐被称为“苏尔奈”，并在宫廷的《回部乐》中占有一席之地。2006年5月20日，唢呐艺术经国务院批准，列入第一批国家级非物质文化遗产名录。唢呐是中华文化的瑰宝，承载着丰富的历史和文化内涵，具有极高的文化价值，它传承着先辈的智慧及情感，在时代的变迁洪流中熠熠生辉。

唢呐的管身多由花梨木、檀木制成，呈圆锥形。其顶端装有芦苇制成的双簧片，通过铜质或银质的芯子与木管身连接。下端套着一个铜制的碗，用于扩大音量。加键唢呐还具备半音键和高音键，极大地拓展了音域，增加了乐器的表现力。唢呐的音色雄壮，高音唢呐发音穿透力、感染力强，中、低、倍低音唢呐音色浑厚。唢呐的演奏者需要通过双唇、舌头、口腔等部位的协同努力，来控制气流的进出达到发音的目的。

青牛观音堂唢呐于2016年10月成功入选广元市昭化区第一批区级非物质文化遗产名录，其代表性传承人王大明（第五代传人）被选为昭化区第一批区级非遗传统音乐传承人。青牛观音堂唢呐主要分布在青牛镇及其周边的川北地区，在这一地区的红白喜事、各类庆典上均能听见唢呐那独特的声音。

青牛镇地处嘉陵江边，平均海拔450米，气候温润，山清水秀，物产丰富，地理环境较封闭，百姓世代农耕，经济发展以农业为主，近年来青壮年劳动力以外出务工居多。独特的人文地域，孕育出青牛观音堂唢呐那高亢嘹亮而又饱含沧桑的曲调。

青牛观音堂唢呐传承于清中期，具有200多年的历史，在川北地区独树一帜。它地域性强，地方特色浓郁，自成一体，至今已传承六代以上，常年坚持常态化演出的人员有20人，最大年纪为62岁，最小的有30岁。青牛观音堂唢呐按手法分为花牌、正牌、转牌3种，共计200多个曲牌，常用的曲牌有100多个，按演出事由分为红事、白事、祝寿、庆典四种。

青牛观音堂唢呐不论红事、白事曲牌，大多数都有引子（放帽子），白事曲牌中最有特色的是"开三吹"，它是唢呐吹奏中的组曲，在半个钟头的时段里要吹出9个不同的唢呐曲牌，还要套打专门的锣鼓曲牌；青牛观音堂唢呐以吹奏为主，锣、鼓、钹等打击乐器为辅。表演时，一般由9人组队进行演出，其中6个唢呐手，中音唢呐手3个，高音唢呐手3个，帮打锣鼓3人，演出时既可以单吹，也可以高音唢呐吹上句，中音唢呐接下句。

青牛观音堂唢呐曲牌取名通俗直白，很有民间乡土气息。其中，红事曲牌中表示行路的有"山路弯弯""懒牛爬坡""河沟跳三跳"等；表现闺房中姑娘思春的有"喜鹊枝头叫""姑娘十八春""春催桃花红""月上竹梢"；表现姑娘出嫁的有"娘梳头""娘送女""女儿哭嫁""上花轿"；表现拜堂成亲的有"新人拜堂""认祖归宗""美酒醉郎君""洞房花烛夜"等。白事曲牌中表现祭拜亡灵的有"郎进宫""参灵""将军令"；表现祭祀亡灵的有"三献礼""斩牲礼""上香下祭"；表现阴阳两界的有"烧纸牌子""阴阳桥""落地金钱"；表现殡葬的有"出丧""下金井""吹金井""接福"等。

红事时的节拍多是四二拍，白事时的节拍多是四四拍。红事曲牌的音乐旋律起伏不大，而且变调曲牌不多；白事曲牌的音乐旋律起伏大，不和谐音多，变调变拍曲牌多。

青牛观音堂唢呐是优秀的民间曲艺，其价值主要体现为三个方面：一是艺术价值较高。青牛观音堂唢呐所有演出曲牌所包含的文化信息量大，令人惊叹。从不同角度用唢呐的音符诠释了对人生悲喜的不同认知，唢呐组曲让人们从音乐中感受到人生的悲欢离合。二是历史价值深厚。青牛观音堂唢呐作为连续传承的中国有代表性的民间曲艺品种，在200多年的发展过程中，从中国文化、巴蜀文化、地方文化中汲取了音乐、舞蹈等诸多元素，其独创的多种唢呐演奏表现手法，为研究中国民间曲艺及民族学、宗教学、民俗学、社会学等提供了珍贵的活态田野实证资料。三是社会价值。保护并科学利用青牛观音堂唢呐，对丰富群众精神文化生活，促进文化发展繁荣，开展对外文化交流，构建和谐社会具有十分重要的意义。

青牛观音堂唢呐艺术感染力强，传承谱系清晰。从清朝至今有第一代传承人张致忠，第二代传承人薛贵先，第三代传承人薛伦乾，第四代传承人薛怀太、冯柏元，第五代传承人王大明，第六代传承人严天左、马山海、吴有勤等从事演出传承工作。代表性传承人王大明1981年从师薛怀太、冯柏元二人学习唢呐演奏技艺，并在青牛乡（现青牛镇）及周边地区进行演奏活动，现已带徒。青牛观音堂唢呐体系完整，内容丰富，至今仍能由民间艺人常态化演出。它适用于各种不同的场所，给予人民精神寄托，成为重要的文化产品。其技艺世袭家传与授徒师传相结合，长期以来，顺应当地民众的精神需求，在几百年历程中是老百姓喜闻乐见的民俗艺术。

改革开放以来，特别是"5·12"汶川地震恢复重建中，青牛观音堂唢呐得到市、区文化部门的关注和重视，为恢复重建做出了重大贡献，受到各级专家的肯定和好评。

新时期以来，区委、区政府高度重视青牛观音堂唢呐保护传承工作，遵循非遗"合理利用，传承发展"原则，聘请省市7名知名专家为顾问，对青牛观音堂唢呐演出剧目进行了抢救性录音录像，落实了专人、专柜保管。区财政设立了青牛观音堂唢呐保护专项资金，每年解决直接用于保护的资金2万元，并筹集各类财政性资金5万元以上用于保护和发展工作。整合力量，组建专兼职近20人的青牛观音堂唢呐保护研究队伍，重视传承人培养，落实专门房屋及专柜保存道具、服装、曲谱等文物资料。

我们相信，在党委政府的精心呵护下，青牛观音堂唢呐这一传统非遗对丰富群众精神文化生活，促进文化发展繁荣，开展对外文化交流，促进社会和谐必将发挥出越来越大的积极作用。

昭化彩莲船

〳 廖计成

关于彩莲船起源，有明确资料记载是在唐朝。

宋《太平广记》唐朝部分记载了"旱船"。《宋史·乐志》中载："女弟子队……曰'彩莲队'，衣红罗生色绰子、系晕裙、戴云鬟髻、乘彩船、执莲花。"彩莲船一词也源于此。南宋《武林旧事》中也记载元宵舞队有"划旱船"的节目。宋人姜白石更是写下了"元宵争看采莲船，宝马香车拾坠钿。风雨夜深人散尽，孤灯犹唤卖汤元"的诗句（《诗曰·元宵争看采莲船》）。

明《西湖游览志余》记杭州"清明……苏堤一带，桃柳阴浓，红翠间错……而采妆傀儡、莲船……以诱悦童曹者……成市"。

清《燕京岁时记》也作了说明："跑旱船者，乃村童扮成女子，手驾布船，口唱俚歌，意在学游湖而采莲者。"这种旱船就是彩莲船。

四川多地彩莲船表演在每年新春深受人民欢迎。如今，彩莲船已作为一种民间艺术，经过长久的发展，不仅船体越来越轻便，唱词也越来越具有时代性。

昭化彩莲船主要分布在昭化区昭化镇及其周边的川北地区。昭化镇地处嘉陵江边，位于广元市三江新区范围内，地势平坦，土地肥沃，雨量充沛，经济产业以农业为主。昭化彩莲船作为流行的一种民间歌舞相结合的艺术形式，其主旨是为了农历正月期间为各家各户恭贺新春之喜，祝愿来年五谷丰登、吉祥如意。

昭化彩莲船在演出中既有货郎仔、船夫、幺妹的动作表演，又有小合唱形式的四川方言的帮腔演唱，还有以鼓、大锣、镲子、马锣子、胡琴、三弦等乐器的乐队伴奏。其表演形式独特，传承谱系清晰。剧目体系完整，内容丰富，至今仍能由民间艺人演出。行当分生、旦、丑，伴奏为打击乐和弦乐，整个唱腔主要吸收当地的民间小调和山歌。其技艺师徒相传。长期以来，顺应当地民众娱乐祈福需求，多在主家祈福及春节时演出，在几百年历程中是老百姓喜闻乐见的民俗艺术。

改革开放以来，昭化彩莲船得到市、区文化部门的关注和重视，多位歌舞专业演员对昭化彩莲船进行指导挖掘。昭化彩莲船是至今活态存在的、具有鲜明地域特色的民族民间文化遗产，为研究中国戏剧、舞蹈、音乐等艺术及民俗学、宗教学、人类学、社会学提供了珍贵的、活态的田野实证资料。遵循非遗"合理利用，传承发展"原则，又对丰富群众精神文化生活，促进文化发展繁荣，开展对外文化交流，促进社会和谐发挥着积极作用。

06

风光独秀

情韵昭化

＼ 任国富

　　昭化古城是一座从远古活到当下的城池，它位于广元西南，有着4000多年的文明史和2300多年的连续建县史，形胜川北，声名远播。

　　岁月绵暖，物换星移。春秋战国时期，古蜀王九世开明尚封其弟葭萌于此，号苴侯，并以"葭萌"命其名，此乃"蜀国第二都"。公元前316年，秦灭蜀国。公元前312年，分巴蜀置汉中郡，分其地为三十一县，诞生了作为"巴蜀第一县"的葭萌县。211年，蜀汉政权由此发祥，刘备率军进驻葭萌实现了"夺益驱璋"的梦想，称帝成都。972年，宋太祖赵匡胤取"昭示帝德、化育民心"之意，赐以嘉名"昭化"，一直沿用至今。

　　昭化古城四面环山，三面邻水，东、北、南绕以清水江、嘉陵江。山溪之险，金汤之固，虽有兵革之利亦望尘莫及。《县志·形势》记载："昭邑北枕秦陇，西凭剑阁，全蜀咽喉，川北锁钥。"虽为弹丸之城，却是重地，也是争地。历史的风烟何曾淹没那些短兵相接、血刃鏖战的往昔。

　　一脚踏过东门"瞻凤门"，浓厚的三国文化气息扑面而来。占地800平方米的剑刀坝君臣园里，塑着刘备、庞统、费祎等11位曾在昭化纵横驰骋的蜀汉英雄石雕像。他们目光如炬，戎马提刀，定格着雄主功臣的峥嵘岁月。古城西门又名"临清门"，也是大名鼎鼎的葭萌关关口。以城为关，城关一体。临清门外有一个广场，叫战胜坝，它的前身是古战场。登上城楼，《三国演义》中最为著名的"单挑"仿佛正在眼前上演。鼓声大作，旌旗飘扬，张飞与马超大战300回合而不分胜负，于是挑灯再战。如今，风烟俱净，一望清幽。

古城随势建成九街十八巷。就地取材，"丁"字形的街巷铺着一色的青石板，以"三横两纵"的方式接续铺开，严丝合缝，自成章法，整饬洁净又清爽。岁月流经，脚下的石板被摩挲得溜光锃亮。跫音轻响，从"日中为市"的初始一路走来，带着巴部落朴拙的基因和蜀苴侯自足的气息，一春又一春，前延后续。

古城聚居着数百人家，街坊院落鳞次栉比，青砖黛瓦，翘檐如画，古色古香，别有韵致。店屋多是明清建筑，不以规模宏大取胜，而以布局紧凑、用料精良与装饰精致见长。辜家大院、益合堂、怡心园等庭院深深，好像藏着不可告人的隐秘。临街一进是门市铺面，重檐参差，明楼望月。二进以后一般是居室、库房和作坊。宅内旱船天井因地势构造，大小不一。天井上空的瓦檐切割下一块规整的阳光，檐下置放着月形或者方形的青石水缸，雕龙刻凤；清澈的水面上漂浮着几朵精美小巧的睡莲，意态袅娜；庭中奇树，花叶滋荣，几枚奇崛的紫薇花或是青碧的柑柚掩映着古老的花窗，暗香浮动，累累硕果从初夏一直挂到深冬，提示着自然的造化总是超过凡庸的想象。

昭化古城是国内保存较为完好的一座古代县级城邑。衙门巷以曲折的方式连着县署。县署始建于唐，因兵燹战火等原因屡毁屡建，死而不僵。大厅里海水朝日背屏烘托着有板有眼的"明镜高悬"匾额，宣示着主政一方的大道至简。在节庆日或旅游季，县官办案等实景剧目表演会带你实现一回走心的穿越。古来仕子，采芹于泮，奋读芸窗，为的是金榜题名。拜谒文庙便是安顿一颗犹疑不定的文心。昭化文庙位于古城西北角，建于宋代，历经7次扩建维修。穿过棂星门，再跨泮水，过仪门，迈进大成殿的门槛，每一位虔诚的学子都会心生人文化成的渴慕。大成殿是明代建筑，斗拱榫卯结构，层层相嵌相扣。2008年汶川大地震时，它竟丝毫未受损。考棚与文庙一墙之隔，始建于清，是当时川北地区最大的科举考场。清同治年间建考舍322间，现留存12间。它以苍老厚重的面孔，沉默的残躯，提醒着每一个后来者，崇文重教，琴韵书声，弦诵不辍，永远是前行的正道。

有城自然有墙。史载，汉城墙原为土筑，于明正德年间包筑以石。清乾隆三十六年（1771年）加筑城垛，外围石砌，里面石脚砖身。现分段保留有汉、明、清诸城墙，以飨来者。荆棘见缝插针乘隙而入，滋长出丛丛毛发与冉冉胡须。倏然走过，荣枯咫尺，心生惆怅。

"到了昭化，不想爹妈。"千百年来，昭化的繁华与魅力让人向往，更让人留恋。作为古城的延伸，西市应运而生。18座仿古围合式院落群次第排开，高低错落，千门万户。小桥流水，娇鸟啼花，驿馆店面，茶楼酒肆，海陆云集，珍特聚散。皓月当空，红彤彤的灯笼流溢出暧昧撩人的诡秘光彩。滨水景观水雾弥漫，一帘水幕在悠扬的乐曲声里变幻着虚幻莫测的脸面。东风夜放花千树，笑语盈盈暗香去。青石板街上人流如织，叫买喊卖，醉起微阳，笑语欢歌，眼前流淌的都是人间真实的烟火。沉浸于这人间繁华的市井，不敢问当年，是假是真，是天上还是人间。

给我一小时，还你三千年。在那些精美的院落里边走边看。大型沉浸式实景剧《葭萌春秋》正在西市上演。秦蜀之战、古城之忆、桔柏之夜把你带回历史的现场再度温习。互动与体验，深入而浅出，也来感受一回亲身碰撞的心悦。历史的细雨润泽无声，文化的濡染如沐春风。

昭化古城，一眼千年。

柏林古镇

罗　倩

蜀道延展，古镇怡然。

柏林古镇始建于东汉末年，距今已1800多年，为古代中原入蜀的一处重要驿站，处处是历史的遗迹，弥漫着浓郁古意。

东汉顺帝永建三年（128年），在此建葭萌分县。这里东有九龙山之险要，南有烟灯山之高峻，西有剑门、牛头山之屏障，北有梅岭关做护佑。

广善古寺立基于汉，延于唐宋，盛于明清，依山而建，三重殿堂，层层递进，香火袅袅，更有文物秦砖汉瓦、明清木刻、乾隆碑记……还有千年古柏三株。寺门前一株，在东汉时便扎下了根，1000多年栉风沐雨，枝柯遒劲，剑锋插天云岚开；寺内两株，古老粗壮，绿叶纷披，柏梢常聚鸦雀，年年如斯。

原街道东西两侧各两排黄连古树，场头排至场尾，蔚为壮观，是居民为遮风挡雨所植，历经岁月，亭亭如盖。可惜20世纪50年代末被伐，做了烧柴，只有西侧5棵幸运地被保留下来，几千年过去，越发风姿绰约、郁郁苍苍。

走进古镇，最好是着一袭汉服，撑一柄油纸伞，倏然入时光深处，有燕在梁间呢喃。

200余米的秦汉古街临水而建，南接柏林湖，逐级依山势向北梯状展开，步步登高。街面宽不过3米，两旁古民居多为全木、土木和木石结构，高低错落有致。穿斗结梁，青砖黛瓦，翘脊飞檐，檐有祥瑞异禽相护。础大柱粗，础上各式石雕栩栩如生，亦可寻得古朴汉砖真迹。

有楼有院。院内，柴米油盐；院外，阡陌纵横。还有那土夯墙，数春

柏林古镇

晓，数夏日，数秋暮，数冬夜，历经千年；携清风，携明月，携流星，携云岚，穿越经纬。

这里被誉为川北古民居"活标本"，不愧为典型的"中国传统村落"。

细雨绵绵，青石板被洇湿，泛着柔柔的光。拾级而上，昔日马蹄的清脆和紧急战事的呐喊声响早已淡去，只剩如今的安宁祥和。

街上居住的老人们或悠闲地穿针引线纳鞋垫，或三三两两闲话家常，或戏看孙辈们撅着屁股捉弄石缝中的蚂蚁……偶有农夫慢悠悠地牵一老牛，顺街而去，牛蹄下一派空灵之音。

石径偶有苍苔，一枝桃花斜斜地开。隐隐有香，被雨水润湿。

这些磨啊砻啊臼啊筐啊篓啊箪啊笼啊，这些锅啊碗啊瓢啊盆啊坛啊罐啊盘啊，曾转起歌谣的风车，曾颠起麦粒的簸箕，曾量入为出的升斗，灰白陈旧的柜子，漆色脱落的抽屉，年久失修的桌椅……沿贯通全街的檐廊一一安放，随意又不失章法。

这些高矮不一、大小不等的农具，这些粗糙甚至残破不堪的餐具，这些已经退出了生活舞台的家具，被灌上泥土，植入各种花卉绿植，摇身一变，竟光彩夺目，仪态万千。山茶、杜鹃、月季、仙客来、瓜叶菊、须苞石竹……这里一簇，那里一丛，所到之处，逸气翩跹，姿态摇曳，融融冶冶。

让人为之怦然心动的还有那"萌肉盛宴"。玉蝶、胧月、淡雪、石莲、翡翠珠、紫弦月、粉佳人、星王子、妮可莎娜、虹之玉锦……成千上万的多肉在斜着、横着、立着的各式残破的瓦罐、瓦缸里，绿得清新，彩得鲜活，形态各异，生机焕发。不同科属品相的老桩组合搭配，许多群生的"小肉肉"挤闹在一起，朴实自然又别出心裁。没有花的妖娆，简单而豁达，放下一切不必要的繁絮，像文艺的女青年，像萌萌的小萝莉，只做美丽的自己。不一样的美丽。只需一点土、一点水、一点阳光，这些"肉肉"便扎下了根，不慌不忙地生长。

被这看似微不足道的美好打动了。生活，有时就要慢一点，再慢一点。

南北东西中心点，魁星楼巍然矗立。三层木质楼台，八角攒尖顶，飞檐走翘，雄伟古朴。一层石板街穿行，也作茶肆，后慢慢演变为乡民休闲娱乐的地方。二层设戏台，曾几何时，舞回金莲，歌啭玉堂，音彻楼头，响遏行云，引得多少四乡八岭的百姓、南来北往的商贾挤于街头引颈长望。一涌一涌的人浪，乌央乌央，台上台下，同喜同泣。三层三檐四簇，内堂塑魁星像，蓝面赤发，左手握朱笔，右脚踩鳌头，朱笔一点，便独占鳌头。

"奎星志气冲霄云，朱笔文光照山川"，基于文光射斗的期愿，历年来，这里香火旺盛。正所谓"唯有读书高"吧。

我更乐意把它作为观景楼，二三层间的楼梯转角圆形镂空，立于此，放眼四望，远山近水尽入眼帘，湖泊街景摄人心魄。"浩渺江空接翠微，高楼远眺思依依"，隔着一层薄薄的烟雨，好一个深山桃花源……

平乐寻荷

❯❯ 罗 倩

中国人总是会反复爱上荷花的。"山有扶苏，隰有荷华"。开口，便是与3000年前的风雅合吟。

荷，我们先祖行经人间留下的浪漫，那远古而来的风，依旧浸润着盈盈清香。荷不凑春天的热闹，只做盛夏的小女儿。初夏，在昭化元坝镇的平乐荷塘，一轴画卷待展。随着日子渐渐热腾，荷叶饱含欣喜地晕染开来，直至蓬蓬地蔓成一片又一片，绿了整个水面。

几场细雨，娇粉的笔柔柔地往那水墨上轻轻一点，再一点，红云浸染，幻出花如许。

穿过柳堤，沿着溢满淡粉色蔷薇花的小径再往前，便可见心心念念的荷塘。浩大饱满之气扑面而来，碧叶延展，除了荷还是荷，无尽绿波。

信步走进，层层往上延展的几级荷塘里，有的早按捺不住，已是亭亭玉立，若出尘仙子；有的才露尖尖角，嫩闪闪的，清纯可人；有的含苞待放，风过，不胜娇羞；还有的半梦半醒……

百亩荷塘中，竟有十余个品种。光是名儿就美得不像话。"瑶池幻影"，粉粉嫩嫩，仙气飘飘，纯粹剔透；"逸仙莲"，黄白晕染，尖部紫红，花姿潇洒；"小舞妃"，花色洁白，淡粉点缀，轻灵可爱；"中山红台"，实属珍品，红艳瑰丽，高贵夺目……一朵有一朵的韵致，一枝有一枝的风姿，各具情态，怎不叫人如痴如醉。

盛夏最舒畅，是在傍晚以后。赏荷最好的时候，也在傍晚以后。荷塘的风把香气送得渺远。这些吻过荷叶的风，从此有了名字，在孟浩然的诗里，它叫荷风，听起来像是穿着薄绿色短衫的少年。

少年通常在暮色四合时才出来。荷塘沉浸在蓝色调的氛围里，周遭蝉鸣虫语，栈桥上人来人往。月色悠悠然，淡如薄雾，朦胧素雅。荷花带月看，花和月色一般般。轮廓的剪影反倒明晰起来。香气轻柔且神秘。

行至亭阁，停息凭眺。小亭通透空敞，坐踞四碧荷花，是这满塘盛夏的点睛之笔。置身其间，悠游如鱼。

待夜再深一点，游人渐渐散去，越发宁静和清凉。与恰当的同游者，或独自赏荷花、闻荷风，一池清辉，才是雅趣。多想折一片叶，包一片月光回去，夹在唐诗宋词里。

在平乐赏荷，最妙的是就着雨。

远处青山如黛，脚下绿水莹莹，而烟雨一来，清水出芙蓉古典画卷徐徐绘就。光是看看就堪作享受，更何况已入了水墨荷塘深处。

雨打荷叶，淅淅沥沥，微风忽起，碧浪翻涌。雨势稍大时，但见"池荷跳雨，散了真珠还聚。聚作水银窝，泻清波"。从一片绿滚动到另一片绿里。来吧，高低错落的翡翠盏，玉液已满。

万千花朵，沐浴着雨露，亭亭立于水中，檀粉不匀香汗湿，越发袅娜多姿、清丽雅致。琼浆已斟好，相约共饮。没有什么深刻的故事，只有骨子里的纯净，好像每个人的青春。

来，不醉不归。

"轻舸迎上客，悠悠湖上来。当轩对樽酒，四面芙蓉开。"这场酒啊，大约要喝到更深露重，才尽兴的。

荷的别名甚多，芙蓉、菡萏、芙蕖、水华、水旦、玉环、泽芝、净友、溪客……凡此种种，不能尽数。文人雅士想把所有美好的词汇都赋予她的身上，她是美好本身。而最让人喜欢的大概是"莲"这个别称。

"苦海迷途去未因，东方过此几微尘。何当百亿莲花上，一一莲花见佛身。"莲花在佛家历来是光明和希望、高洁和佛性的象征。

为莲故花、花开莲现、花落莲成。

国家4A级旅游景区平乐旅游区位于四川古"巴利驿道"西端，坐落在群山环绕、林木葱郁之间。从远处眺望，平乐寺如坐莲花中。平乐寺是川北地区最大的佛教寺院，是禅宗临济宗的发源地，名副其实的"川北第一丛林"。

平乐荷塘就在平乐古寺旁。梵音袅袅，古寺新荷，淡定禅静，香远益清。

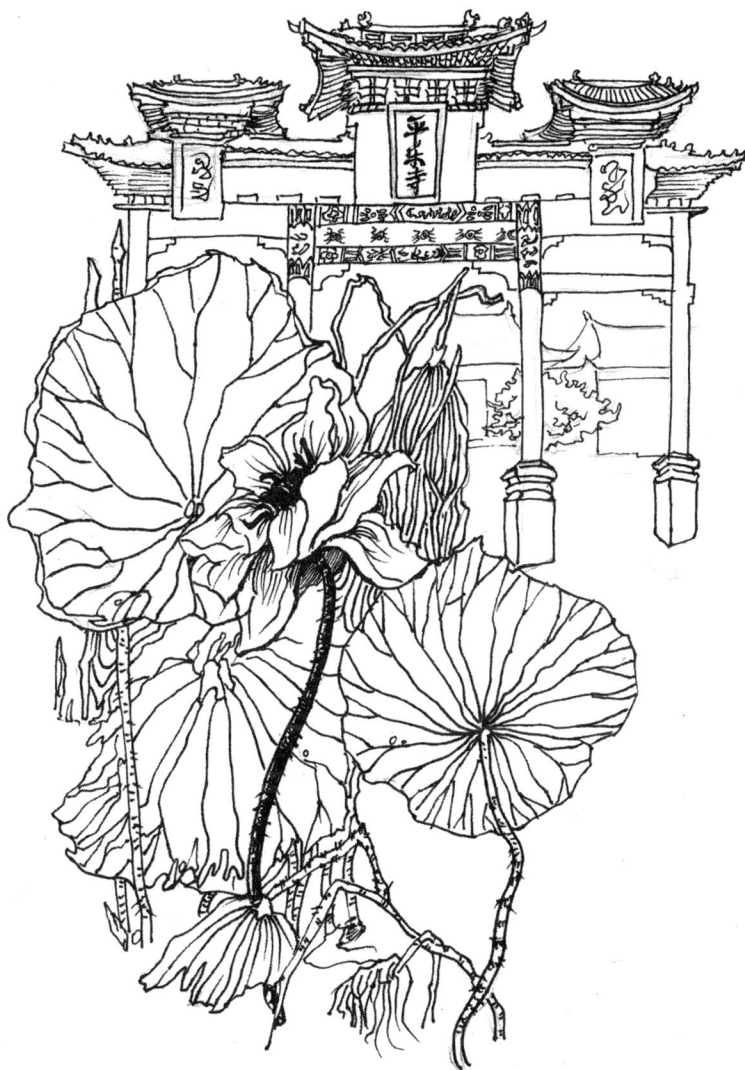

平乐荷花

"接天莲叶无穷碧，映日荷花别样红。""翠钿红袖水中央，青荷莲子杂衣香。""惟有绿荷红菡萏，卷舒开合任天真。"……莲从来不缺诗词歌赋的隽永，她好像天然就是诗的化身，当然，她也在挥毫泼墨间浓淡相宜。

在中国画里，莲被无数次描摹，大都只见花叶，不见水光。

而遥远的巴黎，莫奈在郊外给自己建造了一个花园，种满垂柳和竹子，又从远处引水种了一池睡莲。他痴痴地，一幅又一幅地描摹阴天、晴天、清晨、傍晚，每一刻，不同光影下的莲。他忠实地描绘阳光穿透水面的颜色，映衬在植物的影子里，有时金色，有时蓝色，有时红色，有时绿色，光，影，虚，实，水中藻荇交横，天光云影斑驳，一场静谧而缥缈的梦。在建造花园之后的27年里，他画了200多幅这样的睡莲。

每每看着这些画，总是想起"伤心桥下春波绿，曾是惊鸿照影来"的诗句。瞬间，盈满感动，那一池睡莲，长在风土人情迥然的异国，却毫无障碍地激起一阵乡愁来。

莲的美，原来是没有界限的。

过尽千帆不改，方得莲心。

季羡林80多岁的时候，朋友从湖北洪湖带了几颗莲子赠他。季老将几粒莲子黑色坚硬的外壳敲破，投入楼前的清塘。三年过去，湖中才稀稀拉拉地长出五六个叶片，但到了第四年春，奇迹发生了："在去年漂浮着五六个叶片的地方，一夜之间，突然长出了一大片绿叶，不到十几天的工夫，荷叶已经蔓延得遮蔽了半个池塘。"

这就是"荷花定律"。

池塘里的荷花，每日以前一天的两倍数量开放，到第30天开满池塘。那么，当荷花遮蔽半个池塘的时候，是第几天？

第15天？不，是第29天。

最后一天的圆满，等于此前所有努力的总和。没有积累和沉淀，就没有最后铺天盖地的成功。

其实花和人都一样，正如季老所言，有一种"极其惊人的求生存的力量和极其惊人的扩展蔓延的力量"。平乐的老百姓们对此也深信不疑。

初荷之后，必有一个盛大的夏天。夏日将尽，平乐这满池的莲蓬和肥美的藕，都是最好的回馈。淤泥里的莲子，待来年，又会呼啦啦地开满惊喜。

七彩栖凤峡

毗邻国家4A级旅游景区平乐旅游区，栖凤峡像养在深闺的小家碧玉，静守在龙门山与米仓山交会地的南麓，低山幽谷，杂树连青，瑶草迎人，让人心生欢喜。

村子里的民房沿着半山腰生长，且统统换上了五颜六色的服装。浅粉浪漫而温柔，淡紫灵性又雅致，橙黄的明媚温暖，蓝色的清新纯洁……初夏时节，一幢幢色彩斑斓的房屋被田园环抱、绿树掩映，像极了哪个调皮孩子搭建的乐高积木。

栖凤峡便是这山里的七彩童话，或者说，在栖凤峡，生活就是童话本身。

昭化以千年古城而闻名遐迩。在光阴流转中，今天的昭化在厚重的历史文化基础上衍生出更多的传奇，栖凤峡便是其一。

丰富的煤矿资源，曾经让这里名声大振。拣银岩煤矿在1960年开始正规化建设，矿区工人及家属多达上万人，是中国煤炭工业发展史的缩影，为国家煤炭工业的发展乃至整个社会主义建设事业贡献了积极力量。如今，群峰林海间矿区遗址仍在，人们吃苦奋斗的精神犹在。

这里峰无高峻之险，而备幽邃之秀；水无汪洋之势，却具映带之流。这里四季风光各有千秋。春天峰岭鹅黄，山花万点，相映成趣；入夏山水雍容，林波同碧，生机盎然；金秋霜崖秋山，层林尽染；隆冬林海雪原，银装素裹。

咕咕萌宠园是纯开放式的室外萌宠主题乐园，占地50余亩，整个斜面山坡都是。

沿着木质步行梯，去往每一个精致的放养区，童趣盎然。黑天鹅、绿头鸭在池子里仰着脖子朝你点头示意，与颜值爆表的梅花鹿来张合照，给呆萌可爱的羊驼喂喂草，圆滚滚的土拨鼠憨态可掬，小兔子总是怎么吃草都吃不饱……

浮云乐园休闲区、群鱼鸟居扩展体验区、丛林遇鹿亲情互动区，每个区域有一枚印章，孩子们每到一处可以盖在集章地图上，等小戳戳盖满，便可兑换一份惊喜小礼物。这样的科普小游戏，寓教于乐，生动有趣。别说孩子了，我们都想试一试。

土地醇香的时节，成熟的讯息在温热里酝酿。

圣洁花海摄影基地足足千亩。信步而行，回归大自然的惬意感一触即发。百余种花草林木依山就势，恣意生长，温婉婀娜，风情各异。红的、黄的、粉的、紫的、橘的，一朵朵、一簇簇、一丛丛，绵延不绝。这面坡、那面地，温柔的形态，妩媚的色泽，层层叠叠的花瓣，挤挤挨挨簇拥的热闹，尽管地形起伏，但无论哪个角度，皆是花海相迎，一步一景。

远望，山峦连绵，青黛层叠。近观，斑斓多姿，游蜂戏蝶。穿过姹紫嫣红、粉黄红白，一大片一大片马鞭草灿然盛开。

拥有着独特气质与风骨的柳叶马鞭草，总是能恰到好处地演绎紫色所赋予的独特魅力。暖暖的夏风吹来，金色的阳光下，蔚为壮观的花海之上，泛起绚烂的紫色波浪，有着梦幻一般无法言说的浪漫，多么美好的相遇。

置身花丛，宛若着一袭霓裳，纯粹的花香里，心思荡漾。

作为婚纱摄影基地，这里兼容爱情童话、古韵国风、欧洲神话、城市复古等多种主题风格，蓝天在上，远山做底，花艺为衬。梦幻童话屋、王子马车、一路相随、花好月圆、同心锁、爱情许愿池、琴声瑟瑟、仙境大门、浪漫热气球、复古机车、街头情缘、青春岁月……50余种文化景观小品点缀在万紫千红的花海之中，每一处都爱意满满。

美从来不只在镜头里，也从来不是稍纵即逝。在心仪的地方，和相爱的人定格幸福。"陪你看过千里之外的云和月，踮起脚尖亲吻纤艳不可一世，山风轻雀而起，阳光倾斜而落，是星辰浩瀚，是云海翻涌凡尘。"

无限地放飞自我，在天地之间畅游，和山际遥望，和花草对视，八方来客早已按捺不住内心的激动与兴奋。就连老人们也蹦跳着穿梭在每一个炫彩的画像里，随意摆拍，尽情欢笑。

网红打卡地早已没了年龄之分。看着、闻着、拍着、乐着、说着、笑着……站着，不过瘾，便靠着、蹲着；在妍丽的花草景致面前，挪不动步子就爽性坐下来；兴之所至，干脆躺在草坪上，翻滚着晒太阳……

脏了衣服鞋袜，谁怕？

徜徉在这一片花海，像是醉在了软软的棉花糖里，放肆地享受童话的甜蜜才过瘾。

陌上桃花开

〉 罗 倩

桃花开了，先是一朵，一朵，再一朵，骨朵儿被春风撩拨得实在忍不住，一觉醒来就全开了。

昭化镇桃博园，在田里、在山地、在路旁，在东边坡、在西边梁，在你看得到看不到的地方。13万株，100余个品种，足足2300亩，都染上了她们新搽的胭脂红。

桃花灼灼，枝叶蓁蓁。园内徐行，这一树飘逸淡雅，兀自欢喜；那一树玉蕊楚楚，恬淡安闲；这一片疏密有致，优雅涵芳；那一片高低参差，意态天然。多是粉嘟嘟的，深粉、浅粉、裸粉、肉粉……温软俏丽，姿色各有不同。而那些朱砂、茜红、海棠色的含着笑，开得盎然。

远远地，白嫩嫩的花树下溅起一片惊叹。走近，细看。一枝枝缀满，重帘漫卷，一重赛一重地白。有枝上两朵并蒂，居然红白各占一色。继而，又现粉白相间于一朵的，半是夭夭的红，半是素雅的白，一树不过三两朵。桃花的"芽变"自然天成，竟无意间造就了这灵动与芳菲，实属罕见。

桃林依依，朵朵露凝的娇艳，是一些玲珑的字眼，一瓣瓣的光致，又是些温柔的吐息。只需顾盼轻捻，一笺桃香，便盈满了衣袖，沁染了心田，清清浅浅。那娇滴滴的样儿，是一簇簇盛开的渴望，渴望一场美丽的邂逅，或是爱慕的一瞥。风中的娇语呢喃，滴答了思念。

古往今来，有多少痴等顾盼、情暖相惜，嗟叹幽怜、风韵纠缠，皆在这桃花缤纷间。

万物初春，人间向暖。

游客如织，于花海的迷离香韵中再添景致，有红晕才下脸蛋，又上心间。望着，看着，拍着照，谈论着，是谁轻惹这花海漾起幽梦涟涟？

园内有房舍散落，白墙黛瓦青石板。随意推开哪扇门哪户窗，尽是桃花儿红、李花儿白、菜花儿黄，有百年老梨树疏影横斜，堰塘水清浅，道路旁卧满芳草，远望，青山蜿蜒。好一幅丹青画卷。

已有炊烟袅袅。村民们热情地招呼落座，几句亲切寒暄。纵然春风十里柔情，也不如这里，这声家的呼唤。

几年前，村民住的是土木小房，走的是泥泞小路。有的日出而作、日落而息，把双手、双脚，还有生命一起，交给这片黄土地，即便皱纹和老茧一道又一道、一层又一层，依旧收获甚微。有的含泪远走他乡打拼家业，留下老人孤独的背影打捞山坳坳里的日子，还有流浪在院子里的孩子，拖着思念的尾巴，摇摇晃晃。

很长一段时间，贫穷是这里的代名词。福之所至。一场脱贫春风在春雷声中绿遍大江南北。这里成为临港现代农业融合园区规划的一部分，融入乡村振兴的宏大蓝图，清新若雨后新生的嫩草地。

以桃树种植为主的川北最大休闲农业景区"桃博园"应运而生，幸哉，乐哉。传统种植依然延续，乡村旅游与之唱和，春赏花海、夏沐清凉、秋游田园、冬观雪景。

柏杨村史馆故土留根、文脉传承，让那"乡愁"不再是埋在心底的朱砂痣；卫公楼上唐明皇夜梦元元皇帝（太上老君）骑白卫而下示取禄山之兆的天宝轶事，为白卫岭平添几分传奇；武皇登基，朝阳双凤堡天降祥瑞，现百鸟朝凤的旷世奇景，雌雄唱和，吉祥和谐，今筑瞻凤台以记之，是为念；还有唐皇井、荷塘月色、桃园三结义、初心广场……在这里，文化与旅游完美融合，文化走向"远方"，旅游也"诗意"满满。

蔚蓝苍穹之下，朝阳新村的歌谣，灵秀、生动而丰盈。曾磨钝无数犁铧的土地，如今流转出来，按海拔、土质、区域，让桃树、李树、猕猴桃纷纷扎下根来，不断生长、蓬勃。

"返租倒包"模式让村民们尝到了甜头。引进业主套种林下中药材，从种植、管护到采挖，村民们在家门口就能有活儿干、挣到钱。还有的办起了农家乐，有的成为管理员……谈及现在的生活，他们个个似桃花，笑开了颜。

当归药园来

◇ 罗 倩

与一袭青黛邂逅，在"国家森林乡村""省级森林康养旅游小镇"射箭镇，国家3A级旅游景区——昭化药博园。

"青黛微微柳叶新""青黛点眉眉细长""四时常作青黛色""云雨初收青黛施"……青黛，在诗词歌赋中，总有说不出的美妙，一读到，就心生清欢，又朴素，又雅致。

也是来到药博园，见识了青黛的另一面。

李时珍的《本草纲目·草五·蓝靛》中记载："以蓝浸水一宿，入石灰搅至千下……其搅起浮沫，掠出阴干，谓之靛花，即青黛。"《中国药典》2010年版一部中，青黛被收载为中药材。

其叶碧绿，其花淡紫，一串一串静静地开着。待茎秆干，辅以人工，遂蓝而青，青而黛，菁华始见。

当然，在药博园，一袭青黛水景湿地被赋予了更多的鲜明层次。比如，小桥碧水，鱼草满溪。比如，再力花在水一方，梭鱼草柔蓝百媚娇。比如，一丛丛菖蒲野逸素雅，别开清寂之天；一片粉黛乱子草，只待初秋盈满恋爱的浪漫。比如，石汀小径蜿蜒在盎然青绿之中，石磨、石碾等乡土物件小景点缀在树茵茵草萋萋的岸坡。……

百禽园里，投喂小动物应该是孩子们的最爱。傲娇的孔雀、精致的绿头鸭、"趾高气扬"的朗德鹅、咿呀学语的鹦鹉、呆头呆脑的火鸡、可可爱爱的珍珠鸡、胖乎乎的芦花鸡……100余种禽类，数不过来了。园内草雕林立，这是稻草的艺术品。大公鸡、小黄鸡、十二生肖……个个惟妙惟肖，平添几分童趣，不禁啧啧称奇。

百草园是药博园核心景观。这"百草博览地"适宜畅游，各类中药材琳琅满目、五彩斑斓，花草药物的清香氤氲在空气里，沁人心脾。

其实，这里更适宜在高处观景台俯瞰。原来，百草园是一个由上百种中药材绘就的太极八卦图，有半夏、葱莲、鸢尾、栀子、山桃草、马鞭草、蒲公英、香附子、大叶万年青等。

"易有太极，是生两仪，两仪生四象，四象生八卦"。太极，这一古代哲学概念对中医学有着极其深远的影响，正所谓阴阳平衡。

麦冬、菖蒲为太极图的阴阳两鱼，周围辅以十二生肖的石子按摩步游道，外围颜色各异的中药材植物环状分布成八卦的八个卦象图。例如，乾卦，采用红景天、血草等，呈红色。

沿着东侧山，可登临山顶药王楼。此楼共3层，古建筑风格，开敞式。凭栏而立，远眺连绵群山，云蒸霞蔚；近观药博园全貌，五彩缤纷。

药博园覆盖整个五房村并辐射鹅项村三社，外围2000多亩中药材产业园里，瓜蒌、枳壳、佛手等乔灌木欣然生长，夏枯草、前胡等草本药材套种其间，高低错落，绿意晕染。

民房三三两两散落在园中，处处见药草，家家有药香。

下山路上会途经杏林。杏树满林。杏林是中华传统医学的代名词，医家常以"杏林中人"自居，我们也常用"杏林春暖""誉满杏林"来赞美有着高尚医风的苍生大医。

眼前的杏林，分明是流动的诗与盈盈的芳华。杏林里呈祥云图案的是玫瑰。红、白、粉、黄，争奇斗艳，一个美过一个。

有药王楼，更有药王广场。药王孙思邈医术高超，医德高尚，一生治病救人无数，著作颇丰，深谙养生之道，相传他百余岁时犹视听不衰，神采甚茂，可谓古之聪明博达长寿者也。建1500余平方米的广场，塑6米高的雕像，以纪念。广场中心装饰莲花图案，唯愿健康长寿、如意平安。

在园中，一处元宝形建筑吸人眼球。这是中药材科普大棚，占地400平方米，种有石斛、灵芝、人参、天麻、灵芝等优质中药材。

大棚外是"精诚仁和"中医药文化广场。"精诚仁和"是中医药文化的核心价值，以人为本、天人合一、调和致中、医乃仁术、大医精诚。

毗邻的是科普文化长廊。还有秦巴中药材展览馆，既作为中药材产品加工区，也展示川北秦巴地区常见的中药材、药膳康养产品、中药材盆景盆艺等。

中小学中药材文化研学，这里是不二之选。

来药博园，可不只是走走看看和科普中医这么简单。孙思邈《千金要方》就有记载："为医者，先晓病源，知其所犯，以食治之，食疗不愈，然后命药。"

药食同源。饱餐一顿最新鲜的药膳，以饮食进补，才是人生至美。药膳是中国的传统饮食医疗文化，采用独特的烹调技术，将药材与食材相配而做成的美食。因循自然，从食物中获取能量，竭尽才智，用营养美味慰藉家人、调理身心。

挑一家农家乐，其食材从种植地现采现用，保留最大的活性，从田间地头到厨房灶台再到桌上舌尖，不过分分钟。或软糯，或脆嫩，或清甜，或微苦回甘……中药与美食的碰撞，收获的不只是让人垂涎三尺的美味，更是不一样的健康。

"天覆地载，万物悉备，莫贵于人，人以天地之气生，四时之法成……"《黄帝内经·素问》讲，天地之间，万物俱备，没有一样东西比人更宝贵了。人依靠天地之大气和水谷之精气生存，并随着四时生长收藏的规律而生活着。

想来，生而为人，如此幸福。尤其是在这集中药生产、科普教育、药膳餐饮、田园观光、怡情养生于一体的中医药康养综合园中，偷得浮生半日闲。

阳光斑斓，微风含香，人生百味。

只此青绿

◊ 罗　倩

大坝锁嘉陵，高峡出平湖。

亭子口水利枢纽工程是一座伟岸的丰碑，也是一笔厚重的精神物质财富。

亭子湖总面积450平方公里、水域面积110平方公里，是嘉陵江亭子口水电站建设中应运而生的内陆淡水湖泊。

高低山峡起伏绵延，大小岛屿星罗棋布，被誉为"嘉陵江最典型、最具代表性、最有诗情画意的山水画廊"。

青牛镇境内的青牛峡便处于淹没区。嘉陵江中游支流太子河在峡谷融汇于江，蓄水后，水面上涨，碧波淼淼，孕育万物生灵。

一场细雨刚过，风和日丽，云朵微漾。颇有韵致的小镇映入眼帘。穿过街道，沿着太子河一路行进。远山含黛，江水青绿，田园葱郁，草木欣然，鸟语啁啾，一切疲惫瞬间释放于这方天地。

沿着蜿蜒的太子河继续向前，行至青牛峡谷。山川辽阔，豁然开朗。眼前的绿，是江水浩浩汤汤。水前的绿，是江岸万物勃发。岸后的绿，是千山连绵不息。这样的青绿，这样的远近叠染，这样的逶逶迤迤，望不到边。

是哪位画师打翻了调色盘，成就了如此诗画山水，柔情万千？是行在时间之外？是在另一个空间？片刻恍惚，那风，那云，那绿，那香，甚至那份辽远的寂静开始浸染，满身嘈杂与尘埃被一点点涤净，眉间欢喜，身心澄澈轻盈。

在城市中待得久了，总感到一种莫名的浑浊与麻木，心灵竟也变得干瘪无趣起来，于是总渴望出来走走，尤其是在山水之间走走。此时此刻，得到一种微妙的治愈。无怪古人费尽心思，也要将山水移于园中，以淡化世俗纷扰，滋养周身的灵趣吧。但总不如走向真正的山水。

青牛峡

水光潋滟，倒映在水中的葱郁树木也灵动起来。习习江风拂面，夏日的溽热早已消散，只剩阵阵清凉，以及留在发丝间草木的清香，心旌摇曳。

生命的曼妙莫过于在一个陌生的地方发现了一种久违的感动，着实被这一席原生态无粉饰的湖光山色迷了心、迷了眼。

宗白华先生说，中国人看山水不是心往不返、目极无穷，而是"返身而诚""万物皆备于我"。

我们看山游水，是回环往复的流动，观望流连之间，交织出万千情思。慢慢地，看山不是山，看水不是水，山水之间，多的是褶皱可供探寻，或者发呆。正如"我见青山多妩媚"不是结语，而终回到"料青山见我应如是"的回应。

中国美学里有"泉石膏肓，烟霞痼疾"的说法，爱好山水林泉，耽迷烟雾云霞，早已深深刻在骨子里。与山水间浪漫而温柔的照映，是一个民族记忆深处的美妙回响。自然山水里的光阴变换，比这世上任何东西都更加诚实。

行过山，知山外山，人外人；涉过水，知鱼之乐，静与涛。唯有志存无界天地，无边无际，方能无我无欲，超越惯有的局限，逍遥于天地之间。天地与我并生，而万物与我为一。

在青牛峡，见微渺，见自己，见广大……欣欣然，自在山水间。索性就住下来吧。江边半山腰，一排小木屋依次排开。乐山乐水，好一处天造地设的灵秀之所。

这里水质达到国家一级水源标准，鲢鱼、鲫鱼、黄腊丁、桂花鱼等野生鱼成群嬉戏。"醉美青牛峡·嘉陵第一钓""钓鱼圣地·路亚天堂"已成为举办国内钓鱼大赛的一张亮丽名片，吸引来无数钓友和游人。

村民用自建房开起了渔家乐，少不了一番热情的招待。农家饭，野生鱼，烟火日常里，淡淡的乡愁与青瓦之上的炊烟袅袅娜娜、缠缠绵绵。当然，最妙的莫过于在暮色里搭一顶帐篷，摆上桌椅，就着余晖野炊，等候一个童话般的夜晚。住在湖山草色、天光云影之间，枕月而眠，星辉入梦。安顿性灵，安然身心。

等风等雨，等一身青绿，等远方的你。

泛舟山青湖

︴ 罗　倩

　　磨滩镇有桂花村。村子环山面水，民居沿山错落而建。山路起起伏伏，弯弯曲曲，从半山腰下车，移步换景，曲径通幽。

　　四月的山野饱满而热闹，那些率真而具体的生命力次第展开。在高处放眼望去，群山黛绿间，一湾又一湾的碧水，山环绕着水，水倒映着山，绿色浪涛恣意铺展。

　　说是山，其实现在更像是岛。山体大多在水下，只露出小小的山尖尖。

　　山成屿，陆成泽。碧玉镶嵌，烟波浩渺。工农水库也叫山青湖，在我看来她更像是千岛湖。

　　工农水库是当初经绵阳地委同意，在广元粮食生产区选址修建的绵阳第一个骨干水利工程，位于东经106°15′，北纬32°10′，库容1263万立方米，蓄水1037万立方米，主干渠37.5公里，支渠70余公里。

　　1971年7月开工，1975年春开闸放水，让当时400多平方公里的土地和6万多人告别"万里千担一亩苗"的时代，贫乡旱土得益于自流灌溉，实现满栽满插、年年保栽、岁岁丰稔。

　　工农水库既是库（灌）区人民群众的有力杰作，也是工农团结的历史丰碑。时至今日，它的积极作用丝毫不减。而这一利民工程同时也成就了山水奇观。

　　登上小船，悠悠然入画卷。一湖春水微茫，三两春风酥暖，四面春光晕染，好一个让人心旷神怡的春天。心上，也随之漾开一道道涟漪，似轻风，若柔絮，引出无限希望。

弯下腰，把双手伸进水中，凉凉的惬意，即刻间顺着指尖蔓延到臂弯，再沁入心脾。掬一捧清清的水来，不等凝眸，旋即调皮地从指缝间洒落，融进船下的盈盈波光里。

这绿是青绿，绿得深情，绿得宁静，而又生生不息，连成群的水鸟都不曾舍得惊动，只是翩翩低飞。极目处，天水相接，水天一色，给人以无限的遐思……不惊惊乍乍，但细水长流，有三五知己，饮客踏舟来，不期而遇的美好，就是这样体贴人心。

清新的空气里，有隐隐的草木香气，微妙又清芬。这是一个属于松花的季节。船行湖中，环顾群山，遍布松树，苍翠高耸。松有傲骨，岁寒不凋，待春来，郁郁葱葱。

等船渐渐靠近一座小岛，挨着岸边的湖面流动着一层金黄，这油彩般的流波正是来自漫山遍野森林深处的松花粉。松针间，橙黄的花枝向上凸起，花枝上绣满了浅黄浅黄的花粉。这直径只有三四十微米的细小粉末质量极轻，且每一枚花粉还携带两个膨大气囊，增加了它们在空气中的浮力，只需微微的轻风，不，甚至无风时，它们也能自己飞扬起来。

这些松树历经沧桑，根深深地扎在大地，几十年，甚至上百年。在这明媚的春天，花粉们以另一种生命的形态肆意飞扬起来。以一种青春的姿态，无拘无束地飞扬起来。

在这自由自在的飞扬中，作为雄配子体的花粉已然携带完整的DNA生命信息，一遇到合适的雌配子体，便果断结合，之后落于某地，或者随流水至于某处，展开新的生命旅程。

谁说这不是一种延续自然力量的奇妙生命之旅呢？那么多的松花粉呀，涂抹在涟漪里。环湖山岭尽是松树，这些松树在一整个春天又会飞扬起多少松花粉呢？

唯树可知。哦，鱼也可知。

柏林樱花雨

◇ 罗　倩

　　柏林古镇西侧，过岚桥广场百米，便可进入5000余亩的樱花谷。

　　园子里栽植着本地山樱以及染井吉野、福尔摩沙樱、吉野红樱等世界各地名贵樱树，足足20余种，还有梅花、桃花、红枫、茶花等百余种。已是三月尾声，钟花樱、高盆樱等多个品种花期已过，一树一树的新绿恣意蔓延。微微凉的春雨中，草色生烟，碧水涟涟。

　　一阵柔风打眉眼发梢而过，周身竟浸染了暗香。"看，快看！樱花雨！樱花雨——"循着惊喜声，前方路边一排早樱树那白里透着黛粉的花瓣，翩翩而下，婉转又雅致。落在草尖，微微弹起几抹水星；落在青石板，做了春的书签；落在女子的裙裾，成就唯美自然的装扮；更多的是落入了春泥，期待着花开的来年……

　　一缕一缕的香，氤氲在粉粉嫩嫩间，置身其中，如梦似幻。春雨如丝，丝如媚；樱花落雨，情如许。何其幸运，在山间沐浴了这场盛大的樱花雨。接一滴春雨研墨，采一朵花香作序，一笺春词便穿行在绿肥红瘦间。

　　细雨浸润，桃花实在急不可待了，什么矜持不矜持，全然不管不顾，浩浩荡荡绽开粉兜兜的脸，开在画家的宣纸上，开在诗人的字里行间，开在光阴的轩窗里，赴一场久违的约会。

　　这里的桃花，生于幽谷，藏于深山，承天地之灵气，吮日月之精华，兀自生长，兀自清芬，兀自绽放。拈一枝，轻嗅，连花瓣上的雨都溢着香。

　　微闭双眸，闻香而醉，人花合一，竟有世间琐事皆浮云之感。当在日复一日的忙碌奔波中快要找不到自己的时候，干涸的心灵竟被一朵小花温润丰盈了。一些深情，一些懂得，藏在粉色的花蕊里，以素雅的姿态在清浅的岁月里低吟浅唱……

也许，每一朵花都是为了懂她的那个人而开的，春风传花信，花开不知年。灼灼盛放，粉而不媚。桃花总是能轻而易举地把人的心温软成粉红，又总是藏着一些故事。

若居于此，一枝桃花入窗来，诗意翻涌，为这半分景色写下三千诗词。

微雨入尘，草木萌动。熙熙攘攘，皆为春来。柏林湿地，陌上草色青。不经意地回眸，已是鹅黄柳绿，轻盈曼舞，柔情万缕，刚刚好。

举目环顾，远山微翠，烟雨朦胧里，绿的通透、红的俏丽、粉的安然、紫的含蓄、黄的俏皮、白的恬静，知名的不知名的，培植的野生的各种花各种草，赶趁儿似的挤满了春天。

最张扬的当数田野里的油菜花。将一抹抹亮丽的黄轻蘸春雨，晕染一幅水墨丹青。

烟花三月，万物齐吟，此起彼伏。是春笋破土拔节的声音，是春天的味道，是素年锦时的温暖，也是落在无数人记忆里的淡淡的甜……

袅袅春风，吹皱一池湖水。柏林湖，因晨间烟波浩渺、云雾弥漫，又名岚湖。"阳春二三月，水与草同色。"一湖翡翠，一湖秀色。

薄薄的青雾浮在湖面，笼着青纱似的梦。禽鸟闲散无拘，见人不惊，与沿湖各种农耕文化融为一体，相得益彰。盛夏时节，千百只白鹭贴着湖面纷纷起飞，黑腿黄趾上沾带的水滴入晶莹的玉盘，化作粒粒珍珠。

最好的体验莫过于和心爱的人一起徜徉在柏林湿地，赏花，听雨，漫步爱情时光步道。

相识相知、相恋相爱、相伴相守，从青丝到白发。纸婚、锡婚、银婚、珍珠婚、红宝石婚、金婚、钻石婚……这条爱情时光步道以石雕、木刻、3D画等多种形式完美呈现了1年至60年婚龄各个重要纪念日，全长999米，以景观小品串联"梁祝化蝶""孔雀东南飞""岚桥会"等9个唯美浪漫的爱情故事，寓意"天长地久""长长久久"。

一种微醉的感觉弥漫开来，心融融、意绵绵。

大朝寨子山

☷ 任国富

　　寨子山在大朝乡（现昭化区大朝驿村）场以西。一峰挺拔，披绿戴翠，俊丽多姿。据传是诸葛亮屯兵安营扎寨的险隘，故名。

　　寨子山是一座姊妹山。南北走向，北高南低。洪荒初始，由一巨大的砾石崩裂一分为二。大小寨子山相隔约一里，引领着无边无涯的原始森林和原始次生林，呈现出一派亘古以来的朴浑与恬静。

　　山脚流淌着一条明亮的小溪。从一座石板古桥跨到对岸，在一棵高大的皂荚树下，有一口古井，古井约一米见方，由四张厚厚的青石板镶嵌而成；井边的石板已被行人踏磨得溜光，石沿上面微微凹陷留着樵夫磨刀砺斧的痕迹。泉水盈盈，清冽见底。此泉炎夏凉爽彻骨，寒冬温暖如春，还蒸腾着淡淡袅袅的水汽，一派氤氲。据传，明代一皇太子路过小憩，于茶馆品尝了此泉水沏泡的采自此山的"老鹰茶"后，只觉口齿噙香，沁心入脾，精神振发，连连称奇，大加赞赏，乃赐名"太子泉"。"太子泉"由此芳名远播，流传千古。为保护古井，历代官员以至庶民立下了许多规矩，禁止人畜践踏。老树碧荫，古桥流泉，情味悠长，构成了一幅朴素清丽的美妙画卷。

　　崎岖的羊肠小道从山脚蜿蜒盘旋而上。长长的莎叶茅穗和荆棘柔条侵牵拂遮。路旁各种有名无名的灌木丛、侧柏和草本类微小植物，缀举着细小的果实和星星点点五颜六色的花蕾、花苞与花朵，令人眼花缭乱，目不暇接。

　　山腰石峰嶙峋，玲珑奇异，突怒偃蹇，林林列立，美不胜收。移步换形，造化神功，恍如梦幻仙境。或一峰高耸，傲然似剑，直刺苍穹；或数峰并峙，如冠角犬牙、佛掌焰火；或矮圆短促，缓延而下，如牛羊饮涧；或凌然上指，如鹿犀望月；或如罗汉佛陀、蘑菇葫芦、笔筒舟船、鱼脊兽背、箱柜瓮钵，应有尽有，令人惊叹不已。高大挺拔的核桃树、奇崛虬曲的山杏树、枝繁叶茂的奈李树、皮壳皴裂的柿树稀稀疏疏相植其间。荆丛委地，枳枸附岫，草萦蔓纠，葛纽丝结，披拂摇曳，到处是蓬勃盎然。山畦条尖块圆，随体诘屈，嘉禾盈盈，华实芬芳。山间垄上相间许多天然草坪，芳草萋萋肥美如剪，坦荡如砥，空旷明丽；如铺毡布毯，滋软润泽。牛犊羊羔三五成群，铃铎叮当；舔毛摇尾，俯项甘餐，唇翕吻张，断茎切苗，舔吮咀嚼，铮铮有声。草的馨香熏刺得它们不时地打着喷嚏或响鼻，何其悠然。黑色的"八哥"鸟叽叽喳喳喧闹着，翩飞起落在牛背、石坎和荆莽之间，呈现出少有的安详与自在。

渐到山顶，山势略缓，峰峦如聚，峭壁刀砍斧削，植被蓊郁，密密层层。青松抱石嵌岩，傲指云天，苍劲挺拔，翠如膏沐。杂灌稠密，藤蔓攀牵，葳蕤多姿。空谷幽兰，芊蔚菁菁；岩葱皮韭，馨冽香散。众峰之间，盛着盈盈一潭绿水，人称"天海"。传说此水与大海相通，从不干涸。山水同蓝，回清倒影。水中生有冬荪，可以食用，所以人们又叫"冬荪塘"。塘中鱼虾成群，跃水成纹，清风徐来，粼粼波光，实乃奇观。水边空地上浅草如茵，一平如展，清香淡淡。山玫瑰和七里香架叠成垛，一色的紫白嫣红。山空无人，在林间览胜、草坪戏玩或水边垂钓，草熏风暖，蝉鸣鸟唱，蝶舞蜂飞，幽雅清净。临水向山，得意忘言，无不心旷神怡。

登上顶峰，只见碧松森森。凭立远眺，视野阔大峻奇。四周崇山峻岭，丘壑纵横，披光映彩。北望，人头山奇峰耸翠，画栋飞云，钟声隐隐。东向，大山茫茫横贯雄奇，千沟万壑，遥遥相望。盘山公路似一条绸带飘飞山外。南面，剑阁七十二峰重峦叠嶂，隐隐西去。近处，杨家坝农舍历历，禾稼半川，斑竹林沿河而植，茂密蜿蜒，宛如一道绿色的城墙围挡山前。西睹，茅家山原始森林莽莽苍苍，随势起伏，堆云集雾，如同波涌浪腾直接天际。峭岩斧劈，拔天指北，亘亘迁绵，青黑黛白，美如画屏。对面，小寨子山石磊峰直，负翠悬碧，古松倒挂，俨然乡村少女秀发漫披，脉脉含情。山风呼呼，衣袂飘飘，真如排虚御风。

脚下，有万仞悬壁，略略俯视，则觉头晕目眩，骨软心惊。相邻一丈余宽的纵向峡谷近在咫尺，深不可测，险不可涉，腐叶败草，蓬蓬堆积，旷日久远，时不可计，令人望而生畏，却步难前，唯有嗟叹而已。

山有水则灵秀。据传，寨子山曾孕育了两个千年狐狸精。一个因为耐不住修炼的寂寞常与附近人家的姑娘谈情说爱而竟遭雷劈殒命；另一个则依然遁迹山中潜心修炼不知所由。美丽忧伤的传说令人想起蒲松龄笔下那些花妖狐魅的故事，实乃韵味无穷。

春天，鲜花满野，姹紫嫣红，芳香扑鼻，碧连天地。秋天，霜叶火红，果实纷呈，野菊花格外艳丽馥郁，山上山下，五彩斑斓，如锦如缎。冬雪素裹，玉树琼枝，冰凌垂闪，人踪寥寥，一派空寂，踏雪寻梅，观云彩看山，只觉无限高古。

山水妩媚，天然爽利，景随时谐，韵真味醇，这就是寨子山。

如画照壁

任国富

造化的神工鬼斧永远胜过人为的想象。

照壁村是照壁崖下的一个自然小村落。照壁崖及其相连的白岩中隔深峡，似断实连，石壁千仞，壁立如削，连峰数十里，摩天插云，构成天然屏障横亘于村后。石壁危崖上树木倒悬，藤萝攀垂，绿丛繁花点缀，写意出一幅苍茫凝重、气韵生动的山川画卷。

照壁崖系剑阁七十二峰的第二和第三峰。众多断壁石崖逶迤续接，一律苍然北指。山岭毗连，丘壑纵横，在起伏绵延中积蓄着发展的能量，到了照壁村地界突然爆发出惊天动地的力量，骤然振起耸出万仞绝壁。绝壁之下是缓慢的山坡与山丘，绿树村边合，青山堆锦绣。漫山遍野的植物正在回春转阳，散发着青春的清新味道。小径在碧荫森森的杉柏和稠密的青枝嫩叶里肆意折转、蜿蜒，把我带入一个又一个山花烂漫、清气袭人的意外境界。踩踏着绵软的草艾与堆积的落叶，腿脚好像抹了油失去了不少重量。高大的乔木与矮小的灌丛夹杂在一起，分不清你我，鹊鸟空啼，蝉噪耳际，给人少有的洪荒之感。

好不容易才来到照壁崖下，早已热汗涔涔。抬头仰望，照壁崖矗立于天地之间，鹤立于群山之上。一峰傲指，插入苍穹，崖壁苍白，突兀前倾，大有咄咄逼人压顶之势。崖壁的缝隙里零星地生长着藤蔓、莎茅和苍崛的树木，老成劲健，荣枯咫尺。据传，远古时期，太上老君在照壁崖下支垫着四块金砖以使之更加稳固。长安的两个盗宝者广寻天下珍宝。一天早上，在金盆洗脸时，盆中显映出了照壁的影子。他们知道此壁之下必有宝贝，遂寻绎地脉花数十年工夫终于找到了照壁崖。他们设法盗了一块金砖，不见动静。于是，再盗，不料刚取出一个砖头，石壁便发出天崩地裂的巨响，照壁从山体中崩裂出来，势欲倒塌，向盗宝者倾压过来。盗宝者见势不利措手不及，慌忙放下手中金砖逃之夭夭。照壁崖遂成为特立独行的山峰，保持着前倾的姿势；亘古至今，警醒着世代贪婪者不该伸手的绝不伸手。

沿着照壁崖脚下一路行走，分崩离析的山体和巨石堆叠枕藉成万千景致。磐石构成各式各样的石梯、石坎、石门、石柜、石箱、石峰、石窠、石洞、石缝、石笋、石兽，每一处都能激发出人们全新的想象。各样植物见缝插针地托生在那些匪夷所思的地方，举证着适者生存的大道。在崖壁的高处突兀地挺站着一茎树木，舒枝展叶，全无所依不见寸土，虬根在削壁上，如同粘贴上去的，见者无不称奇。在终年不见水滴的石窠，却神奇地从中长出一棵奇崛的古树来，枝繁叶茂。在干燥的高壁上，孤独地挂着一丛野玫瑰，枝条绿叶潇潇洒洒地垂挂着，盛开了大团大团的白花，香艳绮丽打破了石壁的冷硬。树丛与荆棘野性张扬，毫无顾忌，缠绕着，攀附着，高扬着，拥抱着，架空着，与裸壁的青黛相得益彰。移步换形，横看成岭侧成峰，远近高低各不同，可谓时时新奇处处画。仰视崖顶坚壁，高不可攀，颓壁相互依靠形成奇特的一线天。植物的青葱给崖壁戴上了绿色的帽子，为枯燥的山壁带来了可亲色调。脚边的幽兰混在杂草间盛开出紫色的花朵，分外清纯；不知名的花卉微小得如米如豆，一大片一大片地抛撒在又青又绿的地上亮得直扎眼；藤架蔓条抽薹出须开出各样花色，紫红青黄老远就飘来幽香；樱花树一棵一棵地兀立着伟岸的身躯，硕壮如盆，枝臂盘空，过了花期却让人回想花开时节的壮观。

转过照壁崖来到一道深深的峡谷，夹岸悬壁近在咫尺把天空割出一道裂缝来，各样植物在崖壁上点绿着红，染苍染碧。谷下是深溪，清流"哗哗淙淙"，在乱石涣散中忸怩身子轻吟浅唱。谷内有多处洞穴，其中一处有名的叫"经皇洞"。据传，安史之乱爆发后，唐明皇逃难蜀中，经过剑门关时为摆脱追捕，经由志公寺一和尚带路抄此捷径进入关内，在此洞过夜，此洞由此受封易名，芳名远播。

蹚过溪流，我们到十里白岩下探奇览胜。山大林深，阒静无人，密密的林野簇拥掩映在白岩前。白岩一体浑然，坚壁横亘，不见丝毫断裂，一望无垠，仰不可视，上伸下缩，构成狭长的巨型岩窠，可容万余人。经年风雨不见，岩壁遂成白色，故称白岩。岩壁偶有脱落，乱石零散委弃堆摆成各样奇观，有说如龙的，有说如虎的，有说如肚脐的，还有的说如帆船的，不一而足，尽可想象。爬山虎慢慢悠悠地铺展了几大片，高达数十米，构成一道意想不到的绿色屏障。古树众多，树冠舒展得既开放又远大，团团如云，过滤着斑驳的阳光。藤萝、荆蔓、莎茅各式各样，肆意铺张密不透针。林下绿草如茵，铺满各样鲜花。从林子里钻出来，我伫立一处凸起的磐石上歇息，视野开阔，清风盈怀，睥睨一切。指点江山，千山万壑尽收眼底，云台山、五峰山、牛头山皆可指可见，村落人家，农舍依稀，星星点点，写意成茫茫画卷。回望照壁峰，竟然摇身变成一茎，直指蓝天白云，全面颠覆了我刚刚建立的印象。

阳光明媚，风清气爽。在岩壁和山林里转悠，盘桓、探索、发现，遇之于目会之于心，感到无限惬意。

小城桂月

＼＼ 罗光永

桂子千株，临街临河而植。每到九月，桂花尽数绽放，整个小城沉浸于无边的甜香里。我不知道，这样的城，能否称得上"桂城"。

我蛰居的这座名曰"元坝"的小城在米仓山南麓，群山环抱的洼地里。她的确很小，面积不过3平方公里，常住人口不足3万。有人曾开玩笑："夜里，小城东边情人蜜语，城西的人都能听见。"但在我看来，她小得精致，没有丝毫的粗制滥造。我的这种看法，大半缘于那些桂树。

九月一到，川北的天变得蔚蓝高远。风也轻柔起来，丝绸般划过肌肤，凉凉爽爽的。这时候，桂花开始萌动。褐色的粗糙的枝丫开始有了星星点点的鹅黄。不几天，鹅黄破皮而出，抽出细细的花柄，顶着大了许多的花骨朵，隐藏在密密匝匝深绿色的叶片里。

小城的居民大多习惯于慢生活，明明知道桂子花期来临，也不刻意期盼，仿佛花开也是自己生活的一部分，如同喝茶散步一般平常。不过，等嗅到第一缕花香，他们还是会惊喜地嚷叫："花开了，桂子花开了！"

近年来，我对桂花初绽的判断，都源于若有若无的第一缕花香。际遇都那么雷同，有时让人费解——傍晚从办公室出来，刚到大门，就觉察到空气里浮动着稀薄的清香。于是奔至树下，拨开树叶，那些素净的小精灵便跃然眼前。或骨朵青涩，或羞涩待放，或咧嘴而笑，大大小小，密密麻麻，爬满了枝梢。花重，嫩枝羸弱，不得不沉下腰去，或把头倚在临近的枝干上借力。"千朵万朵压枝低"，杜子美的诗句，在小城桂月就有了新解。

天明，花开正好。薄雾缥缈，丝丝缕缕，小城恍若仙境。细细密密的水雾铺在桂花上，毛茸茸一片，花儿更加娇嫩动人。花开四瓣，洁白如玉。花蕊相对而立，顾盼生辉。这样的花开，是不忍心拉过枝条观赏的——"花一般的骨质"，诗人的定论是那么贴切。试想，流年里还有什么比花一碰就易碎的事物呢？若要"动粗"强行拉过，必然花枝乱颤、落英缤纷。过后，便是遗恨绵绵。

大约是氤氲了一个夜晚的缘故，凌晨的桂花香气馥郁，溢满了整个小城，大有随形就势向四周流淌的阵势。久居小城的人见惯不惊，打树下来往，绝不驻足做深呼吸。远道而来的，则闭目树下，让香气从鼻孔进去，在五脏六腑盘桓良久，才肯慢慢呼出。

我是喜静的人，对桂花的偏爱总在夜里袒露。我住在顶楼，书房外就是一排桂树。树虽矮小，但清香不减，袅袅娜娜的，透过纱窗进来，把屋子装点得愈加雅致。若是遇上月夜，韵致更浓。皓月东升，银光泻地。于是关了灯，半掩纱窗，让月光在书桌上、地板上恣意流淌。"月下谁扶花影动"，花枝影影绰绰，花香也朦朦胧胧起来。此时，我便有足够的理由沏上一杯青茶，再斜卧凉椅，于或浓或淡的花香里品人世淡泊，涵月样情怀。

花开不喜，花落不悲，这是小城居民的秉性。桂花瓜熟蒂落，必然离开枝头，零落成一钵香土。在我看来，花落总在夜里，毫无声息地。翌日一早出去，就会看到桂树下平铺了一层碎花。它们依然鲜活，依然清香，仿佛调皮，夜里下地玩耍，天明忘记了回去。有风的白天，我也会看到花落，且阵势宏大，摄人心魄。清风拂过，枝叶沙沙作响。细小的花弱不禁风，千朵万朵地穿过叶缝，打着旋儿飘撒，小城的街巷里、绕城而过的长滩河上便下起了花雨，紧一阵慢一阵地。"玉颗珊珊下月轮"，这玉一般的小精灵就有了"漂洋过海来看你"的情致。小城的人出门，看到花落，绝不叹惋。若有怜惜，只绕道而行。那些把车泊在桂树下的大姑娘小伙子们奢侈起来，折回开车时，第一眼就能看到车顶子厚厚一层"碎玉"。于是欢叫一声，宝马香车穿过街巷，把小城香气带到乡村，或是更远的城市。

一种树，一座小城。花开花谢，小城居民的日子明净清浅，无波亦无痕。

07

风味天成

王家贡米

　　\ 罗　倩

　　稻是人类最早驯化和栽培的粮食作物之一，全世界一半以上人口以稻米为主食。中国人在世界上最早食用并栽培稻米。

　　华夏先民因地制宜，7000年前，水稻就在长江流域扎根、拔节、孕穗。水稻种植史也是中华民族不断开拓、垦殖、成长、进步的生动写照。水稻栽培技术自长江中下游地区向外扩散。小小的稻米用万年时间完成从池边野草到餐桌主角的华丽进阶。

　　等盛夏过去，稻壳充盈，秋风一吹，谷粒便呼之欲出。黄金稻谷，配合着各地饮食习俗，吃法越来越多样、口味越来越丰富。主食带来的幸福感和安全感，在中国人的心中根深蒂固，"大米情结"更是深植于中国人骨子里的。那香糯清甜的口感，总能轻而易举满足人们对生活的美好期待。

　　好米，怎么做都好吃，怎么吃都惊艳。在广元昭化，王家贡米是金字招牌。

　　"大米出在金帽山，美女出在阳平关"，千百年来，这歌谣广为传颂。歌谣中的金帽山跨越如今昭化区的磨滩镇、王家镇、卫子镇，直至广元市南山脚下的接官亭处，其中又以王家镇所涉范围最广，在王家镇辖区内绵延两千多米。

　　贞观年间，武士彟（武媚娘之父）上任利州（现广元）都督，幼年媚娘喜食王家大米，赞其"黏而不糯，细柔弹滑，米香醇厚"。武媚娘入宫称帝后，因病食而无味，只有王家大米让她食之大悦，遂命进贡。一直到清光绪年间，王家大米深受皇室贵族喜爱，被地方官员作为地方土特产向

王家贡米

皇家进贡，也称为"王家贡米"。

广元县志中盛赞其"远不见而闻其香，食之而大悦"。

近十年来，昭化区致力于农业品牌建设，也让王家贡米声名远播。先后入选中国国家地理标志产品、中国农业品牌目录、全国名特优新农产品，获"中国富硒好米""全国绿色农业十佳粮油地标品牌"称号，获全国稻渔综合种养优质渔米评比金奖……一个个"国字号"荣誉的背后，是有口皆碑的过硬的品质。

昭化区海拔800—1200米，亚热带季风气候，春迟、夏长、秋凉、冬冷，四季分明，日照充足，雨量充沛，土质富含硒、锌等微量元素。以山为魂，以水为脉，以土为养，沐雨露阳光，集天地灵气，遵循自然规律，一年一季，时间赋予了王家贡米新的意义。

最具特色的是稻渔综合种养。拨开绿油油的秧苗，水下鱼群咕噜咕噜地撒欢。鱼为水稻除草除虫，水稻为鱼提供生长的饲料。稻鱼共生两相宜，稻香鱼跃千重浪。

生米粒粒优雅纤长，颗颗原香浓郁，洁白无瑕，通透如玉。烹一碗米饭，香甜软糯；熬一锅白粥，稠而不烂。

人们常调侃比较厉害的人和物说："你牛，咋不上天呢？"

王家贡米还就真上天了！

2020年5月5日，王家贡米一号、王家贡米二号稻米种子搭乘长征五号B运载火箭在中国文昌航天发射基地成功升空，经历3天太空之旅后，于5月8日随返回舱顺利返回，成为广元唯一自主选育的地方水稻品种系列。

航天育种使得太空种子具有了生长周期稳定、耐病性强以及形态多样性等独特的特点。这些太空种子的变异程度非常显著，株叶形态有高有矮，粒形有长有短，经过科研人员筛选，至2023年已经选育出2000多份非常优秀的株系材料。这些材料将为培育特性稳定、优质高产的新品种提供坚实基础，为大面积推广提供可靠的科学依据。

小米粒有了大来头，小稻谷实现了大创新。

春无遗勤，秋有厚冀。一种植物特有的香，和着汗水的气息和秋阳的味道，在温暖地蒸腾。偌大的稻田里，每一枝穗都是诱人的金黄。穗芒和光芒交织，拨动着心弦，一首大地丰收曲。

一亩稻花香十里，一家煮饭百家香。烹饪好的王家贡米，色泽剔透莹润，香味满屋弥漫，绵软不失筋道，黏弹恰到好处。满腔清甜，*丝丝回甘*，唇齿留香。纯粹干净的自然之味、家之味，让人大快朵颐、欲罢不能。

一碗米饭望得见里面的草木江山，望得见村庄的前身后世，也望得见那一张张脸孔上的皱纹和沧桑，那一种种食物背后的汗水和艰辛，当然，还有此时此刻的欣慰与甘甜。

一碗米饭延续着我们生活的能量。

一碗好米饭是我们对生活诚挚的敬意。

昭化贡黄

⟍ 肖永乐

昭化韭黄是广元市昭化区昭化镇的特产，属中国国家地理标志产品。

昭化韭黄营养价值丰富，含有蛋白质、脂肪、铁、胡萝卜素、维生素C等营养物质，富含大量的维生素、微量元素和氨基酸等有益人体健康的成分。其加工食用有多种方法，但主要是炒制和包饺子用。其色泽鲜艳、口感宜人、香气浓郁、功用独特，为辛温补阳之品，能温补肝肾，并有温中行气、散血解毒、保暖、健胃的功效。2011年11月30日，原国家质检总局批准对昭化韭黄实施地理标志产品保护。

昭化韭黄的种植地区，具有温度适中、气候宜人、土壤肥沃的独特自然条件，主要在昭化镇境内嘉陵江、白龙江、清江三江汇合处的江河两岸。该地区为冲积沙壤土，土质疏松肥沃，有机质含量高，土壤pH值介于5.5—6.5之间，呈微酸性；韭黄灌溉用水取于15米以下地下水；气候温和，四季分明，光照充足，热量丰富，雨量充沛。良好的土壤、水质以及气候条件为韭黄的种植提供了适宜环境。

昭化韭黄产区的农民，在长期的生产实践过程中积累了丰富的种植经验。他们采用高畦方式育苗，每年3月上旬至4月上旬春播，9月上旬秋播。每平方米播种量不超过9克，每平方米留苗不超过380株。苗高18—20厘米时定植，每亩定植株数不超过26000株。实行沟栽，定植16—20厘米。每年10月上旬到第二年2月，当假茎长度超过20厘米时收割。昭化韭黄比其他韭黄茎长肥壮，枝杆粗，总株长超过45厘米。假茎长超过20厘米，呈白色，叶片厚实，呈淡黄色。其味浓，质脆，富含类胡萝卜素、维生素C、铁、钙等元素。

昭化韭黄种植历史悠久。相传，211年，蜀先主刘备率兵"北驻葭萌"（昭化）时，正值韭菜生长旺盛期。当时粮草紧缺，居民们担心韭菜被刘备的军队食用，就纷纷用干草和泥土遮盖，但还是被刘备的军队发现，当刘备的军队刨开覆盖在韭菜上的干草和泥土时，韭菜已变成嫩黄透亮的嫩芽，当问及这是什么菜，居民不敢回答是韭菜，见其像嫩芽，便回答道："是韭芽。"刘备和将士们食用韭芽后，认为这种韭芽是"天赐神菜""大吉之物"，于是"韭芽"的称谓开始流行。刘备由"韭"字的偏旁"非"字和"一"字，坚定了他扫除乱党军阀和恢复汉室一统天下的决心和信心，并由"韭"字的谐音"久"字联想，于217年亲改葭萌县为汉寿县，铭感蜀国政权正在昭化发祥，寄予指日可待即将恢复的汉室江山能天长地久。252年，蜀国大将军录尚书事费祎奉诏在汉寿（昭化）"开府治事"，统摄军政，昭化成为抗魏前线的指挥中心。在昭化驻扎时期，费祎喜欢食用当地生长的韭芽，经常用韭芽做下酒菜，由此也治好了费祎长患数年的胃病，时人深感神奇，于是纷纷种植韭芽。韭芽于是成为一种大众蔬菜，因颜色呈黄色，民众也称为"韭黄"。

到了7—10世纪时的唐代，韭黄有美容延年益寿功能，武则天父亲武士彠曾任利州（广元）都督，全家喜食益昌县境内（昭化镇）种植的韭黄，其母杨氏在怀孕期间，几乎每天都食用昭化韭黄。武则天从小就吃昭化韭黄，因而出落得天姿国色、闭月羞花。杨氏一生嗜吃昭化韭黄，享年92岁，创唐代的长寿奇迹。武则天登基后，当地年年向皇宫进献昭化韭黄，昭化韭黄于是成为贡品，此后，昭化韭黄深受皇族及宫廷达官贵人的青睐，成为他们首选的"山珍仙品"。唐明皇李隆基曾途经益昌（昭化），吃到昭化韭黄，惊为天味，特赐名"贡黄"。韭黄在当地便开始盛产。

972年，宋太祖（赵匡胤）寓"昭示帝德，化育人心"之意，将益光县改名为"昭化"，当地生产的韭黄从此也被称为"昭化韭黄"或"昭化贡黄"。

明朝《本草纲目》中记载："韭叶热，根温，功用相同，生则辛而散血，熟则甘而补中。"韭黄含有较多的粗纤维，能增进胃肠蠕动，可有效预防习惯性便秘和肠癌，有"洗肠草"之称。韭黄含有挥发性精油及含硫化合物，具有促进食欲和降低血脂的作用，对高血压、冠心病、高血脂等有一定疗效，所含硫化物具有杀菌消炎作用。韭黄为辛温补阳之品，药典上称之为"起阳草"，能温补肝肾，一般人都能食用。

17—20世纪时，清朝的历代昭化知县，都十分重视韭黄生产，昭化韭黄的种植技术日趋成熟，种植面积大幅增加。清代著名的"蚕桑知县"曾逢吉，在大力鼓励百姓栽桑养蚕的同时，采取多种措施推广昭化韭黄的生产，让百姓增加了收入，让更多的过往客商吃到了闻名遐迩的昭化韭黄。

地方志书对昭化韭黄的生产及销售情况多有明确记载。《广元县志》在《农业卷经济作物卷》中记载："广元城郊有部分农户种植蔬菜，昭化韭黄除当地场镇出售外，还调剂淡旺，供应城市，远销甘陕邻县。"《昭化区志》在《物产农属》中记载："韭黄主产于昭化镇，是过去朝廷进贡之物以及送给官、商的珍品。"并在《农业概况经济作物》中记载："韭黄，产于昭化镇，城关村。7—10世纪时唐代以前有少量种植。10—13世纪，宋代时期种植较多。特别是（昭化古城）东门外'银地'的韭黄20多亩享有盛名，当时已列为朝廷进贡之物。赐有'贡黄'之称。"

紫云猕猴桃

◇ 罗　倩

　　八月尾声，邂逅卫子镇冯家岭村。空气清甜，举目苍绿。一顺溜的青青草，引出绵绵远道。身畔的野花恣意生长，暗香浮动。碧绿水塘里，鸭群欢畅。山里无甚妙处，却又无处不妙。

　　沿着插江流域，斜斜的一面坡又一面坡上，全是猕猴桃产业园。村子里、田间地里、房前屋后，哪怕很小的一片，也是猕猴桃。藤蔓柔曲，叶片葱茏，一簇簇的猕猴桃攀附在高高的架子上。猕猴桃果，挤挤攘攘地悬挂在枝枝蔓蔓，晃动着白灿灿的阳光，晶莹剔透。

　　关于猕猴桃，李时珍《本草纲目》中记录："其形如梨，其色如桃，而猕猴喜食，故有诸名。"而我对它最初的认知是家乡野生的。乡亲们通常叫野生猕猴桃为毛桃儿。山里出生，山里长成，藤生着树，野生猕猴桃个儿小，褐色皮，全身上下布满细密绒毛，像是顽劣的猕猴小脑袋，算不上光鲜，也不喜人，朴实到极致，却酸酸甜甜，格外令人着迷。

　　回过神来，置身的这成行连片猕猴桃产业园，位于北纬32°的优越地理位置。这里气候温润，四季分明，阳光足够，雨量充沛。它们将一切养分吸纳，而后转化为满满的VC、果胶、膳食纤维。当然，除了自然的恩赐，也离不开老百姓的精心呵护。除草、修剪、套袋……几百个日子的付出才能得到如此令人惊喜的回馈。

　　除了紫云，近年来，元坝、卫子、太公等地也逐渐嫁接、栽植，一片一片地晕染开来，直至发展猕猴桃产业基地镇11个，建成了1个万亩科技示范园、2个8000亩新技术推广示范园、1个500亩新品种繁育基地、5个以猕猴桃为主导产业的市级以上现代农业园区。国道212线、广南高速沿线成

紫云猕猴桃

红心猕猴桃
健康天然美味

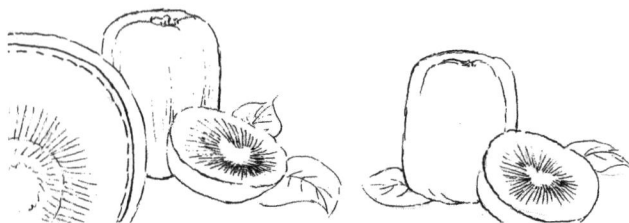

为2条百里猕猴桃长廊。2010年成功创建了省级标准化示范基地，2016年成功跻身第七批国家猕猴桃标准化基地。2023年，全区猕猴桃种植面积7万余亩，猕猴桃鲜果产量3万余吨，产值2亿余元，成功跻身全国猕猴桃标准化示范区和全省红心猕猴桃产业重点县。

昭化紫云猕猴桃荣获国内首个猕猴桃国家地理标志证明商标，先后斩获第九届中国国际农产品交易会金奖、第十五届和第十六届中国绿色食品博览会金奖、国家A级绿色产品、中国驰名商标、2023年度受消费者喜爱的中国猕猴桃十大区域品牌……国家级荣誉十多项。"名优农产品奖""消费者喜爱产品奖"等称号更是不胜枚举。

"紫云牌"的名片越擦越亮，三产联动融合发展也日趋成熟。在猕猴桃种植基地就地就近建设了冷藏保鲜库和商品化处理中心21处，鲜果初加工达到100%。区内天垠农业、润和城邦食品引进了全省最先进的猕猴桃果汁、果酒、脆片加工生产线，年产猕猴桃果汁800吨、发酵果酒500吨。天垠农业成功跻身四川省葡萄酒与果酒行业协会理事单位行列，"川猕王"系列猕猴桃酒荣获2020年中国西部消费者最喜爱果露酒品牌。

到2023年，四川·昭化紫云猕猴桃采摘节已连续举办十届。

其实，系于土地和农耕的节日，即使在日益发达的今天，依然有着强大的号召力和感染力。更何况，如今，乡村面貌焕然一新，日子有了新的盼头。说到底，比仪式更重要的，是从未改变的对丰收的热望。当农村延续了成百上千年的文化与美景、凝结了无数辛勤与智慧的丰收果实以及农人对美好生活的期待，遇上身在城市根在乡村的人们"归园田居"的渴望，举办采摘节的意义便不言而喻了。以花果为媒，休闲观光、农事体验、果树认养……农旅融合的路子越走越宽。

此外，猕猴桃采摘节配套的营销订货会也成为人气最旺、接待游客人数最多、效果最佳的农业盛会。产品直供北京、上海、广州、浙江、深圳、香港等20多个大中型城市，还漂洋过海，远销欧盟、东南亚、日本等国家和地区。

山南水北，人来人往。大家拎着篮子，自顾自地采摘。藤架略高于人，伸手可及，高度这般贴心。只要你气力够，你能拎多少，就可摘多少。摘回来的猕猴桃，不能立即吃，找来家什，小心翼翼地码放好，然后置于干燥的角落，捂着。等待的过程似乎很漫长，也是幸福的期待，以至于一天里总会去触摸好几次，直到有一颗突然软了。

皮薄如纸，轻轻剥开，露出翡翠色的果肉，黑黑的籽儿，密密实实，向一颗红红的心聚集。柔柔地一咬，软糯细腻，瞬间爆浆，滑润汁水与香嫩果肉漫延交织。甜蜜魅惑的滋味，从舌尖迸发，沁入心脾，丰盈悠长，继而通体清爽。连指尖都流溢着芳香。

一口，再一口，是清甜？是甘美？还是……说不清了呢。久久回味，心醉体酥。一种久违了的初恋般的味道。入喉的一刹那，我们心中所想，便和口中所尝相互融合成为诉说衷肠的密语。

其实，猕猴桃小个头却有大梦想。精华带出美的享受，唤醒细胞新活力，一颗便能满足一整天的营养。我们吃食物，吃的是地方的天然与地道，也是时节的新鲜与律动。夏末消，秋初至，着一袭白裙，采一篮果子，青珍碧馐，遇之得之。一口新鲜的秋天，在眼底心头，在舌尖唇畔，盈满。

磨滩子滴滴香

罗　倩

仓颉造字，杜康酿酒。

中国是酒的故乡，有着5000余年的酿酒历史，与酒伴之而生的酿酒工具、酿酒工艺，饮酒器具、饮酒礼仪，饮酒过程中的豪爽义气以及饮酒习俗中"酒圣""酒仙"的形象表述等，既体现了人们对生命的敬畏和尊重，又反映了人们对美好生活的向往和追求，成就了根深厚重、生机勃勃的中华酒文化，成就了具有民族特色的中华传统文化遗产。

中国地大物博，土壤、气候、水源等自然资源南北各异、东西不同，即便同样的粮食作物，不同地区也各有特点。放眼全国，每个地区几乎都有特色美酒。在广元昭化，最具代表性的是产自磨滩镇的苦荞酒。

曾经缺粮少食的年月，村民们甚至会用蕨根、火棘等山野植物酿酒，自然发酵的魔法催生了美味。没有觥筹交错，只有晃动着酒水的土碗，在一双双粗糙的大手间相传。温暖的火塘边没有什么祝酒词，只有嘴角响起的嗞嗞声，抿一口，是沁入心脾的绵长。

李仕华，家族第五代苦荞酒酿造传人，做了徐家上门女婿，也将祖上的酿酒技艺带到了徐家。夫妻俩起早贪黑，酿造美酒，再步行3公里背到磨滩镇的市场零售。因其过硬的品质，攒了良好的口碑，他的酒常常供不应求。

2009年，李仕华做了一个大胆的决定，在磨滩镇街上开了一间三四百平方米的小酒坊。很快，声名鹊起。2012年，注册商标"磨滩子滴滴香"。这名字跟李仕华一样质朴，扎根磨滩，一心一意酿造每滴都醇香的好酒。

李仕华的儿子徐滔学得精髓，成为第六代传人。酒香自是不怕巷子深，作坊虽小，酒却卖得非常好。2016年，昭化区政府通过招商引资，特批准给予征地用于建厂，扩大规模。2020年，父子俩确定街道延伸往上的半山腰为厂址，开工建设。一年后，占地近6亩的标准化酒厂——广元市滴滴香酒业有限公司镶嵌在了青山绿水间。酿造车间、生态窖池、包装车间、污水处理设备等一应俱全。

时值三月，春风抵达这片朴实的黄土地，苦荞麦正默默积蓄力量，抽青发芽。苦荞起源于中国，栽培历史已有2000多年。这种神奇而坚韧的小杂粮作物，将在接下来几个月里，在细嫩的身躯中慢慢积淀营养物质。其独有的苦荞黄酮，具有软化血管、活血化瘀、辅助降血压等多种功效，让苦荞麦冠得"五谷之王"的称号。磨滩及其周边地区广泛种植的苦荞，颗粒饱满，绿色纯天然。

磨滩三月的水岸山涧，清泉汩汩，水花激滟。这甘甜的天然泉水，蕴含多种矿物质和微量元素，是微生物生长的养分和发酵的促进剂。

三月，酒厂的新酿正酝酿风味。

从山间土壤、山腹泉水到餐桌上的美酒，一颗苦荞的蜕变之旅充满奇遇与奥秘。精心挑选从农户家里收来的苦荞，洗粮之后再泡粮五六次，才进行初蒸，然后焖粮，再复蒸。培菌是关键环节，独特的地理位置留住了湿润的季风，合适的温度和湿度成为酿酒微生物发挥作用的先天条件。李仕华父子凭借着丰富的经验和精湛的技艺，充分挖掘苦荞的内在潜力。在混合着小曲的酒醅中，微生物将粮食发酵糖化，历经一周左右，积累出独具风味的香味和甜味。

磨滩子滴滴香最独特的地方在于这新酿的酒并不会直接入口，而是通通入窖。酒厂旁有一个大大的山洞，洞内平均气温10℃左右，冬暖夏凉，配备防爆灯。一眼望去，通道左右两边是两列又高又大的码放整齐的酒坛。最小的容量有1200余斤，最大的容量可达1吨。这个洞子就有大小酒坛54个，类似的洞藏酒窖有3个。几十年来，李仕华坚持做清香型洞藏窖酒。

在李仕华看来，决定酒品质的储藏工艺有三大要素：时间、容器、环境。除了时间外，不同的藏酒工具会有不同的结果，白酒的储藏环境更是直接决定着最终品质，洞里储藏恒温恒湿显然是更利于酒品质的提高，洞藏后的佳酿更加柔和绵软、滋味醇厚。

一方水土酿一方酒。新酿的酒入窖，窖藏十年的酒出窖。在加工车间，工人们正井然有序忙着进行灌装、分类、贴牌。是时间的沉淀，是美妙的蜕变，浓郁的酒香弥漫，沉浸其中，人已微醺。

李仕华的洞藏窖酒以其独一无二的酒质、口感和风格深受市场喜爱，在2023年7月就有人一口气购下500件。目前，洞藏窖酒在川内外远近闻名，销往了浙江、广东、上海、山东等地，一共建立了120多个区域市场的销售网络，业务范围覆盖了全国。

作为最早开始酿酒的国家之一，在中国，酒并非单单是一种普通饮品，而是人们一种精神情感的寄托，是抒发情感、营造气氛、释放压力的一种方式。或在推杯换盏间，或独坐静谧的角落，一杯窖藏苦荞酒，色泽微黄，清香扑鼻，入口微苦，继而回甘，让人久久咂摸、回味无穷，欲罢不能。

肥肠油脂香

∖ 罗　倩

肥肠是什么？大抵是人类最原始的唇齿欲望。

呼啸山林的古猿先祖们捕到猎物，剖开腹腔，撕扯出热烘烘的内脏，摇头晃脑甩脱肠内的脏东西，而后大快朵颐。也许，那个时候，肥肠的好便植于人类基因之中了。

在《礼记》周天子食谱中，记载了用猪网油蒙裹肝泥烤炙而成的食物"肝膋"。网油让碎散的食材得以定型，并保存其原汁原味，油脂自然融化于高温，渗入食材内部，带着浓郁的肥肠脂香。隔着书页，都能想象当初这道菜的香脆油润。这里说的网油不是油，而是包裹在不同脏器之外的一种网状油脂，薄如蝉翼。

《齐民要术》记载了一种"灌肠"。在肉糜里加入去腥解腻的葱白、盐、豉汁、姜、椒末等调味料，塞进肠里，烤熟后切成一片片吃。这不仅是烹饪方式的进步，也是汉代开疆拓土、丰富内陆物产后的长尾红利。人们不仅能欣赏网油带来的脂肪酸的香味，还能享受到肠壁平滑肌带来的咀嚼愉悦感。

漫长的岁月中，虽是平俗之物的肥肠，辅以讲究的烹饪方式，在各地各菜系有了丰富多彩的呈现。

鲁菜的九转大肠，套肠技艺复杂，香料密集出击，风味绝佳。京津小吃卤煮火烧，饱满滑嫩，解馋过瘾。到了江南，肥肠也加了温柔滤镜，肉汁煨肠、肉灌肠、风小肠……孤坐江心，一壶花雕，一碟肥肠。陕西西安流行名为"葫芦头"的小吃，鲜香不腻。还有长三角的红烧大肠、珠三角的卤水大肠、东三省的熘肥肠、湖南的干锅肥肠、安徽的肥肠煲……

不断地尝试和改进中，肥肠拥有了无与伦比的中式滋味和深远内敛的东方审美。有人说，在中国，肥肠跌宕起伏的食用历史和纵横捭阖的地理分布，演绎的正是达则兼济天下、穷则独善其身的汉儒哲学。

而昭化肥肠，源于汉，兴于唐，盛于今。

"三国时蜀先主刘备，屯兵昭化三年，垦荒筹粮，招兵买马，终直捣成都建国。备节俭，常以豆花下饭，少有油荤。伙夫心疼备，去古城农家购肉，钱少，买一根腌肥肠，切少许放入豆花，文火炖煮，香飘四处。备食后回味无穷，一生至爱，豆花肥肠始成名菜。"

"唐安史之乱，明皇至昭化，甚赞其美味，于摆宴坝犒劳三军，豆花肥肠压轴，后将厨师带回长安，专烹此菜。"

故事归故事。昭化多高山，村民需要长期从事重体力劳动，脂肪和蛋白质能很好地补充体力，但当时肉食昂贵，便用猪大肠等下脚料做成菜品，加之四川人重辣，食用后还可抵寒湿之气。

在肥肠的制作方面，为突显香味、削弱异味，人们也是绞尽脑汁，计策百出，终刚柔并济，化腐朽为神奇。

在晚清川菜食谱《筵款丰馐依样调鼎新录》中，"家常便菜"的清单就记述了"隔大肠子，烧小肠"的烹饪法门。肥肠与川菜，早已化作游弋在历史长河里的一对鸳鸯，搭配毛血旺的肥肠血旺、配合酸辣粉的肥肠粉，注入糍粑的血肠粑、融入冒菜的冒节子等，二者一直亲密无间。

川菜以麻辣"反客为主"，将肥肠驯化在茫茫的巴蜀江湖里。

1995年5月1日，昭化区（原元坝区）元坝镇开起了第一家肥肠餐小店。近年来，更是层出不穷，至今仅城区范围就开设了14家肥肠特色餐饮店，发展为从卡尔城至红土垭的昭化肥肠特色美食街区。昭化肥肠三娃子店、温馨店、对又来店、古城店……店名朴素，各有千秋，菜品丰富。

铁打的肥肠，流水的配菜。无论荤的、素的、干的、湿的，还是水里游的、地上跑的、山上长的，好像什么食材都能拿来搭配肥肠，且让人惊呼"这是什么神仙组合啊"！

昭化经验丰富的厨师们用多种烹饪手法和多变的味型，造就了各种各样的肥肠菜。刀工火候，五味调和，不仅是处理食物，也是烹饪审美和处世哲学。

小碗肥肠，汤汁红亮不浊，一口下去，软滑顺弹，油脂生香，余味无穷。干煸肥肠，酥酥脆脆，热辣鲜爽，连青红辣椒也沾了肥肠的香。剁椒肥肠，辛辣和油脂在口腔里忽战忽和，鲜灵带劲儿，自有一番畅快淋漓。酸菜肥肠，酸菜和脂肪形成美妙的平衡，软糯与筋道带来双重狂欢，香而不腻。凉拌肥肠，一口肥肠，一口洋葱丝，刚经历肥软，又迎来脆爽。粉蒸肥肠，软糯麻辣。土豆肥肠，周身沾上淀粉，变得更加软肥嫩，丰腴的油脂陡然满溢。血旺肥肠，醇浓并重，肥而不腻，嫩滑弹口。肥肠煲，热气腾腾，咕噜咕噜，油润不腻，辣而不燥，香味带着肉欲猛袭而来，舌尖为之颤抖、迷醉……当然，还有肥肠鸡、肥肠鱼、吊锅肥肠、熘肥肠等等。做法不一，味道不一，却百吃不厌。

昭化肥肠已享有盛名，成为川北地区特色餐饮之一，食客们纷纷称道："南有江油肥肠，北有昭化肥肠。"广元、巴中等地的食客经常邀约三朋四友：到昭化，吃肥肠去；吃肥肠，到昭化去。

一口肥肠，再来一口白米饭，大快朵颐，碳水和脂肪的双重夹击，让人欲罢不能。动物油脂带来的口感和特殊香气，一直是中国人无法割舍的美味。

用昭化当地话来说，你永远不晓得，肥肠未来还会以啥子面貌出现在餐桌上。

昭化鱼火锅

╲ 罗 倩

世上有两种江湖，一种是纵横捭阖英雄气的江湖，一种是街巷瓦肆市井气的江湖。在有着4000年历史的昭化古城，两种江湖气交相辉映。

古城的长街短巷中，掩映着多家鱼庄，氤氲在青瓦屋檐、砖石墙角的麻辣鲜香味儿，勾引着行人的味蕾跃跃欲试。

鱼庄主打鱼火锅。鱼生于江湖。火锅本就是香料与食材携手闯荡江湖。

无论何时何地，火锅都最能凝聚情感，最能集中体现对于热闹和团圆的向往。万般滋味流转于方寸餐桌，江湖儿女围桌而坐，人声鼎沸处笑傲一声。

麻与辣赋予了昭化鱼火锅四溢的香。

"番椒丛生，白花，果俨似秃笔头，味辣色红，甚可观。"这是中国关于辣椒最早的记录。15世纪末，哥伦布的海船把南美洲的辣椒带到了欧洲。明朝末年，这种不起眼的、散发奇异气味的作物从海路辗转到了中国。具体路线尚未可知，广东人和福建人都对辣椒不感兴趣，因而没有栽培记录。浙江人高濂在《遵生八笺》的记载也只把它视为观赏植物。江浙人嗜甜，对辣椒着实没兴趣。跳过沿海省份，辣椒转到了内陆，在长江中上游的江西、湖南、湖北、贵州等省份终于遇到了知己，开始被大规模种植。清初，"湖广填四川"，辣椒随着移民的脚步来到四川。四川盆地气候潮湿，多阴雨，正需要辣椒的刚猛热烈。

花椒原产于中国，是最传统的调味料，历史悠久的川菜早有使用花椒，但表现平平，使用局限于四川盆地。

花椒和辣椒两种辛香料，惊艳相逢，奇妙组合，丰满了川菜的左右两翼，练就火热麻辣味道，威震天下。

鱼火锅的关键就在于底料。

炒底料是门绝技。红亮的干辣椒是主角，辣味醇厚、辣红素浓厚。干花椒清新的柑橘香中融着丝丝木质香气。辣味温和醇厚的豆瓣酱能提色增香。姜末的辛香则能使辣味的层次更为多元。当然，还有八角、桂皮、草果、香叶、砂仁、小茴香等各路香料倾力相助。在不停地翻炒中，香味物质渗入油中，再经过烹煮，芳香素进一步释放，它们赋予食物鲜明的标签，又坚守着自己的秉性。一口叫绝的私房底料，撑起了鱼火锅的美味之魂。

鱼庄装潢大都古朴、雅致，以青砖小瓦、木门木窗为主，辅以各式花草，尽显自然意境之美。在这浓浓的古蜀风里，一蔬一饭，一饮一酌，皆是惬意。

除了底料的秘密，鱼火锅的关键便是鱼。昭化从不缺口味惊艳的河鲜。昭化古城地处白龙江、嘉陵江、清江三江交汇处，优良的水质养育了优良的鱼。这里的鱼在广元乃至周边地区都颇具名气，一直有"昭化有好鱼""无鱼不成宴"的说法。

墙边玻璃水柜里，有花鲢、乌鱼、江团、裸斑、黄腊丁……每一条都活蹦乱跳。选好你心仪的鱼，厨师立马熟练宰杀，手起刀落，一气呵成，粉嫩的鱼肉已被处理成最适宜入味的状态。

上锅，点火。火带来光和热，既作用于食物，也抚慰人心。火焰袅袅，锅中火红色的汤汁渐渐沸腾，热烈奔放的气味瞬间扑鼻而来。腾腾而起的烟火气，也是最踏实的生活气。鱼肉入锅，接受了鲜香麻辣的汤底高温加持，渐渐浮于红波翻滚中。

吃鱼讲究滑嫩，煮沸后只需短短三四分钟便可打捞，大快朵颐了。猴急地拿上料碟，淋勺火辣沸腾的原汤，鱼肉入口，浓郁的椒香鲜辣，味蕾和神经之间电光石火般地碰撞。汤汁浸透了鱼肉的每一寸肌理，一抿便肉刺分离，鱼肉柔嫩，奶盖般轻盈的云朵嚼感摩挲着齿间，又混合着底料的香，缠绵激爽，不腥不腻。

麻辣当道，吃得嘴唇哆嗦，酣畅淋漓。直呼过瘾，吃完这锅等下锅！

肴变万千，万般食材皆可涮。千层肚在锅底滚上两圈，丝丝入味，鲜香四溢。毛肚片片颗粒分明，"七上八下"后通身红油透亮。广元特有的酸菜豆花也是必点，超吸汤，超嫩滑。昭化贡黄、豆花豆皮、时令蔬菜、菌菇、土豆等食材，都在鱼火锅中相逢，荤与素、生与熟、清香与醇厚，恰如其分地结合在一起，化朴素为神奇，呈现出风味的千姿百态。

口舌生津，心意相通。在香味流转、气息交融之间阅尽大千世界和五味人生。

宫保鸡丁

◎ 罗　倩

"老板，来一份宫保鸡丁。"在昭化吃饭，大抵都会点上这么一道菜。

这是川菜？鲁菜？黔菜？这是一道家喻户晓、闻名中外的菜。来到昭化，便不只是品尝一道菜了，背后的故事才是咂摸有味。

"宫保"是明、清时期的荣誉官职，是太子太保、少保的通称。宫保鸡丁里的"宫保"其实是丁宫保。

丁宫保，何许人也？丁宝桢，字稚璜，祖籍贵州。嘉庆二十五年（1820年），其祖父丁必荣任昭化县令，勤政爱民，目睹地方民众生计艰难，常思将自己的"养廉银"分给百姓，但因种种原因力不从心，始终未能如愿。

丁宝桢随祖父成长于昭化，耳濡目染，一身正气。

咸丰三年（1853年），33岁的丁宝桢考中进士，历任岳州知府、长沙知府、山东巡抚等要职，政绩卓著。

光绪三年（1877年），任四川总督的丁宝桢，在去成都赴任的路上，途经昭化，想到祖父的夙愿，他发动当地有钱人募捐银两1万余两，仅他个人出资就达7000余两。后在成都置良田200多亩，请人耕种，上交国库，以充公粮，永久抵减昭化民众赋税。

在任期间，他整顿吏治、严惩盗贼，复修都江堰故堤，造良田数十万亩，裁减徭役赋税，改革盐法，实行官运商销……政绩更为显赫，多次受朝廷嘉奖。光绪十二年（1886年），他病逝于成都。逝后，谥封"太子太保"，一品爵位，故世人称他为"丁宫保"。

光绪十四年（1888年），昭化民众为纪念丁氏祖孙，在昭化古城西门外建丁公祠、宫保阁等楼台亭阁21间。后丁公祠被毁，石碑散佚。2007年，"丁宝桢捐廉置产碑"发掘于丁公祠旧址，重新竖立在昭化古城。

人们瞻仰，人们怀念，永远铭记他对昭化的恩情。而代代相传的，还有因他而出名的宫保鸡丁。

作为贵州人，丁宝桢喜好吃辣椒，在山东任职时，命家厨制作辣椒与鸡丁爆炒的菜肴，所谓"酱爆鸡丁"。

调任四川后，他因地制宜，让家厨改良此菜，用花生米、干辣椒和嫩鸡肉炒制，独创一道私房菜，以此宴请宾客，这味佳肴也成了丁家的特供美食。入口鲜辣，鸡肉的鲜嫩配合花生的香脆，广受好评。

丁宝桢去世后，他深爱的这道菜被人们称为"宫保鸡丁"。其做法经川菜名厨提炼，用料更讲究。油而不腻，辣而不猛，既适合佐酒，又适合下饭，再加上丁宝桢的名气，这道菜很快闻名全国，成为"国菜"一员。

台湾菜里的"台式宫保鸡丁"，三杯鸡里放了花生，让文天祥和丁宝桢梦幻联动。传到西方，改良后成为符合西方口味的"西式宫保鸡丁"。

甚至，乘上天舟，横渡星河。早在2013年发射的神舟十号上，已然出现它诱人的身影。2021年6月17日18时48分，神舟十二号载人飞船航天员进入天和核心舱，宫保鸡丁便是配送"太空外卖"之一。中国人第一次在自己的空间站吃上自己点的宫保鸡丁。兼备麻、辣、酸、甜、香、软、脆，宫保鸡丁鲜明的风味层次，总能轻而易举唤醒航天员的味蕾。

其实，宫保鸡丁在川菜、鲁菜、黔菜中有不同的版本。该不该放黄瓜、偏甜还是偏咸、鸡胸还是鸡腿……讨论一直不休。

大抵一千个厨子，就有一千种宫保鸡丁。

川菜里葱段、鸡丁、花生米三足鼎立，除此以外皆是"异端"；鲁菜的宫保鸡丁有意外之喜，你永远不知道黄瓜丁和胡萝卜丁谁先到来；黔菜风味独树一帜，用蒜苗替代大葱，还混合了当地糍粑辣椒的鲜辣……

宫保鸡丁压根就不是一道菜，而是N道菜的"同名异构体"。在多数人看来，最正宗的可能还是非川式宫保鸡丁莫属了。

川菜讲究"一菜一味，百菜百格"，在川菜的24种味型中，宫保鸡丁独占两种——煳辣味和荔枝味。

烟辣味源于花椒和干辣椒段烹炸而产生的风味，麻香辣香藏而不露，与回甜回酸遥相呼应，层次鲜明。

荔枝味则是酸、甜、咸之间的微妙平衡。醋微多过糖的"小荔枝口"，是宫保鸡丁的味觉密码。只有经年累月的颠勺大厨能精确掌控，唯有深谙吃道的老饕能清晰辨别。

经过拍打、腌制的鸡丁细嫩，去皮、油炸的花生米香酥，再加上葱段居中调和、贡献香气。

入口，烟辣味和荔枝味构成微麻微辣、回甜回酸、滑嫩滑脆的舌尖"协奏曲"。

中国人的哲学，其实是一部宫保鸡丁式的哲学。花生脆、鸡丁嫩，一刚一柔暗合中庸之道；有麻有辣、有酸有甜，尽显人生五味；最终熔为一炉、不分你我，达成四方上下、古往今来的大和谐。

虎跳豆腐干

◎ 罗 倩

林海音在《中国豆腐》一文中讲，有中国人的地方就有豆腐。做菜做汤，配荤配素，无不适宜；酸甜苦辣，随意所欲。

不同的地域，制作豆腐的方法和豆腐呈现的口感不尽相同。在吃的法则里，风味重于一切。

在昭化虎跳镇，人们怀着对食物的理解，将独具特色的广元土酸菜用于豆腐制作，于不断尝试中寻求着转化的灵感。

新鲜的小白菜、雪里蕻、莲花白的外叶等是广元土酸菜的原材料。用清水认真清洗几遍后，切细，入锅中开水微焯，过滤掉多余的水分，装入坛子或菜缸，在顶部加入老酸水或白面水，置重石压于其上。盛放一两天，便可取食。酸水呈灰绿色丝滑浓稠状，散发出令人愉悦开胃的酸香味。

有了酸水的加持，制作豆腐不需要再添加任何石膏、卤水，酸水豆腐口感细腻嫩滑，带着浓浓的豆香和淡淡的青菜香，典型的地域风味。

不满足于单纯的以豆腐入菜，人们摸索出更多的衍生做法，比如熏烤成豆腐干、发酵成毛豆腐、油炸成豆泡等。

虎跳豆腐干就是一绝，在川北一带名气颇大。虎跳老百姓的年味就是从做豆腐干开始的。老话说人间有三苦：撑船、打铁、做豆腐。撑船、打铁是重体力劳动，而做豆腐与它们并驾齐驱，可见其艰辛。虎跳人不怕艰辛。

虎跳镇北边"石错嘉陵江中如磴，相传神虎渡江，以石为磴"，"虎跳"之名由此而来。辖区的乐家渡位于嘉陵江畔，乐氏家族生活于此，渡口虽小，却商贾云集，异常热闹。豆腐干这样的地方特色产品深受南来北往的人们喜爱。一开始是佐酒品尝。因其保质期长，人们离开时也会捎带一些，慢慢发展为本地村民售卖和商人贩卖。一时间，乐家渡的豆腐干声名鹊起。品质优良，加之几百年来祖祖辈辈口传身授，将其技艺精华传承并不断优化提升。

在中国几千年的农耕史中，大豆一直占据着重要地位。虎跳镇平均海拔450米，日照充足，江水孕育，土壤松软肥沃，盛产小黄豆。这种黄豆是由自留种一代代繁衍下来的，籽粒略小，却颗颗饱满莹润，做成豆腐其口感紧致细腻。

优质黄豆经清冽回甘的山泉水浸泡，用传统的石磨磨成浓度适宜的豆浆。柴火锅烧开豆浆后，控制火候，将酸水徐徐注入，变性的蛋白质和酸水相遇，迅速发生凝胶作用，豆花缓缓而成。将豆花装箱，重力按压，去除多余水分。豆腐成型，细若凝脂，洁白如玉。趁热，抹椒盐、辣面等，就着余温，调料很快便渗入豆腐中。待冷却，划分为小块，初具雏形。一一置于架上，用松树木屑或者干玉米棒芯熏烤。豆腐块在烟火气中均匀脱水，表层缓慢转为亮黄色，再转为焦糖色，由表及里凝敛风味，悄然出香。耐心地经三翻四覆，豆腐干始成。

熏好的豆腐干外色金黄，豆香浓郁，入口有弹性，越嚼越筋道，香味悠长。平淡的食材，经过一双巧手和一番细密的心思，点亮日常，温暖彼此。

相识的、不相识的围坐在一张八仙桌，吃着切成薄片的豆腐干，再小酌几杯，摆摆龙门阵，好不自在巴适。人们也用豆腐干来炒回锅肉、涮火锅等，吃法多样。随着生活水平的提高，餐桌越来越丰富，而像豆腐干这样的食物以其质朴醇美的品性一直深受喜爱。

2020年12月，四川省农业农村厅公布《四川省农村生产生活遗产名录（第一批）》，共有112个县（市、区）的165个项目入选，昭化虎跳豆腐干上榜传统美食技艺类。

科技化发展日新月异，虎跳人通时达变，适当补充机械化制作工艺，以提高产量，进一步扩大知名度，而更多的人坚持传统工艺，坚信经过双手的不断劳作更能赋予食物温度和灵魂。目前，全镇制作豆腐干的作坊20余家，因其独具特色而远近闻名，销量可观。物流业高速发展的今天，远在外地的亲朋好友也能随时吃到豆腐干，那是心心念念的家的味道。

太公馒头暄

⟍ 罗　倩

却说孔明班师回国，行至泸水，时值九月秋天，忽然阴云布合，狂风骤起，兵不能渡。孔明询问孟获是何原因。孟获答曰，此水原有猖神作祸，往来者必须祭之。旧时国中因猖神作祸，用七七四十九颗人头并黑牛白羊祭之，方平息。土人也道，须依旧例，杀四十九颗人头为祭，则怨鬼自散。

孔明曰，本为人死而成怨鬼，岂可又杀生人耶？于是唤行厨宰杀牛马，和面为剂，塑成人头，内以牛羊等肉代之，名曰"馒头"。当夜于泸水岸上，孔明亲自临祭，设香案，铺祭物，读祭文，情动三军。祭毕，将"馒头"投入泸水之中。次日，但见云收雾散，风平浪静，蜀兵安然尽渡泸水。

《三国演义》中，馒头以食品的身份出现，作为祭享陈设之用。西晋文学家束晳《饼赋》："三春之初，阴阳交至，于时宴享，则馒头宜设。"祭以馒头，为祷祝一年之风调雨顺。唐朝，馒头的形状开始变小，有了"玉柱""灌浆"的别称。直至宋代，馒头作为一种常见点心，出现在人们的餐桌上，馒头的形状也渐渐有了现在的模样。

对于大部分人来说，馒头是从小吃到大、熟悉到不能再熟悉的主食之一。馒头的花花世界，早已超越了"北方吃咸、南方吃甜""北方粗实、南方软柔"的直白划分，也不局限于能不能有馅儿、是不是非得蒸制的纷争，而是完全应承了不同地域的风土人情，揉出了一坨面团的千姿百态。

在广元昭化，尤其是农村地区，朴素无华而碳水扎实的馒头一直深受人们喜爱。农村家家都会蒸馒头。日常蒸馒头，带到田间地头做干粮；岁时节日蒸馒头，犒劳忙碌的亲戚朋友；遇到红白喜事，更要蒸馒头，不只是用在席桌，也做打点和回礼用。

这样的习俗在太公镇尤为盛行。

20世纪90年代起，镇上的小吃饭馆也蒸馒头，深受食客青睐。往来的人们打包带走也十分便捷。馒头销量越来越好，店家便停掉其他小吃，只做馒头蒸制和销售。

一些年轻人也纷纷学艺，然后在镇上开店。何万权就是其中一位。他和妻子在附近的虎跳镇开了一家馒头店，为了精进技艺，到广元实地学习数月，还赴山东等多地学习。几年后，何万权夫妻俩回到老家太公，在太公街上落下脚。日复一日，烟火蒸腾。馒头店的生意一直红红火火。街上还有几家馒头店，也是生意兴隆。太公馒头的名气越来越大。

太公馒头的特色在于老面发酵。每次做完馒头，留一块面团作为下次蒸馒头的引子，这个面团就是酵母。发面时，将上一次的老面揉入其中，进行发酵。

自然发酵，是利用自然环境中的微生物进行发酵的过程。谷类靠天然野菌种自然发酵，发酵过的面食松软并且容易消化，让矿物质在酸化的过程中能被舒适吸收和更好利用，发粉与市面上卖的酵母菌是没有此功能的。而且老面内含有丰富的乳酸菌和酵母菌，这两种微生物相互作用能额外产生B族维生素，并增加氨基酸的含量，提高发酵后馒头的食疗营养价值。

太公馒头制作工艺相当严格，面和好后需经过两次发酵，再加碱和少量白糖，揉匀、揉透，醒发至两倍或两倍以上大，提起有明显蜂窝状。

揉面是极费体力的，也相当考验技术。现在有了揉面机，需要根据天气冷热、水温高低等配备适量食用碱和白砂糖，剩下的都交给机械化操作，省了人力。但在揉面完成后，需要人工分剂子，每个1.2斤，绝不少一两。

剂子再经过揉揣，至紧实光滑的圆形。上锅前，用刀尖在顶部一横一竖画一个"十"字。等出锅，便是太公开花大馒头。

几十年里，太公坚持做这种开花大馒头。熟透的馒头，直径20厘米左右，高度8—10厘米，色泽洁白，四瓣顶花怒放。表皮光洁有韧劲儿，触感极好，回弹超快。太公馒头质感微妙，既有北方馒头的扎实，又有南方馒头的松软，大家管这松乎劲儿叫"暄"。

轻轻掰扯下一块来，内里布满细密微小的气孔。刚入口，是十爽的，但随着咀嚼，那深藏在面团中的湿度跟着丰满的嚼感一起上来了，浑厚的麦香萦绕在唇齿间，一股淡幽幽的甜味中掖着淡淡的酵香味和碱香味，甚是可口。无需华丽的点缀，馒头的质朴足以震撼味蕾。它包容了大地的气息，映射出岁月的厚重。香甜与素净在口中交织，令人陶醉，这是记忆中简朴而安心的滋味。

发展到2000年，太公馒头甚为流行。几十年来，本镇及周边镇村各类酒席都会预订馒头，这种民间表达方式被赋予特定含义，太公用面"揉"出了礼馍文化的精彩。

每逢腊月，太公的几家馒头店都是供不应求，便增加人手，通宵达旦，蒸汽缭绕，麦香溢远。风味独特的太公馒头流转在千家万户的餐桌上。

牛头柿子红

◇ 罗 倩

    昭化镇牛头村多柿子树，成千上万棵。大大小小，老树居多，房前屋后，山坡田埂，随处可见。

    阳光密密地漫下来，青色果子经了秋霜，渐渐酿出浅黄。直至深秋，叶子大都离开了，只剩黄澄澄的柿子满枝头，挤挤挨挨着，不经意间，又着一层红晕。这样的美景，最宜天晴时静赏。蓝莹莹的天空做底色，以遒劲枝丫水墨勾勒，红彤彤柿子写实点睛，冷暖相宜，浓淡有致。秋韵呀，大抵便是如此了。

    若天气阴冷下来，萧索的秋总是让人难免生出闲愁别绪。那一树一树火红火红的小灯笼兀自热烈欢腾着，最能点亮荒芜的苍穹，治愈寒凉，也温柔岁月，叫人心生抚慰，无尽欢喜。

    柿子在中国已有上千年的栽培历史。仔细看，个个丰厚圆硕，形似如意，"柿"又与"事"谐音，被赋予喜庆吉祥的寓意，如"事事如意""事事安顺""事事有余"等。也因此，柿子历来就深受文人雅客喜爱。

    柿子还是著名的"铁杆庄稼""木本粮食"。唐初《梁书·良吏传》记载："永泰元年，为建德令，教民一丁种十五株桑、四株柿及梨栗，女丁半之，人咸欢悦，顷之成林。"明代朱橚《救荒本草》记载："救饥摘取软熟柿食之，其柿未软者摘取以温水渍熟食之。"明《嵩书》中载："戊午大旱，五谷不登，百姓倚柿而生。"有民谚云："枣柿半年粮，不怕闹饥荒。"

    牛头这漫山遍野的柿树，在数十年甚至数百年前，又何尝不是村民的

牛头柿子

一份果腹的保障呢。

如今，满村子不仅矗立着众多的古树，更生长出物阜民丰的日子。柿子除了是茶余饭后的水果之外，更是幸福吉祥的象征，丰富着精神生活，提升着审美境界。

村子里保留着几处古院落，以刘家院子最为有名。

昔日的繁华已不再，粗粝的土墙根布满冷艳的苔藓，欲语还休；廊檐下燕子的巢穴边通常悬着几片枯叶，在微风中摇曳。

院子旁有棵300年的老柿子树，两抱之粗，虬枝苍劲，夏季枝叶遮天蔽日，一到秋天，枝枝丫丫间挤满柿子，煞是好看。路过的人，总要驻足仰望，啧啧赞叹。是以，岁月如歌般。

这棵柿子树被村民们命名为"树神"，也成了牛头村的名片。

"烟松结翠寻常润，霜柿垂红分外甜"，霜降前后，柿子日趋妍丽通明，甜美熟腻，以秋霜作薄粉，淡淡地刷在脸颊。

树大，且高，摘柿子并不容易。身手敏捷的年轻人，腰上拨着袋子和长绳，抱住树干，三两下就爬上去，站在枝丫上，将一个个够得着的柿子收入袋子，再用绳子慢慢放到地面上来。不愿爬树或不敢爬树的老年人，就拿着长竿子，在树下仰着头打，另外几个人扯起床单来接。当然，劳动人民是智慧的。研究制作了一种叫柿兜的工具，前端一个"U"形的小叉子，叉子的下方有个布兜子，叉住柿蒂一旋转，柿子便乖乖落入布兜。

一群喜鹊穿过树梢，红灯笼摇摇晃晃，有胆儿大的索性停在枝丫上，挑一个心仪的，小尖嘴一下一下啄着。原来，鸟儿也好这般颜色。

牛头村的柿子是火晶柿子，因果实色红耀眼似火球、果面光泽如水晶而得名，素有"果中珍品"之称。

吃火晶柿子要挑熟透绵软的。一手捏住柿蒂把儿，一手轻轻捏破一点点薄如蝉翼的皮儿，一撕一揭间，那橙红的肉汁便惊喜呈现，忍不住垂涎三尺，对着就深吸一大口，鲜嫩细滑、清凉软糯。怎么说呢，像恋人月光下的红唇，性感又纯洁。甜蜜从口腔开始，一路滑行，过咽喉，进胃口，每一个器官都因为甜柿而欢呼而欣悦，清香久久萦绕在唇齿间。

可以说，一口柿子浓缩了整个秋天的味道。当然，还有大自然和人工共同赋予的美味——柿饼。

村民们在摘下来的柿子中，选择色泽橙红、萼头发黄、结实饱满的。一手持柿子，一手熟练地转动小刀，柿子皮纷披而下。再用细绳子依次串起削好的柿子，整齐地挂在房檐或是专门的木杆挂晒。

那些鲜活的色彩和味道，慢慢沉淀，和淳朴的面容一起，在天地间坦诚，无论岁月变迁，都安然自适。起初每天翻动两次，只为表皮能够均匀收缩，如阳光充足，只需四五天时间，饱满鼓立的柿子便已脱去了不少水分，个头也变得小了两圈。

"捏柿子"是柿饼保持美味的方式。磨掉涩味、棱角，也让果肉和汁水融合，为果浆的凝集做准备。这多半交由女性操持，女人是水做的，力道的拿捏了然于心。

历经近2个月的风霜，晒足阳光，析出白霜，果肉变得黑红而筋道，浓缩着醇厚的甜蜜。村民们知道，机器烘干的柿饼没有香味，低温出霜的柿饼甜度跟不上。他们愿意等待，让自然与时光赋予这柿饼以甘甜。

把每一份土地与自然的犒赏晒干珍存，平凡的生活便也会随之闪亮起来，也因此，日子有了所盼。寒冷的天里，这一抹甜足以宽慰生活的万千不如意。

两年一届的柿子节是村里最隆重的节日。四面八方的游客相会在牛头山下这个小村落。届时，整个村子沸腾起来。

村委会广场上摆满了各式土特产品，柿子、冬梨、板栗、核桃、干货……应有尽有。人流涌动中，朴实的村民们在摊位上，忙着给游客称重、装袋，不亦乐乎，笑容在余晖里深深地晕染开来。

房前屋后都泡在一抹香甜里。起点小风，整个村子都忍不住深呼吸。

缤纷水果季

罗　倩

白玉枇杷

十里枇杷长廊依着嘉陵江延展，横跨虎跳毗鹿、三公、大雾等村，近800亩的规模。

时值浅夏，草木葳蕤，枇杷满园。树树繁茂的长耳大叶间，个个果子悄然盈满，熟成了诱人的浅黄，眨着眼，活脱可喜，天真烂漫。一簇簇，一枝枝，抱作一团，膨胀着小脸儿，对着阳光笑。个个圆润饱满，仿佛纤指一触，一肚子的香味儿就要洋洋溢出。

树苗是2010年栽种的，如今略高于人，果子及眉，伸手就抓。少数顶端的果子意蕴十足，需要踮起脚尖，或者跳将一下，挥手一抓就是一串。

园里主要是白玉枇杷，间杂少量五星枇杷。白玉枇杷如千载前古画上那般，保留着圆溜溜的样子，个头不大，色泽淡黄莹润。

从底部急不可耐地撕开薄薄果皮，果肉柔嫩嫩水灵灵的，汁液欲滴，赶紧顺势吮吸一口，柔软而厚实，舌尖溢满甘甜，继而充盈唇齿，入喉、入胃，缕缕甜意如乐符一般，愉悦身心。就连那滑溜溜的咖啡色果核，都有几分敦朴和乖巧。

一个，两个，再来一个，根本停不下来。吃，摘，吃，摘，如此美好的事，怎可错失！是顾不得馋状骇人的，况且这样的园子里没有这样的馋相，就辜负这万千枇杷精灵了。

刚下枝头，即上舌尖。这样直采直吃的方式尤为难得。这里的枇杷，完全绿色生态种植，套种玉米，施农家肥。实为大自然的天造之作。

初夏的时鲜，总是很欠缺。好在，有枇杷，"初夏头一果"为这个特殊的时节，补给着清香鲜甜。

诗人用"黄金丸"称呼枇杷，确是恰到好处的：既悦目喜人，也珍稀可贵。枇杷是一种特殊的果木，"独备四时之气"：秋天养苞，冬天开花，春天结实，夏天成熟，不辜负任何一个季节的阳光和雨露。枇杷在汉代时是珍异之物，在唐代时也被列为贡品。如今，多地都种植，但仍比不得那些稀松平常的水果。在北方，枇杷就更是少见了，但枇杷膏、川贝枇杷露等是人们熟知的，都是生津补气的良药。不过它们的成分并非果肉，而是枇杷叶——即便不能满足每个人的口福，枇杷也有另外的方式，舍身来关怀。

置身园内，穿行于流年，盎然生趣，喜悦自见。

锦绣黄桃

夏末秋初，眼瞅着水蜜桃、脆桃等落幕，另一尤物恰时成熟上市，用金灿灿的外表和醇厚的香气，可谓占了水果界半壁江山。这便是虎跳驿的锦绣黄桃。

虎跳镇曾名虎跳驿，位于东经105°、北纬31°，处于亭子湖库区沿线。南斗村位于嘉陵江之滨，是有名的南斗坝所在地，也是亭子口水利枢纽工程元坝库区的重点移民村之一。

2010年12月，南斗村村民开始整村移民搬迁。新房建起了，群众的腰包却更瘪了。如何发展，便成了南斗村的头等大事。南斗三面环水，产业基础几乎为零，发展之路怎么走？

这里平均海拔450米，水面开阔，植被茂密，阳光充足，土壤松软。镇村多方考证，决定发展黄桃产业。

2017年，在南斗、毗鹿村试点种植黄桃500亩，引进业主大户集中管理的模式，土地和产业同步流转，探索科学有效管护的路子。2019年实现初步见效，产量达到200吨，产值达400余万元。2020年继续在沿亭子湖沿线陈江、东岩、断桥等村发展黄桃种植园千亩。

走进南斗桃花岛，百亩桃园尽收眼底。依山傍水，天蓝地净。绿油油的桃树上，缀着金灿灿的黄桃，随便挑出一个就有半斤左右，个个新鲜饱满，还都拥有一枚惹眼的"小翘臀"，甚为可爱。

从枝头到舌尖，咬上一口，桃香在鼻腔里氤氲，明黄的果肉细腻滑嫩，桃肉里的蜜汁瞬间迸发，继而汇聚成一汪香甜，缕缕回甘。15度的鲜甜，刚刚好。

相比其他桃子，黄桃含有更为丰富的膳食纤维、抗氧化剂、铁钙及多种微量元素，素有"果中之王"的美誉。宋代文同有《金桃》一诗，称黄桃为"此品仙家亦自稀"。

锦绣黄桃被吃货们誉为"黄桃界的爱马仕"，不仅桃香四溢，不软不硬恰到好处，其他品种所没有的清甜绵密滋味更是让人欲罢不能。它还拥有自己独有的小红心。咬着咬着就发现里面的果肉泛着鲜红，一颗赤诚之心与你双向奔赴，甜蜜中别有一番浪漫。

黄桃可脆吃，吃之前最好放冰箱里冰一冰，啃上一口，清脆爽口，香甜过瘾。也可软吃，采摘后放上两天，待软了再吃，软糯爆汁的口感余韵无穷。当然，还可以自己动手做成黄桃罐头，这绝对是许多人童年最迷恋的味道。从橙黄的桃瓣上咬下去，绵中带脆的果肉似乎重新唤起了牙齿的本能，稠密的汁水灌溉整个口腔，自舌尖滑向喉咙，是一路抚慰到底的愉悦。

每年黄桃成熟季节，举办采摘节，开展特色歌舞表演、桃王评比、黄桃品尝、游园、展销等精彩纷呈的活动，虎跳驿黄桃知名度和影响力持续扩大，远销成都、浙江、广州、上海等地，嘉陵江畔的甜蜜翻山越岭，滋润了远方及远方的人们。

软籽石榴

石榴一红，夏天就成了故事。

在虎跳三公、竹江等村，800亩石榴园里，树树丹若醉清秋，如火如霞，似珍似宝。

石榴的老家原是波斯一带，后传入中国。据西晋张华《博物志》记载，汉张骞出使西域，得涂林安石国榴种以归，故名安石榴。之后，石榴开始在中国种植，并在唐朝时便有"榴花遍近郊，城郊栽石榴"的盛况。

古人称石榴"千房同膜，千子如一"，既有"榴开百子"之意，也寓意繁荣、昌盛、和睦、团结、吉庆、团圆。唐代时，流行成婚赠石榴的礼仪；宋代时，有"榴实登科"之说，寓意能一举高中；因在中秋前后成熟，明清时期，它又成为人们往来赠礼的中秋雅果。

石榴有一百种美好的理由，只是在人们的眼中，却多有一种遗憾，就是需要吐籽，没嚼几下却被石榴籽硌住了牙。大口吃石榴，大概是不少人小时候的美食梦想。

1986年，6棵珍贵的软籽石榴树苗，作为突尼斯与中国建交20周年的礼物带入中国。中国技术人员精心培育后，逐渐演变成现在的软籽甜石榴品种。

虎跳镇在2022年引进的正是这种优良品种。引进时树苗较大，因此2023年就实现了全部挂果，十月全面上市，一时间反响极好。这得益于优良的土壤和水源，居中的海拔高度，适宜的气候条件，当然，还有生态科学的种植。

"榴花初染火般红，果实涂丹映碧空"，没有一种水果能似石榴这般，将娇俏与富丽诠释得如此淋漓。柔软的枝条上垂着硕大饱满、泛着羞涩红晕的石榴。果皮光洁明亮，外围向阳处果实全红，间有浓红断续条纹。石榴相当大，很容易就有6两重，有的甚至能有1斤多，捧在手中沉甸甸的。

皮薄，轻易就能掰开。颗粒呈紫红色，饱满丰润，排列紧密，构成奇特的几何美。每颗都像是切割而成的红玛瑙，又像是凝成冰晶的红酒佳酿，在阳光下格外清澈通透。

视觉上已是奇美，让人折服的还有它与众不同的口感。石榴果肉的籽很娇小柔软，果粒肉汁率相当高，一捏就爆汁。

抓一把，扔进嘴里，轻轻一咬，千股汁水"嘭嘭嘭"迸发在舌尖，又软又小的籽粒完全可以忽略，唇齿得以在浓郁的香甜中肆意咀嚼，尽管大口享受甘美醇浆。"吃石榴不吐石榴籽"，如此幸福，如此痛快。

榴枝婀娜榴实繁，榴膜轻明榴籽鲜。可羡瑶池碧桃树，碧桃红颊一千年！

蓝莓晒干面

◎ 罗 倩

遇见蓝莓晒干面是在昭化区柏林沟镇的长岭村。

2015年，张俊决心发展农业，当他第一次走进柏林沟就感觉这片土地分外亲切，站在长岭村的山梁上，放眼望去，青山绿水，田地起伏，农舍历历，这大概就是心中沃土的模样。说干就干，他租赁土地，成立了广元市沃土核桃专业合作社。首先发展有机核桃700亩，核桃园内间种中药材300亩，同时带动周边百姓发展。

长岭村四季分明，冬无严寒、夏无酷暑，雨量充沛、光照充足，得天独厚的地理纬度和绝佳的原始生态环境，让张俊萌生了种植素有"水果皇后"和"浆果之王"之称的蓝莓的想法。在外奔波多年的他，见多识广，他知道蓝莓是"舶来品"，原产于北美，多年生灌木小浆果，果实呈蓝色，故称为蓝莓，后被引进到中国的东北和西南等地，2000年中国开始蓝莓商业化栽培，距今不过20余年。尽管本土栽培时间不长，但近年来，国产蓝莓种植一直处于明显的增长轨道上，并以惊人的速度扩张。在川北这座小城的村子里，他决心做第一个吃螃蟹的人。

2016年底，张俊顺利完成改土。2017年1月1日栽苗，100亩的有机蓝莓园正式落脚长岭村。次年，顺利开园。通过几年的发展，园内栽的蓝金、布里吉塔、莱克西等7个品种长势喜人，产量倍增。蓝莓一直居于需要实现"水果自由"的行列，而张俊又有了衍生蓝莓系列产品的想法，蓝莓酒是其一，那可不可加工蓝莓面条让蓝莓走进家家户户的餐桌而成为烟火日常呢？

2023年，与四川春兰食品有限公司达成合作，张俊甄选新鲜饱满的

1000斤果子，由春兰食品有限公司加工成蓝莓面条。

水灵灵的蓝莓经仔细清洗后，精心研磨成果酱。紫红色的果酱和雪白的面粉不断相汇，经不停地揉搓，果酱和面粉完全融合，反复揉捏紧实，韧劲的面团呈现淡淡的紫色。经几次反复压制后开始抽条，均匀的面条徐徐而出，果香和麦香沁人心脾。丝丝缕缕的面条一一悬挂起来，待干透后，呈灰紫色。500克一把精致包装，蓝莓晒干面正式面世。

原浆制作，充分保留了蓝莓原有的营养。被称作"浆果之王"的蓝莓有较高的营养价值，富含多种氨基酸、糖分、维生素、矿物质以及膳食纤维，尤其是花青素和黄酮的含量非常高，具有抗氧化、延缓衰老、保护视力、增加免疫力等多重作用。

蓝莓面条在沸水里翻滚，变得润滑、筋道。在巴蜀之地，便是吃最朴素的面，滋味也是一定要足的。捞面入碗，佐料来配，一勺面汤，诸味皆备。端上来，围桌一坐，天地入眼，凉风徐来。面一入口，筋道爽滑，滚烫鲜香，蓝莓长成的悠悠时光漫卷而来，隐隐约约的甜缠绵味蕾，让人心安，让人知足，让人幸福。在合作社的小院里，慢慢吃一碗蓝莓晒干面，把生活还给生活。

作为中国人餐桌上常见的主食之一，面条承载着人们对美好生活的向往和渴望。蓝莓面条的生产，打破了蓝精灵们一直以来对面条的认知，更是打开了蓝莓新用途的大门。

2024年6月，进入百亩蓝莓园内，微风浸润着草木的清新和蓝莓香甜的气息扑面而来，忍不住深呼吸，顿感舒畅愉悦。一株株半人高的蓝莓树连绵成片，串串饱满圆润的蓝莓身披云雾般的白色果霜沉甸甸地挂满枝头，宛若一颗颗靛蓝珍珠，在阳光下泛着莹润的光泽。

从产地到舌尖，全程无激素、无化肥、无农药，100%纯天然。摘下一枚，迫不及待放入口中，轻轻咬碎，果肉鲜嫩细腻，泛着一丝丝微酸的香甜味，在唇齿间弥漫开来。而吃蓝莓最好的方式是数十颗一次入口，觉察不到丁点儿果酸味，只是满腔汁肉甜蜜，一直甜到心尖儿。

第七届蓝莓采摘节即将拉开帷幕，张俊计划着生产更多的蓝莓晒干面，让更多人能在一碗面里熨帖或寂寞或匆忙的灵魂。

葭萌茶韵长

    罗　倩

　　昭化，古称葭萌。春秋战国时期，古蜀王九世开明尚封其弟葭萌在苍溪以北汉中以南广大地区建立苴侯国，国都设于今天的昭化，城池以苴侯的名字葭萌来命名。

　　苴国、葭萌，这两个地名均与茶有着深厚的渊源。

　　《华阳国志·巴志》载，周武王灭商，巴国俯首称臣，以"……鱼盐铜铁丹漆茶蜜……皆纳贡之……其属有濮、賨、苴、共、奴、獽、夷、蜑之蛮"。被称为蛮族的苴族也在其中，而苴国又是因苴族而得名，作为曾经古苴国所在地，说明商末周初之时，在巴进贡的茶中，就有产自广元一带的好茶。

　　西汉扬雄《方言》一书中云："蜀人谓茶曰葭萌。"就是说蜀地最有名的茶叫"葭萌"，可见西汉时，"葭萌茶"作为名茶已经名满巴蜀了。葭萌茶始于周，兴于汉，名扬天下，应该是不争的事实。

　　唐文宗时，原葭萌县虽然历经汉寿、益昌换名，但茶叶生产却一直未断。晚唐文学家孙樵在《书何易于》一文中有"益昌民多即山树茶"句，记载了益昌百姓以种茶树为生的事实。虽说作者记叙的是当时的县令何易于铲诏书抗旨不征茶税的事，但反证出葭萌茶叶的延续与兴旺。

　　唐朝陆羽《茶经》载："茶者，南方之嘉木也，一尺二尺，乃至数十尺，其巴山峡川有两人合抱者……"

　　一代女皇武则天更是对家乡的茶情有独钟，当政后，在葭萌县大佛滩（今青川县七佛乡）专置茶官，建贡茶园，遂后人传颂"女皇未尝七佛茶，百草哪敢先开花"。

"葭萌"，以茶名人、以茶名邑、以茶名地。

千年的古茶树犹在，千年的古茶园犹在，古时的葭萌，今天的昭化，致力于将茶叶产业再次壮大。

磨滩镇地处昭化区、旺苍县和苍溪县三县（区）交界的黄金地带，全镇面积92.6平方公里，森林覆盖率达55.97%，镇域无工业污染。气候四季分明，雨热同季，年平均气温达15℃以上，年均降雨1042毫米，无霜期246天，平均日照1020小时。镇域内的金堂村海拔1000—1200米，森林环抱，雨水充沛，常年多雾。

几年前，镇村工作人员经过外出学习和多方考证，最终决定因地制宜，最大限度发挥资源优势，开辟一片茶园，增加集体经济收入，打造农业新品牌。引进四川葭萌农业开发有限公司，注册商标"葭萌关"。

暮春时节，走进金堂村，260亩优质黄茶基地映入眼帘。这是一种黄色系变异绿茶新品种，茶园里，茶垄成行，错落有致，棵棵通体金黄，叶片薄如蝉翼，嫩芽奶白如玉，近闻有淡淡奶香味，沁人心脾。

扎根山野，采日辉月华，吸云雨雾露，金堂的茶树黄灿灿的光芒让人心生喜悦。人间四月天，正是采茶时。太早则味损，稍迟则神散。2024年清明节前，迎来第一次采摘。仔细地采制一芽一叶或一芽二叶，芽叶鹅黄，十分可人。

经过杀青、揉捻、干燥等多道工序，第一批"葭萌关"黄茶精制而成。外形扁平，色泽黄绿，茶毫密布，滋润匀齐，挺直秀丽。

黄茶氨基酸含量高达10%，而普通茶含量为3%—4%，是不可多得的佳品。黄茶具有提神醒脑、消除疲劳、消食化滞、延缓衰老等功效，深受人们青睐。

冲泡黄茶，最好用玻璃杯或白瓷盖碗。热水缓缓注入，原本紧致的茶叶慢慢舒展开来，随着袅袅水汽缓缓上升，然后停泊在水面，每一枚茶叶都是芽尖朝上，完全绽放开来，呈生长时迎向天光的形态，依旧是那样鹅黄。而后，又会一朵朵缓缓回落，飘然沉入杯底，但芽尖始终朝上，落地生根状。锁在叶脉间的茶汁散发出来，透明的开水里弥漫起清淡的茶色，渐成明黄，茶香柔和细腻，滋味鲜美甘甜。

茶是至清至洁之物，可雅可俗，可浓可淡，可饮可食，可宾可主，一片嫩叶成就无限可能。同一株茶栽在不同的地方，所产之茶便有不同。季节、气候、采摘时间、部位、制茶者不同，茶品的风格便会迥异。这也是茶本身的生命张力和文化内涵所致。

在磨滩金堂，"葭萌关"黄茶正式打开了市场，以其"澄悦甘醇、鲜韵净美"的色香味形，成为典雅禅韵的人间至味，也将逐步成为昭化区历史文化和区域农特产品的新名片。